ESTRATÉGIAS MUSICAIS E DIR/*FLOORTIME*

CONTRIBUIÇÕES PARA O DESENVOLVIMENTO DE CRIANÇAS AUTISTAS

Editora Appris Ltda.
1.ª Edição - Copyright© 2024 do autor
Direitos de Edição Reservados à Editora Appris Ltda.

Nenhuma parte desta obra poderá ser utilizada indevidamente, sem estar de acordo com a Lei nº 9.610/98. Se incorreções forem encontradas, serão de exclusiva responsabilidade de seus organizadores. Foi realizado o Depósito Legal na Fundação Biblioteca Nacional, de acordo com as Leis nºs 10.994, de 14/12/2004, e 12.192, de 14/01/2010.

Catalogação na Fonte
Elaborado por: Dayanne Leal Souza
Bibliotecária CRB 9/2162

M469e
2024

Maykson, Allan
  Estratégias musicais e DIR/Floortime: contribuições para o desenvolvimento de crianças autistas / Allan Maykson. – 1. ed. – Curitiba: Appris, 2024.
  311 p. : il. color. ; 23 cm. – (Coleção Educação, Tecnologias e Transdisciplinaridades).

  Inclui referências.
  ISBN 978-65-250-6838-1

  1. Música. 2. Autismo. 3. DIR/Floortime. I. Maykson, Allan. II. Título. III. Série.

CDD – 616.89

Livro de acordo com a normalização técnica da ABNT

Appris editora

Editora e Livraria Appris Ltda.
Av. Manoel Ribas, 2265 – Mercês
Curitiba/PR – CEP: 80810-002
Tel. (41) 3156 - 4731
www.editoraappris.com.br

Printed in Brazil
Impresso no Brasil

Allan Maykson

ESTRATÉGIAS MUSICAIS E DIR/*FLOORTIME*
CONTRIBUIÇÕES PARA O DESENVOLVIMENTO DE CRIANÇAS AUTISTAS

Appris
editora

Curitiba, PR
2024

FICHA TÉCNICA

EDITORIAL	Augusto Coelho
	Sara C. de Andrade Coelho

COMITÊ EDITORIAL:
- Ana El Achkar (Universo/RJ)
- Andréa Barbosa Gouveia (UFPR)
- Antonio Evangelista de Souza Netto (PUC-SP)
- Belinda Cunha (UFPB)
- Délton Winter de Carvalho (FMP)
- Edson da Silva (UFVJM)
- Eliete Correia dos Santos (UEPB)
- Erineu Foerste (Ufes)
- Fabiano Santos (UERJ-IESP)
- Francinete Fernandes de Sousa (UEPB)
- Francisco Carlos Duarte (PUCPR)
- Francisco de Assis (Fiam-Faam-SP-Brasil)
- Gláucia Figueiredo (UNIPAMPA/ UDELAR)
- Jacques de Lima Ferreira (UNOESC)
- Jean Carlos Gonçalves (UFPR)
- José Wálter Nunes (UnB)
- Junia de Vilhena (PUC-RIO)
- Lucas Mesquita (UNILA)
- Márcia Gonçalves (Unitau)
- Maria Aparecida Barbosa (USP)
- Maria Margarida de Andrade (Umack)
- Marilda A. Behrens (PUCPR)
- Marília Andrade Torales Campos (UFPR)
- Marli Caetano
- Patrícia L. Torres (PUCPR)
- Paula Costa Mosca Macedo (UNIFESP)
- Ramon Blanco (UNILA)
- Roberta Ecleide Kelly (NEPE)
- Roque Ismael da Costa Güllich (UFFS)
- Sergio Gomes (UFRJ)
- Tiago Gagliano Pinto Alberto (PUCPR)
- Toni Reis (UP)
- Valdomiro de Oliveira (UFPR)

SUPERVISORA EDITORIAL	Renata C. Lopes
PRODUÇÃO EDITORIAL	Bruna Holmen
REVISÃO	Bruna Fernanda Martins
	Monalisa Morais Gobetti
DIAGRAMAÇÃO	Bruno Ferreira Nascimento
CAPA	Eneo Lage
ILUSTRAÇÃO DA CAPA	Gusthavo Ferreira
REVISÃO DE PROVA	Sabrina Costa

COMITÊ CIENTÍFICO DA COLEÇÃO EDUCAÇÃO, TECNOLOGIAS E TRANSDISCIPLINARIDADES

DIREÇÃO CIENTÍFICA	Dr.ª Marilda A. Behrens (PUCPR)	Dr.ª Patrícia L. Torres (PUCPR)
CONSULTORES	Dr.ª Ademilde Silveira Sartori (Udesc)	Dr.ª Iara Cordeiro de Melo Franco (PUC Minas)
	Dr. Ángel H. Facundo (Univ. Externado de Colômbia)	Dr. João Augusto Mattar Neto (PUC-SP)
	Dr.ª Ariana Maria de Almeida Matos Cosme (Universidade do Porto/Portugal)	Dr. José Manuel Moran Costas (Universidade Anhembi Morumbi)
	Dr. Artieres Estevão Romeiro (Universidade Técnica Particular de Loja-Equador)	Dr.ª Lúcia Amante (Univ. Aberta-Portugal)
	Dr. Bento Duarte da Silva (Universidade do Minho/Portugal)	Dr.ª Lucia Maria Martins Giraffa (PUCRS)
	Dr. Claudio Rama (Univ. de la Empresa-Uruguai)	Dr. Marco Antonio da Silva (Uerj)
	Dr.ª Cristiane de Oliveira Busato Smith (Arizona State University /EUA)	Dr.ª Maria Altina da Silva Ramos (Universidade do Minho-Portugal)
	Dr.ª Dulce Márcia Cruz (Ufsc)	Dr.ª Maria Joana Mader Joaquim (HC-UFPR)
	Dr.ª Edméa Santos (Uerj)	Dr. Reginaldo Rodrigues da Costa (PUCPR)
	Dr.ª Eliane Schlemmer (Unisinos)	Dr. Ricardo Antunes de Sá (UFPR)
	Dr.ª Ercilia Maria Angeli Teixeira de Paula (UEM)	Dr.ª Romilda Teodora Ens (PUCPR)
	Dr.ª Evelise Maria Labatut Portilho (PUCPR)	Dr. Rui Trindade (Univ. do Porto-Portugal)
	Dr.ª Evelyn de Almeida Orlando (PUCPR)	Dr.ª Sonia Ana Charchut Leszczynski (UTFPR)
	Dr. Francisco Antonio Pereira Fialho (Ufsc)	Dr.ª Vani Moreira Kenski (USP)
	Dr.ª Fabiane Oliveira (PUCPR)	

Para Dique (in memoriam), *o afeto encarnado.*

AGRADECIMENTOS

Às crianças participantes deste trabalho, por toda troca afetiva e envolvente. Lia, e seu jeitinho delicado, sensível e curioso, me mostrou o poder do diálogo afetivo para trazer a calma. Nico, e sua genialidade com as línguas estrangeiras, me ensinou que o cotidiano não basta, é preciso mais. Dan, e sua curiosidade, me ensinou a explorar todos os ângulos para encontrar novas perspectivas. Dora, e sua criatividade tanta, abrilhantou cada dia com uma novidade na dança do seu desenvolvimento. Vitor conversava com o olhar, e me ensinou, sobretudo, que o afeto é capaz de acessar lugares únicos da alma.

Aos familiares de Lia, Dan, Nico, Dora e Vitor, por terem aceitado e acreditado neste trabalho. Vocês foram fundamentais. Que sorte essas crianças têm de serem seus filhos!

Ao CMEI "Professor Paulo Rosas" e a seus colaboradores, gestoras, professoras e mediadores, pelo trabalho de amor e desenvolvimento. Instituição acolhedora e humana, que me deixou seguro, me ofereceu todo suporte e me levou a enxergar outros lugares possíveis do chão da escola.

Ao professor Diemerson Sacchetto, meu orientador, pelo acolhimento do tema, pela autonomia do trabalho e pelos discursos afetivos, humanos e sensíveis.

Ao professor Gleisson do Carmo Oliveira, que abraçou a mim e a este trabalho, acolhendo minha busca por "um lugar" na música, trazendo alento e direção.

A Viviane Louro, por suas pesquisas que alargaram os horizontes entre a música e o autismo, pelos nortes, trocas, risos e contribuições para este trabalho.

A Jessica e Priscilla, amigas de turma do mestrado, com quem pude compartilhar e chorar as angústias e as belezas do que é ser pesquisador e gente neste país.

À Patricia Piacentini, primeiramente por ter trazido o modelo DIR/*Floortime* para o Brasil, impactando a vida de muitos familiares, crianças e profissionais, depois pelo convite para atuar no Centro de Desenvolvimento Infantil (CDI), instituição onde o modelo deu seus primeiros passos em território nacional, espaço que me acolheu em todos os sentidos, me conectando a profissionais incríveis, amigos inesquecíveis e uma família de afeto, a quem também devo meus agradecimentos: Allyde Marques, amiga e profissional necessária, pelos densos diálogos, desabafos, e por acolher os momentos em que eu não sabia o que pensar ou dizer; Carol Mota, pela inspiração, profissionalismo, pelas dicas e o brilho nos olhos de sua verdade; Ednaldo, pela companhia constante no CDI nos dias mais vazios, pelo apoio e amizade; Mayara Santana, por sempre observar as mudanças e oferecer acolhimento, um detalhe importantíssimo; Mayra Fernandes, pelos cafés com trocas bem-humoradas e sua disponibilidade de escuta; Nathália Paixão, pela amizade, pelos risos incontáveis e por acolher meus momentos de luz e sombras, trouxe mais vazão durante o processo.

À Kamila Vilela, por uma amizade tão intensa e emaranhada de tantos afetos. Entre choros, sorrisos, festas e abismos, colecionamos toda sorte e privilégios que amigos podem ter e ser.

À vida, quando um dia me levou a conhecer o autismo e em seguida o modelo DIR/*Floortime*. Mudou tudo! Em meio a tantos desencontros e descaminhos, o autismo desenhou uma rota que integra todos os meus impulsos, expertises e inclinações.

À Várzea, meu lugar de renascimento, e a tudo e todos que ela tem me dado: o seio, o leito e uma identidade.

Às minhas mães, Gisela e Celina (avó), pelo amor e respeito às minhas escolhas, e por terem aprendido com o tempo a acolher e compreender os meus caminhos.

À espiritualidade, a quem recorro irremediavelmente.

Encontro de dois.
Olho no olho.
Cara a cara.
E quando estiveres perto
eu arrancarei
os seus olhos
e os colocarei no lugar dos meus.
E tu arrancará
os meus olhos
e os colocará no lugar dos teus.
Então eu te olharei com teus olhos
e tu me olharás com os meus.

(Jacob Levy Moreno)

PREFÁCIO

Cantar da Alma em (Des)Arranjos ou de uma Apresentação Visceral

A beleza da vida não cabe em esconderijos. A vida em suas múltiplas formas sempre arruma um jeito de escapar ao usual. A vida não apenas transcende, mas sim esbarra, esmurra, transborda. Quem nunca se sentiu golpeado pela assimetria das coisas? Pensava que seria de um modo e já estava ali sendo engolido pelo devir, pela imensidão e pela beleza daquilo que não cabe no quadrado, no estanque, no geométrico. O cristalizado é só pedra para se começar, na perda, a aparecer obra. O verbo do escultor é desbastar, ou, ainda, desembestar. As geografias não são composição de linhas retas, é no torto que elas encontram a verdade. Se uma linha reta é traçada nas fronteiras, logo percebemos o sinal da violência e do desatino, pois a vida expande, e no torto, no aparentemente desarranjado, faz arranjo e harmonia. Festa é copo transbordado, fartura de sorriso, alegria no atacado. Pode ter grito e sussurro, mas na multiplicidade das formas é o construto das almas, das psiques que cantam o viver. Doutro modo: a multiplicidade das formas de viver apresenta uma antropologia real, diversa e necessária. Quando um corpo é normatizado, normalizado, essa lei estética e sanitária nos aponta para o que realmente é: a beleza da vida não cabe em esconderijos, ela, em beleza, escapa. Liberdade é poder ser quem se é.

No poético, talvez possa revelar um pouco do que foi esta escrita. Para mim, orientador e professor, apresentar o livro-texto intitulado *Estratégias musicais e DIR/Floortime: contribuições para o desenvolvimento de crianças autistas,* de Allan Maykson, é momento de orgulho estremado, pois fala de uma vivência conjunta que escapa do tradicional caminho de uma pesquisa científica. A escrita de Allan Maykson fala sobre a diversidade humana, do lugar a ser mais explorado da multiplicidade de cognições, de afetos e de identidades, que estruturam (reestruturam, desestruturam e criam) o que é ser gente. Explorar essas geografias, com abertura, no lugar do científico, que, por si só, já busca enquadramentos diagnósticos, sempre nos parece uma aventura.

Nossa educação quadrada, curricular e que muitas vezes provoca mais inclusões excludentes do que verdadeiras epifanias do estar-junto, precisa ser e está sendo repensada. Textos como a *Pedagogia da Libertação, da Autonomia, da Esperança*, de Freire, para além do lugar da leitura, começam a sistematicamente fazer mais sentido. O oprimido da dialética não quer mais o lugar da sujeição, mas na insubordinação, tem gritado (cantado) para ser-mais e se emancipar. Um lugar democrático para a educação em que os sujeitos autistas possam ser-mais com seus afetos, e não apenas tornados ferramentas úteis, "abaâmicas". Por óbvio a autonomia é um desejo, a qualidade de vida é um intuito, mas é verdade também que outras formas comunicacionais se apresentam no chão-terapêutico. Alguns pais desejam um olho no olho possível, cheio de cumplicidade e reconhecimento, tanto quanto uma ida ao banheiro. E este livro apresenta um bocado dessa visão educacional que busca um desenvolvimento não linearizado pela competência adquirida. Não se trata de *skills* capitalísticas adquiridas como emblemas de um escoteiro, mas de ganhos terapêuticos reais que revelam novas possibilidades para o educacional e o terapêutico de crianças autistas, suas famílias, cuidadores e profissionais da inclusão e da educação.

A música, não como musicoterapia, mas como caminho de acesso, de técnica, revela o tom com que essa incursão terapêutica é proposta. Trata-se do sensível, do próximo, do junto. O caminho trilhado na construção da pesquisa irmanou os sujeitos autistas não como participantes, mas como coautores. Este livro de Allan Maykson não é show, mas coral, de muitas vozes que tocaram e cantaram com ele. Versos que aproximam uma proposta pedagógica ao universo familiar, intimidade da casa, coisa de sala, quarto, cozinha. Cards-musicais que instrumentalizam acessos, possibilitam um teatro bonito cheio de cenas emancipatórias. Como é bom poder, para além da leitura, oferecer nesta obra os sons musicados pelo autor-artista. Eu tive a honra de conviver com uma bruxa boa, com uma "siria", com um castor, com um palhaço de circo, com um educador, terapeuta, músico, Allan Maykson ou Tio Allan.

Esta obra é um presente para todos que desejam conhecer o universo autista com mais e mais sensibilidade, representando para a comunidade científica da inclusão educacional mais um porte terapêutico, e uma ferramenta muito potente a ser explorada.

Com orgulho e admiração,

Diemerson da Costa Sacchetto
Pós-doutor e doutor em Psicologia
Mestre em História Social e Política (Ufes)
Bacharel e licenciado em Filosofia pela Universidade Federal de Juiz de Fora (UFJF)
Psicólogo formado pela Universidade Federal do Espírito Santo (Ufes)
Diretor-geral e professor-pesquisador do Instituto Federal de Educação,
Ciência e Tecnologia do Espírito Santo (Ifes – campus Vila Velha)
Bacharel em Direito (Ufes)

APRESENTAÇÃO

A música é fenômeno humano presente em todas as culturas, desde os primórdios de nossa espécie, capaz de mobilizar-nos por inteiro, inclusive gerando desenvolvimentos diversos.

Sabemos, atualmente, que o ser humano é musical, possuidor de musicalidade inata, e que pessoas autistas possuem uma maior propensão ao fazer e ao processamento musical que o natural à nossa espécie. Por tal fato, tem sido cada vez mais comum o uso da música e seus recursos junto às pessoas autistas, por áreas diversas, não necessariamente oriundas do campo musical, com vistas ao desenvolvimento dessa população.

A pesquisa que originou o presente livro une, de forma inédita, a música e o modelo DIR/*Floortime*. De natureza interdisciplinar, *Estratégias musicais e DIR/Floortime: contribuições para o desenvolvimento de crianças autistas* congrega música, saúde e educação. Assim, entrelaça, de forma minuciosa, música e terapia, em prol do desenvolvimento de crianças autistas, no contexto da educação infantil.

Autismo: sob uma ótica afetiva e integral faz uma minuciosa retrospectiva do autismo, desde o surgimento do termo até os dias atuais. Esclarece ao leitor as características do transtorno, ao mesmo tempo que explica possíveis desordens dos sentidos, oriundas das dificuldades de integração sensorial, para além da disfunção social e de comunicação.

O modelo DIR/Floortime: o desenvolvimento é emocional apresenta os princípios que regem o DIR/*Floortime*, um modelo desenvolvimentista que peculiariza a intervenção segundo cada sujeito e suas características, enfocando o aspecto emocional como ponte para o desenvolvimento geral.

Estratégias musicais esclarece as possibilidades de utilização da música enquanto recurso pedagógico e/ou terapêutico. Traz a possibilidade da música na terapia, como forma de potencializar o desenvolvimento humano, por meio de experiências musicais como a composição, a apreciação e a performance.

Educação infantil e DIR/Floortime: humanizar a incluir aborda o desafio da inclusão escolar, em especial na educação infantil, apontando um caminho possível a partir do processo de humanização, ou seja, do conhecimento de si mesmo e do mundo, para a conquista do "ser mais", cunhado por Paulo Freire.

Na *Metodologia* e *Resultados*, acompanhamos a trajetória de Dan, Dora, Lia, Nico e Vitor, crianças autistas que alcançaram significativos desenvolvimentos a partir das experiências musicais propostas por Allan, em suas práticas do modelo DIR/*Floortime*.

Por fim, somos brindados com o álbum *Meteoro*. Um produto educacional desenvolvido pelo autor, composto por músicas inéditas e cuja proposta foi "congelar" e aperfeiçoar experiências musicais criativas únicas oriundas das intervenções com Dan, Dora, Lia, Nico e Vitor, mas que se tornaram replicáveis, passíveis de serem utilizadas por uma vasta gama de profissionais, de terapeutas a educadores, como forma de estimular o desenvolvimento infantil e o processo de inclusão, em geral. O álbum é dotado de composições musicais arranjadas com grande riqueza de timbres, melodias, harmonias e ritmos.

Trata-se de uma obra fundamental a todos que queiram utilizar a música e seus recursos em prol do desenvolvimento infantil, e, sobretudo, de crianças autistas, do exercício inclusivo e do humanizar para o ser mais.

Gleisson do Carmo Oliveira
Educador musical e musicoterapeuta
Professor da Faculdade de Letras e Artes (Fala) da Universidade do Estado do Rio Grande do Norte (Uern)
Doutor, mestre e licenciado em Música pela Universidade Federal de Minas Gerais (UFMG)
Especialista em Musicoterapia pela Faculdade de Tecnologia de Curitiba (Fatec-PR), por meio do Instituto Fênix de Ensino e Pesquisa (Ifep)
Pesquisador das relações entre a música e o desenvolvimento humano, com ênfase nos efeitos da música em pessoas autistas

LISTA DE ABREVIATURAS E SIGLAS

Aadee Agentes de Apoio ao Desenvolvimento Escolar Especial
Adis Auxiliares de Desenvolvimento Infantil
AEE Atendimento Educacional Especializado
AGD Avaliação Global do Desenvolvimento
BDTD Biblioteca Digital de Teses e Dissertações
BNCC Base Nacional Comum Curricular
CDI Centro de Desenvolvimento Infantil
CID Classificação Internacional de Doenças
DCNEI Diretrizes Curriculares Nacionais para a Educação Infantil
IC Iniciações Científicas
Ifes Instituto Federal de Educação, Ciência e Tecnologia do Espírito Santo
LDBEN Diretrizes e Bases da Educação Nacional
Paie Profissionais de Apoio à Inclusão Escolar
RCNEI Referencial Curricular Nacional para a Educação Infantil
TEA Transtorno do Espectro do Autismo
Ufes Universidade Federal do Espírito Santo

SUMÁRIO

1
MEMORIAL 23
   1.1 INTRODUÇÃO 27

2
AUTISMO: SOB UMA ÓTICA AFETIVA E INTEGRAL 35
   2.1 UM BREVÍSSIMO HISTÓRICO 35
   2.2 ENTRE ARRANJOS: CARACTERÍSTICAS, ETIOLOGIA E O DIAGNÓSTICO DO AUTISMO 41
   2.3 AUTISMO: UMA DISFUNÇÃO SOCIAL OU UMA DESORDEM DOS SENTIDOS? ... 46

3
O MODELO DIR/*FLOORTIME*: O DESENVOLVIMENTO É EMOCIONAL 51
   3.1 NEM SÓ DO COMPORTAMENTO SE DESENVOLVERÁ O HOMEM 53
   3.2 MODELO DIR/*FLOORTIME*: UMA PERSPECTIVA INTEGRAL DO DESENVOLVIMENTO 58
   3.3 EXPLORANDO O D: AS CAPACIDADES BÁSICAS DE DESENVOLVIMENTO FUNCIONAL E EMOCIONAL 60
   3.4 CARACTERIZANDO O "I" DE DIFERENÇAS INDIVIDUAIS 91
   3.5 CARACTERIZANDO O "R" DE RELACIONAMENTO 111
   3.6 CARACTERIZANDO O *FLOORTIME* 119
      3.6.1 *Affect* e *High Affect* 123
      3.6.2 Seguindo o exemplo da criança 128
      3.6.3 Seguindo os interesses naturais da criança 129
      3.6.4 Abrindo e Fechando Círculos de Comunicação 130
      3.6.5 Criando um ambiente de jogo afetivamente apropriado 131
      3.6.6 Criando um ambiente de jogo adaptado 132
      3.6.7 Ampliando os círculos de comunicação 133
      3.6.8 Ampliando a gama de emoções expressas pela criança nas interações 135
      3.6.9 Ampliando a capacidade de usar o corpo e os sentidos enquanto processa informações 135
      3.6.10 Jogando com a ludicidade 137
      3.6.11 Fingindo de bobo (*Play Dumb*) 139

    3.6.12 Jogando com o corpo... 140
    3.6.13 Estimulando a iniciação por meio de problemas......................... 142
    3.6.14 Ampliando as ideias... 143
    3.6.15 Se romper o fio da relação, use a reparação 144
    3.6.16 Observe, Espere e Pondere (*Wait, Watch and Wonder*).................. 144
    3.6.17 Autorrefletindo na relação 148
    3.6.18 Considerações sobre as estratégias *Floortime* 150

4
ESTRATÉGIAS MUSICAIS... 151
    4.1 QUAL A NOSSA MÚSICA? 152
    4.2 EDUCAÇÃO MUSICAL OU MUSICALIZAÇÃO?................................155
    4.3 MÚSICA "COMO" TERAPIA E MÚSICA "NA" TERAPIA 158
    4.4 ESTRATÉGIAS MUSICAIS: COMPOSIÇÃO, APRECIAÇÃO E PERFORMANCE . 160

5
EDUCAÇÃO INFANTIL E DIR/*FLOORTIME*: HUMANIZAR E INCLUIR.... 169
    5.1 CARACTERIZAÇÃO E FUNDAMENTOS DA EDUCAÇÃO INFANTIL 169
    5.2 BREVE PERCURSO DA INCLUSÃO 173
    5.3 EDUCAÇÃO INFANTIL: INCLUIR E HUMANIZAR PARA O SER MAIS 176

6
METODOLOGIA 183
    6.1 QUESTÃO.. 183
    6.2 HIPÓTESE.. 183
    6.3 OBJETIVO GERAL.. 183
    6.4 OBJETIVOS ESPECÍFICOS.. 183
    6.5 MÉTODO... 184
    6.6 SUJEITOS DA PESQUISA 185
        6.6.1 Dan: da euforia do afeto à calma do brincar............................. 186
        6.6.2 O desabrochar de Dora: as emoções dançam, falam e criam.............. 190
        6.6.3 Lia: entre o afeto que acolhe e a fantasia do sentir..................... 194
        6.6.4 Nico: o meteoro de *high affect* 202
        6.6.5 Vitor: o olhar que sente música 206
    6.7 ENTREVISTA 210
    6.8 AVALIAÇÃO GLOBAL DO DESENVOLVIMENTO (AGD) 210
    6.9 A INTERVENÇÃO 210
    6.10 CONSIDERAÇÕES INICIAIS...213

7
RESULTADOS E DISCUSSÃO 231
7.1 RESULTADOS..231
7.1.1 Intervenção e desenvolvimento de Dan 231
7.1.2 Intervenção e desenvolvimento de Dora 240
7.1.3 Intervenção e desenvolvimento de Lia 250
7.1.4 Intervenção e desenvolvimento de Nico.................................. 259
7.1.5 Intervenção e desenvolvimento de Vitor 266
7.2 "METEORO": UM ÁLBUM DE BALABALUA 274
7.2.1 Bolha ou balão... 277
7.2.2 A barata bruxa 278
7.2.3 Siria 280
7.2.4 O castor 281
7.2.5 Eca 282
7.2.6 Ninho 283
7.2.7 Meteoro 285
7.2.7 Eu e você 286
7.2.8 Considerações sobre o produto educativo *Balabamúsica*................. 287
7.3 REFLEXÕES E DISCUSSÃO: DESENVOLVER PARA O SER MAIS...............288

8
CONSIDERAÇÕES FINAIS 299

REFERÊNCIAS 303

1
MEMORIAL

Quando trabalhava em uma biblioteca[1], desenvolvendo projetos de leitura e promovendo contações de estórias infantis musicadas, uma ex-aluna, aspirante a escritora e leitora voraz, me descreveu como um "poeta em tempo integral e adulto lotado de trabalho nas horas vagas". Anos mais tarde, ao assumir outras facetas artísticas, propus uma modesta alteração à, até então, irretocável descrição de Isa: *artista* em tempo integral e adulto lotado de trabalho nas horas vagas.

Resgato essa descrição, a qual julgo como uma genuína e cirúrgica síntese de mim, para elaborar o meu lugar de fala nesta pesquisa. Se esse é um dos trabalhos do qual me ocupo nas horas vagas, irrevogavelmente, a pessoa que o desenvolve é, antes e sobremais, um artista, um poeta, músico, instrumentista, compositor, escritor, ator, performer, *drag queen*, que se encontrou com o autismo e fez dele abrigo para todas as suas inclinações envolvendo as áreas das artes, saúde e educação.

Musicalizado na igreja por meio dos louvores que ocupavam a maior parte do tempo de culto e das aulas de violão e teclado, minha relação com a música começou cedo. Lembro-me de que, ainda criança, eu já cometia minhas pequenas "transgressões", e elas envolviam escutar "músicas do mundo"[2] trancado no quarto do meu tio. Tenho a memória cristalina de quando me emocionava ao som de *Me chama*[3], na voz de Marina Lima e *Per amore*[4] interpretada por Zizi Possi — nessa ordem. Eu não compreendia, apenas me deixava sentir.

Nesse espaço religioso, no qual permaneci até aproximadamente meus 22 anos, me desenvolvi enquanto músico, compositor e, mais precisamente, como cantor. As composições foram consequência de minha

---

[1] Em 2013, aproximadamente, como auxiliar de projetos culturais, em uma escola da rede privada de Linhares (ES).
[2] Termo que se utilizava na igreja onde fui criado para categorizar toda produção musical que não era feita para adorar a Deus.
[3] Composição de Lobão, cantor e compositor brasileiro.
[4] Composição de Mariella Nava, cantora e compositora italiana.

relação com a palavra que eu desenvolvera aos 15 anos quando comecei a escrever meus primeiros poemas inspirados pelas obras de Vinícius de Moraes[5], autor que consumia insaciavelmente no ensino médio, "escondido" na biblioteca durante os intervalos.

Nunca me submeti a um processo de educação musical formal, tal como nunca fui musicalizado por professores formados na área. Meu desenvolvimento musical se deu de maneira informal, autônoma, e eu diria que com baixíssimo rigor técnico. Aprender a tocar violão não foi uma experiência feliz. Eu não conseguia acompanhar as aulas em um fluxo contínuo. Sempre achei o aprendizado de instrumentos musicais matemáticos e mecânicos demais, daí minha dificuldade. Motivado por um interesse pessoal pela música, talvez pela minha relação com a interpretação e com a apreciação, também pela minha admiração pelos músicos, aprendi o nível básico de violão e teclado, mas sem dar prosseguimento aos estudos.

Ao ingressar no curso de Pedagogia[6], após desistir do tecnólogo em Petróleo e Gás, no qual ingressei a contragosto aos 17 anos, entrei em contato com a minha natureza afetiva e brincante. Deveras! Não raras vezes passava férias com meus primos mais novos, contava estórias para as criancinhas da igreja e ainda moleque na rua de casa eu era cercado de toda sorte de amigos, jogos e brincadeiras.

Na faculdade, mais precisamente no componente curricular "Literatura Infantil", ministrado pela professora Norma Grunewald[7], por quem desenvolvi profundo respeito e admiração, me encantei pelo universo da contação de estórias. No entanto, foi apenas no estágio da educação infantil que comecei a realizar contações de estórias musicadas. A partir de então passei a me aventurar no universo da música e suas possibilidades. A minha relação com a palavra, iniciada com a poesia, e posteriormente aprofundada com a composição, agora escorria na habilidade para improvisação e adaptação de estórias e criação de contos infantis musicados.

Tornei-me o Tio Allan, o contador de estórias, cujas apresentações eram marcadas pela música, pela expressividade e pela afetividade com o público infantil. Desejando explorar o potencial da arte em meu trabalho como pedagogo, ingressei na Arteterapia[8], entre 2013 e 2014, quando

---

[5] Poeta, dramaturgo, jornalista, cantor e compositor brasileiro.
[6] Da Faculdade Pitágoras – Campus Linhares (ES), concluído em 2013/1.
[7] Na época, coordenadora do curso de Pedagogia da mencionada faculdade.
[8] Em 2014, pelo Instituto Fênix de Ensino e Pesquisa, em Vitória (ES).

me inseri no campo da saúde e pude explorar o universo criativo e seu potencial terapêutico.

A Arteterapia se trata de uma terapêutica de caráter artístico-vivencial, que se vale de linguagens expressivas como música, artes cênicas, plásticas e visuais, dança, cinema e outras, para o indivíduo acessar e expressar seus conteúdos internos, emoções e sentimentos, promovendo a saúde psicofísica e bem-estar.

A minha relação com o autismo se iniciou na Arteterapia, principalmente a partir dos relatos de Carol, mãe atípica[9], que vez ou outra me dizia "o autismo precisa de você". Eu discordava. Não me interessava pelo autismo e não achava que tinha perfil para o trabalho com esse grupo.

Mais alguns anos se passaram, a vida artística se tornara cada vez mais necessária ao passo em que ampliava minha experiência na educação, ocupando cargos de gestão pedagógica. Desempenhando papéis cada vez mais burocráticos no trabalho, associados aos conflitos com minha sexualidade, com meu corpo, com minha família e os ditos valores cristãos excludentes e fundamentalistas, cheguei à conclusão de que devia resgatar minha arte, me profissionalizar e me (re)conhecer por meio dela. Foi quando ingressei na graduação em Artes Cênicas[10], em 2016. Fui morar sozinho e tentar a vida na capital, especificamente em Vila Velha (ES).

Nas Artes Cênicas, a música se reafirmou para mim enquanto jogo, enquanto performatividade, enquanto linguagem, enquanto presença. Compus trilhas sonoras de espetáculos, realizei inúmeras cenas de improviso musical, criei releituras musicais de livros, joguei com sonoridades, me debrucei em Wisnik[11] e, por fim, desenvolvi a Poética da Catarse[12], uma metodologia de construção cênica e atoral baseada nos afetos pessoais, por meio da qual criei o monólogo performativo "Leonardo Sauvignon"[13], cujo ápice do espetáculo consiste em improvisar uma música utilizando as palavras que o público escrevia em um papel.

Durante o curso de Artes Cênicas, após quatro anos passados do curso de Arteterapia, Carol (a mãe atípica) me contactou para, definiti-

---

[9] Termo utilizado pela comunidade autista para se referir a pais de filhos diagnosticados com o Transtorno do Espectro do Autismo (TEA).
[10] Na Universidade Vila Velha (ES), concluído em 2019/1.
[11] Músico, compositor e ensaísta brasileiro.
[12] Ver mais em ARAUJO, A. M. L. **Do Intrateatro à Poética da Catarse**: o processo criativo de Leonardo Sauvignon. Trabalho de Conclusão de Curso (Licenciatura em Artes Cênicas) – Universidade Vila Velha, Espírito Santo, 2019.
[13] Ver mais em: https://www.instagram.com/leonardosauvignon/. Acesso em: 1 jun. 2023.

vamente, me inserir no campo do autismo e confirmar suas premonições. Havia surgido uma oportunidade de trabalho para aulas de expressão corporal para crianças autistas na Associação dos Amigos dos Autistas do Espírito Santo (Amaes).

O ano era 2018, aceitei a proposta, li alguns textos sobre o tema e sobre o trabalho de teatro com esse público, e me vi, pela primeira vez, em um universo desconhecido e complexo em torno do que era o TEA[14], e escasso no que dizia respeito aos trabalhos das artes cênicas envolvendo esse grupo social.

Meu objetivo era trabalhar com os grupos de crianças autistas, sobretudo, a partir dos jogos teatrais spolianos[15], mas, para minha frustração inicial, percebi que o primeiro caminho era estabelecer um vínculo afetivo e investir na livre expressão, na espontaneidade e em estratégias menos estruturadas, o que implicava em propostas com menos regras de jogo, regras menos complexas ou nenhuma regra, menos sequências, menos etapas, dentre outros fatores. O caminho era outro e eu iria descobrir com eles. Foi quando recorri mais enfaticamente às estratégias musicais, pautadas no manuseio de instrumentos, exploração de sonoridades, utilização de recursos extramusicais como brinquedos, livros infantis, objetos sensoriais como tecidos e luzes. Também recorri à improvisação, criando músicas e até mesmo brincadeiras que favoreciam o perfil sensorial e potencializavam aquele momento de interação.

Esses fatores começaram a despertar meu olhar de pesquisador, agora mais maduro após tantos ICs, projetos de extensão e intensa produção acadêmica no curso de artes cênicas. Eu não ensinava música, nós interagíamos com música, brincávamos com música, nos expressávamos musicalmente. Brincávamos de fazer cenas, de dançar, de criar mirabolâncias, e em meio a tantos elementos, a música sempre esteve lá. Eu precisava investigar essa relação especial que os indivíduos autistas demonstravam em relação à linguagem musical. As aulas de expressão corporal, então, começaram a inserir experiências musicais como uma de suas bases, as outras eram a espontaneidade e a expressividade, independentemente da linguagem, mas a música se acentuava, sobressaltava, emergia.

Meu trabalho com o público autista passou a se chamar, na época, Palco Azul — autismo, afeto e arte (hoje chama-se Balabalua) —, ganhando

---

[14] O autismo também é considerado um transtorno do neurodesenvolvimento, segundo o DSM-5-TR.
[15] Viola Spolin é autora e diretora teatral estadunidense, responsável por sistematizar os Jogos Teatrais.

uma identidade, uma marca e um espaço para discussão. No ano seguinte (2019), me desliguei da Amaes em virtude de uma proposta de trabalho que me afastaria do autismo por um tempo. Assumi a gestão pedagógica de uma escola de educação infantil e ensino fundamental, mas procurei não deixar o autismo completamente, atendendo aos finais de semana em uma clínica, onde conheci o modelo DIR/*Floortime*[16], inaugurando mais um divisor de águas em minha trajetória, oferecendo fundamentação teórica e procedimental para minha prática, me trazendo para este lugar, o lugar da pesquisa.

A partir da minha relação com a arte e com a música, mais tarde com o autismo e por fim com o DIR/*Floortime* é que, finalmente, foi possível elaborar um tema de pesquisa que atendesse aos meus desejos enquanto artista, pedagogo e terapeuta.

1.1 INTRODUÇÃO

A pesquisa desenvolvida neste livro é de natureza interdisciplinar, que abrange as áreas do conhecimento: música, saúde e educação. Teve como objeto de análise a utilização de estratégias musicais na terapia DIR/*Floortime* para favorecer o desenvolvimento de crianças diagnosticadas como o Transtorno do Espectro do Autismo (TEA) no contexto da Educação Infantil.

O Autismo ou Transtorno do Espectro do Autismo (TEA), de acordo com o DSM-5-TR (*Manual Diagnóstico e Estatístico de Transtornos Mentais*, versão atualizada), é uma condição do neurodesenvolvimento, cujas características essenciais são definidas pelo DSM-5-TR em dois pilares: (a) prejuízos na comunicação social recíproca e na interação social e (b) padrões restritos e repetitivos de comportamento, interesse ou atividade. Em suma, habilidades de socialização, comunicação e comportamento são comprometidas desde a primeira infância (APA, 2022).

Estima-se 1 caso de autismo a cada 30 pessoas com idades entre 3 e 17 anos (CDC, 2022)[17]. A estimativa global da ONU é de que 1% da população mundial esteja no espectro[18], cerca de 70 milhões de pessoas. No

---

[16] Abordagem desenvolvimentista pensada para os transtornos do neurodesenvolvimento, sobretudo para o tratamento do autismo. Veremos mais no decorrer do texto.

[17] O *Centers for Disease Control and Prevention* (CDC) (https://www.cdc.gov) é uma agência pertencente ao Departamento de Saúde e Serviços Humanos dos Estados Unidos que, em parceria com departamentos estaduais de saúde e outras organizações, promove informações para embasar decisões quanto à saúde.

[18] Ver mais em: https://www.canalautismo.com.br/noticia/quantos-autistas-ha-no-brasil/. Acesso em: 1 jun. 2023.

Brasil, não existem estudos acerca da prevalência do autismo, no entanto Rossi (2018) identifica dois estudos que abordam a epidemiologia para o TEA, um realizado em Santa Catarina, apontando a estimativa de 1,31 de casos para 10 mil pessoas[19] e o outro de Atibaia, município de São Paulo, estimando 0,88% de casos em uma população de 1.470 crianças[20]. A estimativa chega a 2 milhões de casos no Brasil[21].

No decorrer das últimas décadas, desde Kenner[22] nos anos 40 até o período atual, ocorreram muitos avanços e mudanças de paradigmas acerca do autismo, como maior compreensão do espectro, caracterização desse grupo, aperfeiçoamento do diagnóstico, consequentemente a implementação de políticas públicas, mobilizações de diversos setores, dentre outras conquistas da comunidade. Um exemplo disso está na Lei Berenice Piana (Lei nº 12.764), vulgo "lei do autismo".

Sancionada em 2012, essa lei institui a Política Nacional de Proteção dos Direitos da Pessoa com Transtorno do Espectro Autista, a partir da qual os sujeitos autistas, para todos os efeitos legais, passaram a ser considerados pessoas com deficiência, gozando de todos os direitos às políticas de inclusão do país, inclusive as educacionais (BRASIL, 2012).

As mudanças de concepções acerca das deficiências possibilitaram o advento da inclusão social. Anteriormente, a sociedade passou pela *exclusão social*, em seguida pela *integração social*, em que os ambientes e contextos sociais não eram adaptados às necessidades específicas das pessoas com deficiência, e por fim a *inclusão social*, na década de 90, provocando importantes alterações nos sistemas sociais, sobretudo na escola (MOTA, 2020, p. 61).

"A inclusão escolar tem início na educação infantil", e abrange todos os níveis, etapas e modalidades de ensino (BRASIL, 2008). A partir da Lei Brasileira de Inclusão[23], é possível compreender que incluir é eliminar ou superar barreiras de natureza arquitetônica, urbanística, comunicacional

---

[19] Ver mais em: FERREIRA, E. **Prevalência de autismo em Santa Catarina:** uma visão epidemiológica contribuindo para a inclusão social [dissertação]. Florianópolis: Universidade Federal de Santa Catarina, 2008.

[20] Ver mais em: RIBEIRO, S. H. B. **Prevalência dos transtornos invasivos do desenvolvimento no município de Atibaia:** um estudo piloto [dissertação]. São Paulo: Universidade Presbiteriana Mackenzie, 2007.

[21] De acordo com estimativa do Conselho Nacional de Saúde, em 2011. Ver mais em: http://conselho.saude.gov.br/ultimas_noticias/2011/01_abr_autismo.html#:~:text=Estima%2Dse%20que%20esse%20n%C3%BAmero,milh%C3%B5es%20de%20autistas%20no%20pa%C3%ADs. Acesso em: 1 jun. 2023.

[22] Psiquiatra austríaco responsável por nomear pela primeira vez o autismo infantil, inicialmente denominado Distúrbio Autístico do Contato Afetivo.

[23] Lei nº 13.146/15.

e atitudinal, que impeçam a participação plena da pessoa com deficiência na vida social, ou limitem sua livre expressão, comunicação, mobilidade, acesso à informação e qualidade de vida (BRASIL, 2015).

No contexto escolar, a inclusão se efetiva quando a estrutura possibilita acessibilidade, quando os planos são redefinidos considerando as diferenças individuais, respeitando as necessidades específicas de cada um, quando novos recursos e materiais são adquiridos e adaptados para favorecer o processo de ensino-aprendizagem dos/das estudantes e quando a instituição promove formação continuada de seus profissionais e orientação a toda a comunidade escolar tematizando as deficiências, neurodivergências, diferenças e a inclusão (MOTA, 2020, p. 69). A escola ainda representa um grande desafio para o público autista, principalmente devido à falta de efetivação das políticas públicas já conquistadas ao longo dos anos.

É possível, também, apontar progressões inerentes às terapêuticas praticadas por especialidades como a medicina, psicologia, fonoaudiologia, fisioterapia, psicopedagogia, musicoterapia, terapia ocupacional, educação física, dentre outras. No entanto, verifica-se a dificuldade em sistematizar e consolidar os conhecimentos alcançados até aqui, e aperfeiçoar práticas interventivas que envolvam os agentes criança-família-escola-profissionais. Tal como se constata que as pesquisas relacionadas às perspectivas desenvolvimentistas do autismo no Brasil são insuficientes frente ao predomínio das pesquisas de enfoque comportamental, como ABA (Análise do Comportamento Aplicada, do inglês *Applied Behavior Analysis*) (LEAL, 2018, p. 14).

Este estudo se baseia em uma abordagem desenvolvimentista do autismo, cuja característica central foi compreender os desvios e particularidades do desenvolvimento da criança autista à luz do desenvolvimento típico, este que se dá na articulação entre as capacidades biológicas para o engajamento social e as interações sociais posteriores, ou seja, uma falha biológica pode impactar habilidades de relacionamento social e afetivo do bebê, refletindo em prejuízos no desenvolvimento da linguagem e de faculdades cognitivas (LAMPREIA, 2007, p. 106).

A partir de diversos estudos sobre o desenvolvimento infantil, Stanley Greenspan (professor clínico, psiquiatra e pediatra) e Serena Wieder (psicóloga, PhD), nos idos de 1980, criaram o Modelo *DIR/Floortime*, unificando seus conhecimentos acerca do desenvolvimento infantil, cunhando uma terapêutica a partir dos relacionamentos emocionalmente significativos, da compreensão das diferenças individuais e do universo possível pelos afetos. Esse modelo é de orientação construtivista-social, opondo-se aos métodos comportamentais de base *behaviorista* (MOTA, 2020, p. 40).

 Greenspan entende que os relacionamentos emocionalmente significativos desempenham o papel importantíssimo de engajar a criança na interação. Os afetos são entendidos como emoções, mas também se referem às fontes de interesses, desejos e iniciativas da criança, é o que determina o ponto de partida das intervenções ou interações, ou seja, a criança desempenha uma liderança no processo (GREENSPAN; WIEDER, 2006a).

 É por meio do afeto que a criança emprega intencionalidade às suas ações e dá significados aos seus símbolos e palavras. O afeto conectaria a emoção ao planejamento motor, o que resultaria na interação da criança com o mundo, com as pessoas, com seus cuidadores. Nesse sentido, são nas relações baseadas no afeto que a criança desenvolve seus aspectos sociais, emocionais e intelectuais (GREENSPAN; WIEDER, 2006a).

 A sigla DIR diz respeito aos aspectos da criança a serem compreendidos para então definir um programa de intervenção único e específico para cada indivíduo. O **D**, de *"development"* (desenvolvimento), refere-se aos aspectos sociais, emocionais e cognitivos e suas respectivas capacidades emocionais e funcionais do desenvolvimento; o **I**, de *"individual diferences"* (diferenças individuais), considera as singularidades de cada criança no que tange à sua maneira de perceber e processar as informações a partir dos sentidos (sons, cheiros, toques, movimentos etc.), perfil motor e de linguagem, o que refletirá em seu comportamento ou no modo com que ela vai se relacionar, agir e pensar com e no mundo; por fim, o **R**, de *"relationship"* (relacionamento) acentua as relações com os cuidadores primários, principalmente familiares, como fator indispensável ao desenvolvimento infantil (MOTA, 2020, p. 41; PIACENTINI, 2022, p. 19).

 Floortime, que traduzido literalmente significa "tempo no chão", refere-se à técnica e à filosofia do modelo. Enquanto técnica, equivale-se a "brincar no chão", mas um brincar baseado em princípios e técnicas específicos que favoreçam o engajamento afetivo e a progressão da criança em suas capacidades de desenvolvimento, considerando suas diferenças individuais (LEAL, 2018, p. 18). Enquanto filosofia, Greenspan e Wieder (2006a) descrevem dois objetivos que fazem do *Floortime* a pedra angular do modelo: seguir os interesses emocionais da criança e trazê-la para um mundo compartilhado durante as interações.

Greenspan organizou as capacidades de Desenvolvimento Funcional e Emocional, que correspondem às etapas do desenvolvimento típico e saudável esperados. As seis capacidades básicas são CAPACIDADE 1: Atenção compartilhada e regulação; CAPACIDADE 2: Engajamento e relacionamento; CAPACIDADE 3: Comunicação intencional recíproca; CAPACIDADE 4: Resolução de problemas compartilhados; CAPACIDADE 5: Criando ideias; e CAPACIDADE 6: Construindo pontes entre ideias: pensamento lógico (LEAL, 2018; PIACENTINI, 2022). Há maior ênfase nessas capacidades, pois elas são consideradas capacidades fundamentais para atingir outras mais elevadas, como pensamento Triangular e multicausal (Capacidade 7), denominando pensamento emocionalmente diferenciado, área cinza (Capacidade 8) e pensamento reflexivo, crescimento do senso de si (Capacidade 9) (LEAL, 2018).

Neste estudo, nos debruçamos mais precisamente sobre o desenvolvimento das três primeiras capacidades, por compreender que estas são fundamentais para que a criança se encoraja a experienciar interações mais significativas, envolvendo-se em círculos de comunicação e criando laços afetivos com seus pares, aspectos de alta relevância, principalmente para o contexto escolar. As capacidades superiores também podem ser estimuladas e até mesmo alcançadas durante a proposta interventiva, porém o recorte deste livro se delimitou em analisar o desenvolvimento das três capacidades iniciais.

Para uma compreensão mais familiarizada com as capacidades sobre as quais este estudo se dedica, propomos uma nomeação-síntese delas, acreditando que, dessa forma, o conceito e o sentido sejam compreendidos a partir do contexto e linguagem escolar. Assim, nos referiremos à Capacidade 1 (Atenção compartilhada e regulação) como Atenção, à Capacidade 2 (Engajamento e relacionamento) como Interação e à Capacidade 3 (Comunicação intencional recíproca) como Comunicação.

Para Louro (2021, p. 35), existe um aspecto presente na "natureza humana que nos torna capazes de produzir, apreciar e nos desenvolvermos por meio da música", este seria denominado de musicalidade. Musicalidade, por sua vez, seria a capacidade para perceber, identificar e classificar as diversas propriedades sonoras, e para o fazer musical, por meio do canto, movimento, execução, entre outros (ILARI, 2013, p. 12 *apud* LOURO, 2021, p. 35).

Muitos estudos apontam para uma relação enigmática e peculiar das pessoas autistas com a música, sendo possível identificar com grande frequência habilidades musicais surpreendentes nesse grupo (LOURO, 2021; OLIVEIRA, 2020). Habilidades como capacidade auditiva focal (pode captar mais detalhes que a maioria das pessoas), organização lógica de melodias, ritmos, harmonias e sequências musicais, elevada sensibilidade auditiva para perceber as propriedades da música, possíveis emoções e habilidades para execução musical (LOURO, 2021; OLIVEIRA, 2020).

Há uma importante distinção proposta por Bruscia (2016): música "como" terapia e música "na" terapia. Na música "como" terapia, ela é utilizada como meio central da experiência terapêutica, é entendida como "agente primário para a interação e transformação terapêutica", ou seja, está em primeiro plano em relação a outras artes, modalidades terapêuticas e elementos utilizados na sessão (BRUSCIA, 2016, p. 63).

Na música "em" terapia, esta pode ser utilizada também por suas propriedades terapêuticas, mas também para favorecer a relação terapeuta-atendido na sessão. Ela não é o principal ou o agente central de transformação, ela está no pano de fundo da experiência enquanto outros elementos ou modalidades estão em primeiro plano (BRUSCIA, 2016). Em uma sessão de Arteterapia, por exemplo, podemos utilizar a música em terapia, como um dos recursos expressivos facilitadores da produção simbólica utilizando-se argila. Na sessão de terapia DIR/*Floortime*, a música pode ser utilizada como um dos recursos para favorecer o desenvolvimento de crianças autistas, como foi o caso desta pesquisa.

Nesta obra, o trabalho musical articulado ao modelo DIR/*Floortime* compreende a música como um "[...] processo contínuo de construção, que envolve perceber, sentir, experimentar, imitar, criar e refletir. Nesse sentido, importa, prioritariamente, a criança, o sujeito da experiência, e não a música [...]" (BRITO, 2003, p. 46).

Penna (2008, p. 28) conceitua o termo como "Musicalizar(-se): tornar(-se) sensível à música", tornar-se sensível à música implica no desenvolvimento da percepção do sujeito, por vivências musicais em suas diversas manifestações culturais. Entendemos, portanto, que a música também se incumbe de se apropriar da cultura pessoal de cada indivíduo e de contribuir para que este compreenda criticamente a realidade cultural em que está inserido (PENNA, 2008, p. 42).

Assim, neste estudo, a música visa mobilizar sentimentos, emoções e afetos dos sujeitos da pesquisa, porque compreendemos que ela é, para além de objeto sonoro, concreto específico e autônomo, uma linguagem que simboliza, representa e evoca (GAINZA, 1988, p. 34).

Nesse sentido, este estudo caracteriza-se como um trabalho terapêutico que se utiliza de estratégias musicais como recorte, associadas ao modelo DIR/*Floortime*, desenvolvido em uma instituição de Educação Infantil, buscando analisar suas contribuições para o desenvolvimento da atenção, interação e comunicação.

2

AUTISMO: SOB UMA ÓTICA AFETIVA E INTEGRAL

— *Eu não quero acabar.*
— *Mas o tempo acabou, Beni. Amanhã você vem de novo e nós podemos brincar mais!*
— *Mas eu não quero que acabe.*
— *Lembra que a gente conversou sobre o tempo? Que nós temos um tempo aqui?*
— *Sim, mas eu não quero acabar. Eu não quero.*
— *Eu entendo que você não quer, mas na vida é assim. As coisas têm um tempo.*
— *Eu quero desobedecer a vida.*

(Carol, terapeuta DIR/*Floortime*, e Benicio, criança autista, 6 anos, ao final da sessão)

2.1 UM BREVÍSSIMO HISTÓRICO

O autismo, hoje denominado Transtorno do Espectro do Autismo (TEA) pelo DSM-5-TR[24] (APA, 2014), tem como um dos marcos históricos o deslocamento de concepções psicanalíticas[25] para uma "[...] concepção biológica e cerebral" (ORTEGA, 2009, p. 70).

O termo "autismo" teve sua primeira utilização em 1911, por Bleuler, que destacou, dentre outras as características, "perda de contato com a realidade e dificuldade na comunicação", no entanto, referindo-se ao transtorno básico da esquizofrenia (KORTIMANN, 2013 *apud* LOURO, 2017, p. 21).

Algumas décadas depois, em 1943, Leo Kanner[26] nomeou como "distúrbios autísticos" algumas características que havia identificado em 11 casos clínicos, como a dificuldade de interação e a incapacidade de

---

[24] Do original *Diagnostic and Statistical Menual of Mental Desorders*, Manual Diagnóstico e Estatístico de Transtornos Mentais é um manual produzido pela Associação Americana de Psiquiatria para definir o diagnóstico dos transtornos mentais. Sua primeira versão é de 1952 (DSM-I), e desde então tem sido uma das referências mais utilizadas para o diagnóstico de saúde mental no mundo. A versão revisada foi publicada em 2022 com o nome de DSM-5-TR.

[25] Explicações de ordem psicanalíticas ainda existem, principalmente do campo lacaniano (ORTEGA, 2009, p. 70).

[26] Médico austríaco (1894-1981), em seu artigo "Distúrbios Autísticos do Contato Afetivo", analisou 11 casos de crianças entre 2 e 11 anos de vida, identificando características autísticas (OLIVEIRA, 2020, p. 7).

relacionamento com pessoas e situações desde o começo da vida (LOURO, 2017, p. 21).

> Nesse período inicial, a influência do ambiente ganhava destaque, com foco nas interações mãe-criança sobre o desenvolvimento infantil. Nessa época, ele [Kanner] destacou como principal causa do autismo a falta de interações entre a mãe e o bebê nos meses iniciais, criando a nomenclatura *mãe geladeira*. Segundo ele, havia certa frieza nas relações entre os pais e os filhos. A partir de tal colocação, Kanner (1943) concebeu o autismo como um distúrbio do contato afetivo, acarretando um isolamento social (MOTA, 2020, p. 25, grifo nosso).

Outro médico austríaco, Hans Asperger, em 1944, em seu artigo "Psicopatologia Autística da Infância", chamou de "pequenos-adultos" e de "desajeitadas" crianças que tinham a linguagem rebuscada. Estas seriam crianças autistas de alto funcionamento, que até antes da quinta versão do DSM (DSM-5) poderiam receber o diagnóstico de Síndrome de Asperger (OLIVEIRA, 2020, p. 7).

Mota (2020, p. 26) traz uma observação importante relacionada às pesquisas de Kanner e Asperger. Segundo a autora, nos anos 40, a comunicação entre as comunidades científicas dos EUA e da Europa era inexistente em decorrência da 2ª Guerra Mundial, ou seja, Kanner e Asperger relataram casos semelhantes de quadros autísticos sem o conhecimento das pesquisas um do outro (MOTA, 2020, p. 26).

Em 1952, nos aponta G. Oliveira (2020, p. 7), o autismo é integrado à primeira versão do DSM (DSM-I), no entanto, como subgrupo da esquizofrenia. O que se perdurou ainda na segunda versão do documento (DSM-II, de 1968), mencionando o autismo não como um diagnóstico próprio, mas como um dos sintomas da esquizofrenia (MOTA, 2020, p. 26).

De acordo com Louro (2017), em 1972, Kanner, em sua terceira edição do Manual de Psiquiatria Infantil afirmou ter observado em sua clínica mais de 150 casos de crianças autistas. A autora aponta ainda que "essas crianças eram tidas como pessoas com deficiência intelectual severa, esquizofrenia ou deficiência auditiva" antes das contribuições de Kanner para o autismo (LOURO, 2017, p. 21). Kanner havia percebido que poucas crianças desse grupo clínico falavam e que a linguagem oral não era utilizada com intencionalidade comunicativa, além disso, elas apresentavam dificuldade em compreender os aspectos simbólicos das coisas (LOURO, 2017).

Alguns anos mais tarde, em 1976, a Dr.ª Lorna Wing[27] organizou o quadro diagnóstico do autismo, apontando o comprometimento de três áreas: imaginação, socialização e comunicação. A partir de Dr.ª Wing, o autismo passa a ser considerado um espectro, ou seja, o espectro autista diz respeito a uma "constelação variável de características dentro dessas três áreas" (LOURO, 2017, p. 21). Dr.ª Wing também é responsável pela observação dos movimentos repetitivos, as estereotipias enquanto movimentos motores, e a ecolalia, enquanto repetições vocais. Sua teoria ficou conhecida como tríade de Wing (LOURO, 2017).

Em 1978, Michael Rutter[28] apresenta quatro critérios para a definição do autismo:

> 1. Atraso e desvio sociais não só em função de atraso mental; 2. Problemas de comunicação, também não só em função de retardo mental; 3. Comportamentos incomuns como estereotipias e maneirismos; 4. Início antes dos trinta meses de idade (LEAL, 1996; PINHEIRO; CAMARGO JÚNIOR, 2005; TIBIRYÇÁ, 2014 *apud* LOURO, 2017, p. 21-22).

Foram as definições de Rutter que marcaram a compreensão sobre o autismo, porque contribuíram para que o TEA fosse reconhecido como um transtorno mental único, dissociando-o da esquizofrenia, além disso, sua definição e a crescente produção científica acerca do tema influenciaram a elaboração da terceira edição do DSM, o DSM-III, de 1980 (FUNDAÇÃO JOSÉ LUIZ EGYDIO SETÚBAL, 2019).

Em 1979, o autismo passou a constar no catálogo de Classificação Internacional de Doenças (CID)[29], na categoria de Transtornos Psicóticos. Pouco mais de 10 anos depois, em 1993, tornou-se uma categoria à parte,

---

[27] Médica psiquiatra inglesa, mãe de uma filha autista, o que a levou a se envolver com pesquisas sobre o espectro autista. Junto a outros pais, fundou a *National Autistic Society* (NAS), no Reino Unido, em 1962.

[28] Uma das figuras centrais da psiquiatria infantil. Destacou-se por realizar pesquisas sobre o autismo tanto na esfera biológica, analisando DNA e exames de imagem, quanto na esfera social e influências dos familiares e das escolas no desenvolvimento infantil.

[29] "CID – Classificação Internacional de Doenças – da Organização Mundial de Saúde (2003); DSM – Manual Diagnóstico Estatístico dos Transtornos Mentais – Associação Americana de Psiquiatria (2002). Cabe ressaltar que o CID e o DSM são os catálogos de classificação das patologias mentais – reconhecidos e utilizados mundialmente no ensino, na pesquisa e na clínica – pois além de serem fidedignos em relação aos diagnósticos, possuem uma linguagem em comum" (BURKLE, 2009 *apud* LOURO, 2017, p. 21).

denominada Transtorno Invasivo do Desenvolvimento (TID) (APA, 2002; OMS, 2003; MORAES, 2015 *apud* LOURO, 2017, p. 21). Até 2012, o DSM-VI definia os critérios e diagnóstico do autismo, o que se modificou a partir da penúltima versão, o DSM-5, publicado em maio de 2013, nos Estados Unidos, trazendo a denominação Transtorno do Espectro Autista (TEA) (LOURO, 2017, p. 21). O DSM-5 eliminou

> [...] as subdivisões antigas do autismo e classificando-o em leve, moderado e grave. Na nova edição, entrou também a questão do comportamento sensorial incomum, algo que não integrava o DSM-IV. Outra significativa mudança é que o DSM-5 traz de suporte social que devem ser inferidos na vida da pessoa e são classificados a partir do comprometimento da linguagem e do comportamento (MORAES, 2015). Além disso, o documento coloca que pode haver diferenças culturais nas normas de interação social, comunicação não verbal e relacionamentos, mas que o diagnóstico precisa ser dado baseado na cultura vigente. Fatores econômicos podem influenciar a idade de identificação ou de diagnóstico (LOURO, 2017, p. 22).

Outra alteração muito importante, mencionada ainda no prefácio do DSM-5, diz respeito à

> Fusão de transtorno autista, transtorno de Asperger e transtorno global do desenvolvimento no transtorno do espectro autista. Os sintomas desses transtornos representam um continuum único de prejuízos com intensidades que vão de leve a grave nos domínios de comunicação social e de comportamentos restritivos e repetitivos em vez de constituir transtornos distintos. Essa mudança foi implementada para melhorar a sensibilidade e a especificidade dos critérios para o diagnóstico de transtorno do espectro autista e para identificar alvos mais focados de tratamento para os prejuízos específicos observados (APA, 2014, s/p.).

Louro (2017, p. 22) aponta que, embora os critérios diagnósticos se modifiquem a cada nova edição dos DSM, a essência dos sintomas permanece a mesma.

Ortega (2009, p. 70) defende que desde os anos 60 a produção do deslocamento da concepção psicanalítica para a biológica e cerebral acerca do autismo vem se construindo, refletindo nas alterações dos DSM ao longo da história, como quando a terceira edição do DSM (DSM-III) separa definitivamente o TEA do grupo das psicoses infantis, incluindo-o, portanto, na rubrica de transtornos abrangentes do desenvolvimento (ORTEGA, 2009, p. 70). Já a Síndrome de Asperger, hoje em desuso[30], só foi incluída na quarta edição do DSM (DSM-IV[31]), em 1994.

Para elucidar melhor o processo de deslocamento de concepções discutido neste texto, trazemos uma linha do tempo construída por G. Oliveira (2020, p. 7) até o ano de 2013, por último acrescento a informação atualizada:

- 1952: DSM-I: o autismo é visto como um subgrupo da esquizofrenia;
- 1968: DSM-II: o autismo somente aparece dentro da subcategoria "esquizofrenia infantil";
- 1980: DSM-III: o autismo deixa de ser uma psicose e recebe a classificação de Transtorno Invasivo do Desenvolvimento (TID);
- 1994: DSM-IV: o autismo é dividido em quatro categorias: (1) Transtorno Autista ou Autismo Clássico; (2) Síndrome de Asperger; (3) Transtorno Desintegrativo da Infância, TID sem outra especificação; (4) Síndrome de Rett;
- 2013: DSM-5: o autismo é entendido como um Transtorno do Neurodesenvolvimento;
- 2022: DSM-5-RT: o autismo continua sendo compreendido como no DSM-5, porém essa versão visa tornar o diagnóstico menos subjetivo e mais preciso, com parâmetros menos interpretativos, mais criteriosos e protocolares. Também traz mais comentários e exemplos que podem auxiliar nas observações clínicas.

Segundo Mota (2020, p. 28), "Autismo", derivado do grego (*auto* = si + *ismos* = disposição/orientação), significa "voltado para si mesmo", sentido empregado tanto por Kanner quanto por Asperger para destacar

---

[30] A Síndrome de Asperger ou o Transtorno de Asperger, conforme consta na quinta versão do DSM, passa a fazer parte do então Transtorno do Espectro Autista. Seria, atualmente, um grau mais brando de TEA, como aponta o DSM-5-TR, seria um diagnóstico de Transtorno do Espectro do Autismo sem comprometimento linguístico ou intelectual (APA, 2022).

[31] Até a quarta versão do DSM, utilizavam-se números romanos para referenciar as edições, a partir da quinta versão (DSM-5), a mudança para números arábicos ocorreu devido a estes "conferirem maior facilidade às atualizações, por exemplo: 5.1, 5.2 etc." (OLIVEIRA, 2020, p. 7).

as características de isolamento físico e dificuldade de interação social das crianças em seus estudos. Já com o termo Transtorno do Espectro do Autismo (TEA), reconhece-se "a ampla variedade de diferenças individuais que existem entre as pessoas que compartilham este mesmo diagnóstico, variedade que inclui maneiras singulares de ser e estar no mundo" (MOTA, 2020, p. 28).

Essas maneiras singulares de ser e estar no mundo passam a ser asseguradas por lei. Em 2012, é sancionada a Lei nº 12.764, conhecida como Lei Berenice Piana, que representa um marco histórico para a luta da comunidade autística. Ela institui a Política Nacional de Proteção dos Direitos da Pessoa com Transtorno do Espectro Autista, e tem como principal ação considerar esses sujeitos como pessoas com deficiência para todos os efeitos legais, concedendo direitos a todas as políticas de inclusão do país (BRASIL, 2012).

A mais recente atualização que impacta diretamente o diagnóstico do Transtorno do Espectro do Autismo é a 11ª versão da "Classificação Internacional de Doenças", o CID-11, divulgada pela Organização Mundial de Saúde (OMS) em maio de 2019, oficializada em janeiro de 2022 (CÔRTES; ALBUQUERQUE, 2020, p. 867).

Trinta anos depois do lançamento da CID-10 (1990), as mudanças no diagnóstico do autismo se assemelham ao prescrito no DSM-5-TR, nesse sentido, o Transtorno do Espectro do Autismo passa a representar um domínio mais amplo de critérios, de sorte que possa ser vinculado a outras condições, ao invés de o paciente receber um único diagnóstico, como nas versões anteriores (ALMEIDA, 2019).

Novos critérios de classificação foram surgindo ao passo em que as pesquisas sobre o TEA foram amadurecendo em toda a comunidade científica mundial. O seu reconhecimento como um transtorno à parte da esquizofrenia infantil permitiu ao autismo um olhar mais amplo, até ser compreendido em suas graduações e ser reconhecido como um espectro (CÔRTES; ALBUQUERQUE, 2020, p. 866).

Embora observemos muitos avanços nas pesquisas, Côrtes e Albuquerque (2020) sinalizam que as atuais pesquisas no campo das Neurociências, Genética e neuroimagem sugerem muito mais questionamentos e mais caminhos a serem percorridos do que resoluções.

O autismo segue outros desafios, principalmente por se manifestar de diferentes maneiras em diferentes idades, por não haver biomarcadores como há em algumas síndromes, por não haver exames específicos que nos leve ao diagnóstico. "O diagnóstico passa, necessariamente, pela subjetividade do investigador" (CÔRTES; ALBUQUERQUE, 2020, p. 867).

Outras iniciativas marcaram e contribuíram com a história do autismo no Brasil e no mundo, elas estão relacionadas aos Direitos Humanos, às leis de inclusão, às bases curriculares e a tantos outros documentos legais que provocaram mudanças de paradigmas acerca das deficiências e do autismo. A única certeza sobre o autismo é que ele está em pleno inacabamento.

2.2 ENTRE ARRANJOS: CARACTERÍSTICAS, ETIOLOGIA E O DIAGNÓSTICO DO AUTISMO

O Transtorno do Espectro do Autismo (TEA) é uma condição do neurodesenvolvimento, de base biológica, e etiologia pouco conhecida (CAMINHA, 2008, 2013; OLIVEIRA, 2015). As características essenciais são definidas pelo DSM-5-TR (2022) em dois pilares: (a) prejuízos na comunicação social recíproca e na interação social e (b) padrões restritos e repetitivos de comportamento, interesse ou atividade. Em suma, habilidades de socialização, comunicação e comportamento são comprometidas.

M. Freire (2019, p. 11) nos detalha com precisão as características desses dois pilares:

> O primeiro pilar manifesta-se em limitações, por exemplo, da comunicação não verbal, imitação, capacidade imaginativa, contato visual, reciprocidade sócio-emocional e no desenvolvimento e manutenção de relacionamentos. O segundo pilar traz, por exemplo, sinais como o uso estereotipado do corpo ou de objetos, resistência a mudanças, fixação de interesses e hiper ou hipo sensibilidade a estímulos sensoriais. Além disso, o TEA muitas vezes vem associado a deficiência intelectual e a atraso no desenvolvimento da linguagem.

Não há um marcador biológico ou sinais físicos, exames laboratoriais ou de imagem por meio dos quais se identifique o TEA. Os sintomas são abrangentes e os tratamentos multidisciplinares (APA, 2014). O diagnóstico pode ser realizado mediante observação clínica de comportamento, análise do histórico do paciente, com o auxílio de questionários protocolados, relatos das pessoas de convivência, relatórios escolares e pareceres de outros profissionais como pediatras, neuropediatras, psicólogos, neurologistas e psiquiatras.

O TEA apresenta um conjunto sintomático decorrente de fatores como a carga genética dos pais ou mutações genéticas que acontecem no decorrer do processo de desenvolvimento da criança. Situações ocorridas no ambiente intrauterino e as condições de parto também podem influenciar no diagnóstico (GREENSPAN; WIEDER, 2006a, p. 30).

G. Oliveira (2020) escreve em seus estudos sobre uma etiologia incompleta cujas indicações apontam para uma origem genética e um componente ambiental do espectro (NOGUEIRA, 2017; GATTINO, 2015; TORDJMAN *et al.*, 2014 *apud* OLIVEIRA, 2020). Quanto aos aspectos genéticos, o autor informa sobre a descoberta de mais de 200 genes com padrões complexos de interação (OLIVEIRA, 2020), mas sublinha que "não existe o pensamento determinista 'genes do autismo'" (TORDJMAN *et al.*, 2014 *apud* OLIVEIRA, 2020, p. 10). Em relação aos aspectos ambientais,

> [...] alguns fatores pré, peri e pós-natais têm sido associados ao surgimento do autismo, tais como idade avançada dos pais, nascimento prematuro e pós-termo, uso de medicação materna durante a gestação, diabete gestacional, pré-eclâmpsia, hemorragia materna, hipóxia neonatal e infecções virais no período neonatal, entre outros (GATTINO, 2015 *apud* OLIVEIRA, 2020, p. 10).

O autor ainda discorre sobre estudos recentes acerca do autismo, trazendo à luz a perspectiva da epigenética na qual se unem as teorias genéticas e ambientais, investigando alterações genéticas conforme modificações ambientais[32]. G. Oliveira apresenta algumas hipóteses epigenéticas para o autismo:

> (1) fatores genéticos aumentam o risco do autismo e o risco das complicações pré, peri e pós-natais; (2) fatores genéticos e ambientais têm maior ou menor influência dependendo de cada caso; (3) fatores de interação entre genes e ambiente, como o estresse oxidativo, seriam os principais fatores de risco para autismo (TORDJMAN *et al.*, 2014 *apud* OLIVEIRA, 2020, p. 10).

---

[32] Ver mais em: MULLER, H. R; PRADO, K. B. Epigenética: um novo campo da genética. **Rubs**, v. 1, n. 3, p. 61-69, 2008.

As pesquisas em curso sobre o autismo apontam para fatores multicausais, um conjunto sintomático que se associa e se acumula, como os de ordem biológica, genética e ambiental (ambiente intrauterino e talvez o processo de parto), que podem interagir e criar uma suscetibilidade ao TEA (GREENSPAN; WIEDER, 2006a).

Devido à etiologia pouco conhecida, ainda não é possível elaborar uma avaliação médica capaz de identificar o Transtorno do Espectro do Autismo (CAMINHA, 2008). Sem testes laboratoriais até o momento, o diagnóstico é baseado em documentos e manuais diagnósticos, por exemplo, o CID (Classificação Internacional de Doenças) e o DSM (Manual Diagnóstico e Estatístico de Transtornos Mentais), instrumentos desenvolvidos pela Associação Americana de Psiquiatria e Organização Mundial de Saúde (OLIVEIRA, 2020; CAMINHA, 2008).

Como mencionado, o DSM-5-TR (APA, 2022) define dois critérios que orientam o diagnóstico: (a) prejuízos na comunicação social recíproca e na interação social e (b) padrões restritos e repetitivos de comportamento, interesse ou atividade. Tais critérios refletem em prejuízos ou *deficit* nos diversos aspectos na comunicação, como a verbal e não verbal, a intenção comunicativa, a reciprocidade comunicativa, contato visual, atenção conjunta, troca de turnos, fluxo contínuo do diálogo, abertura de ciclos de comunicação, habilidades para a imitação, simbolismo e narrativa (OLIVEIRA, 2020; GREENSPAN; WIEDER, 2006a).

Podem, também, apresentar gestos e falas estereotipados, interesses restritos, repetitivos, padronizados e ritualísticos (APA, 2014). Essas características, dentre outras, como especificidades motoras e reatividade sensorial impactam diretamente na interação social, em suas trocas com o mundo e com as pessoas.

O DSM-5-TR (APA, 2022) organiza o autismo em três níveis de gravidade que dizem respeito ao grau de suporte demandado pelo indivíduo no espectro segundo as características da comunicação social e dos comportamentos restritos e repetitivos, conforme quadro a seguir:

Quadro 1 – Gravidade do autismo

DESCRIÇÃO	COMUNICAÇÃO SOCIAL	COMPORTAMENTOS RESTRITOS E REPETITIVOS
NÍVEL 1 – Necessidade de pouco apoio	*Deficit* graves na comunicação verbal e não verbal acarretam prejuízos na iniciação às interações sociais, na reciprocidade da comunicação, apresentam resposta mínima e pouca abertura de ciclo de comunicação.	Inflexibilidade no comportamento leva à dificuldade para lidar com mudanças em múltiplos contextos. Comportamentos restritos/repetitivos causam interferência funcional. Grande sofrimento/dificuldade para mudar o foco ou ações.
NÍVEL 2 – Necessidade de apoio substancial	*Deficit* graves na comunicação verbal e não verbal mesmo na presença de suporte. Prejuízos na iniciação às interações sociais, apresenta resposta reduzida ou incomum à abertura de ciclos de comunicação iniciados pelo outro.	Inflexibilidade no comportamento leva à dificuldade para lidar com mudanças, presença frequente e acentuada de comportamentos restritos/repetitivos interferem no funcionamento em uma variedade de contextos. Sofrimento/dificuldade para mudar o foco ou ações.
NÍVEL 3 – Necessidade de apoio muito substancial	*Deficit* graves na comunicação social com prejuízos notáveis, dificuldade de iniciação, presença de respostas atípicas, interesses reduzidos pela troca social. Inflexibilidade, dificuldade com mudanças, presença de comportamentos restritos/repetitivos impactantes.	Inflexibilidade no comportamento interfere, dificuldade extrema em lidar com mudanças, comportamentos restritos/repetitivos interferem significativamente no funcionamento em todas as áreas. Sofrimento/dificuldade para mudar o foco ou ações.

Fonte: adaptado de APA (2022); G. Oliveira (2020)

    Como já mencionado anteriormente, o CID-11 entrou em vigor em janeiro do ano de 2022, unificando o diagnóstico e se aproximando mais do que consta no DSM-5-TR. Assim, o documento reúne todos os transtornos associados ao autismo em um único diagnóstico: TEA. A seguir, preparamos um quadro comparativo entre o CID-10 e o CID-11, baseado em Almeida (2019):

Quadro 2 – CID-10 e CID-11

Quadro comparativo da Classificação Internacional de Doenças (CID)	
Autismo na CID-10	**Autismo na CID-11**
F84 – Transtornos globais do desenvolvimento (TGD); F84.0 – Autismo infantil; F84.1 – Autismo atípico; F84.2 – Síndrome de Rett; F84.3 – Outro transtorno desintegrativo da infância; F84.4 – Transtorno com hipercinesia associada a retardo mental e a movimentos estereotipados; F84.5 – Síndrome de Asperger; F84.8 – Outros transtornos globais do desenvolvimento; F84.9 – Transtornos globais não especificados do desenvolvimento.	6A02 – Transtorno do Espectro do Autismo (TEA); 6A02.0 – Transtorno do Espectro do Autismo sem deficiência intelectual (DI) e com comprometimento leve ou ausente da linguagem funcional; 6A02.1 – Transtorno do Espectro do Autismo com deficiência intelectual (DI) e com comprometimento leve ou ausente da linguagem funcional; 6A02.2 – Transtorno do Espectro do Autismo sem deficiência intelectual (DI) e com linguagem funcional prejudicada; 6A02.3 – Transtorno do Espectro do Autismo com deficiência intelectual (DI) e com linguagem funcional prejudicada; 6A02.4 – Transtorno do Espectro do Autismo sem deficiência intelectual (DI) e com ausência de linguagem funcional; 6A02.5 – Transtorno do Espectro do Autismo com deficiência intelectual (DI) e com ausência de linguagem funcional; 6A02.Y – Outro Transtorno do Espectro do Autismo especificado; 6A02.Z – Transtorno do Espectro do Autismo, não especificado.

Fonte: adaptado de Almeida (2019)

Mesmo com critérios mais aperfeiçoados, o diagnóstico do autismo ainda é desafiador, em virtude de diversos graus do transtorno, especificidades de cada caso, e sintomatologia presente em outros transtornos (CAMINHA, 2008).

Greenspan e Wieder (2006a, tradução nossa) discorrem sobre alguns "Mitos e Diagnósticos Incorretos" sobre o TEA, organizados em títulos provocadores como: "Incapacidade de amar?", "Incapacidade de se comunicar e pensar criativamente?", "Incapacidade de pensar abstratamente?", "Incapacidade de ler as emoções?", ampliando e humanizando nosso olhar sobre o autismo.

Em relação às questões levantadas, os autores defendem que crianças autistas apresentam um desafio biológico primário para conectarem suas emoções aos seus sistemas de planejamento motor, devido a dificuldades para sequenciarem ações a partir de seus desejos, em como traduzir o desejo em ação. O mesmo pode acontecer em atribuir significados sentimentais a palavras, conectando emoções a símbolos verbais (GREENSPAN; WIEDER, 2006a).

Pessoas com TEA sentem uma sensação pessoal de amor com seus cuidadores principais, laços construídos com a convivência e com as interações emocionais. "A confusão sobre a capacidade das crianças com ASD[33] para amar e sentir emoções fortes vem do fato de que muitas dessas crianças têm problemas para comunicar suas emoções" (GREENSPAN; WIEDER, 2006a, p. 14, tradução nossa)[34].

A visão de Greenspan e Wieder acerca do autismo engloba aspectos para além do comportamento, e considera as questões emocionais e suas conexões e também as questões sensoriais, essas últimas, que estão pouco presentes nos critérios de diagnósticos oficiais, mas que têm se apresentado frequentemente em relatos autobiográficos e aparecido cada vez mais em evidências científicas (CAMINHA, 2013). Iremos nos debruçar sobre o olhar sensorial para o autismo mais adiante.

2.3 AUTISMO: UMA DISFUNÇÃO SOCIAL OU UMA DESORDEM DOS SENTIDOS?

Na perspectiva do DIR/*Floortime*, as características sensoriais fazem parte das Diferenças Individuais do sujeito, sendo representadas pela letra "I" da sigla, compondo-se como elemento basilar do modelo.

Kanner (1943) e Asperger (1944), responsáveis pelos primeiros trabalhos acerca do autismo, já identificavam respostas incomuns a estímulos sensoriais do ambiente, no entanto, mesmo tais características se manifestando há tanto tempo e apesar dos relatos autobiográficos de

---
[33] Sigla do inglês, *Autism Spectrum Disorder*. Em português abrevia-se para TEA (Transtorno do Espectro Autista).
[34] "*The confusion about the ability of children with ASD to love and feel strong emotions comes from the fact that many of these children have trouble communicating their emotions*" (GREENSPAN; WIEDER, 2006a, p. 14).

autistas de alto funcionamento, as questões sensoriais estão associadas ao autismo, mas não são consideradas essenciais para o diagnóstico, além disso, é recente a atenção voltada à linha investigativa sensorial do autismo no meio científico (CAMINHA, 2013).

O DSM-5-TR cita na descrição das características do autismo o "interesse incomum por aspectos sensoriais do ambiente", podendo apresentar hiper ou hiporreatividade aos estímulos (APA, 2022, p. 57). No entanto, Caminha (2013), a partir de relatos autobiográficos levantados por O'Neill e Jones (1997), cita que as alterações sensoriais relatadas envolvem outras variáveis de resposta:

> Elas também incluem flutuações entre esses dois estados; distorções sensoriais; desligamentos (shutdowns), quando, por exemplo, a visão, ou audição, deixa de funcionar por um tempo e depois retorna; sobrecarga sensorial; percepções através de canais múltiplos, quando, por exemplo, um som também provoca sensações de cores e cheiros (sinestesia); dificuldades no processamento de informações através de mais de um canal ao mesmo tempo e dificuldades em identificar por qual canal sensorial a informação está sendo percebida (O'NEILL; JONES, 1997 apud CAMINHA, 2013, p. 11).

Nesse contexto, pesquisadores vêm defendendo o autismo "não como uma disfunção social, mas como uma desordem dos sentidos", ou seja, cada sentido do sistema sensorial opera isoladamente culminando em dificuldades do cérebro para processar e organizar as informações sensoriais ou estímulos de sorte a obter um significado (CAMINHA, 2013, p. 11).

A organização das sensações recebidas do ambiente pelo sistema sensorial, que impacta na organização do comportamento, ou no planejamento das ações no dia a dia, trata-se de um processo neurológico nomeado por Ayres de integração sensorial (OLIVEIRA, 2020, p. 13). Nela, "a experiência sensorial é integrada e percebida como um todo, de forma a criar respostas adaptativas" (CAMINHA, 2003, p. 11).

Déficit no aparato sensorial representam um impacto significativo nas experiências de uma pessoa autista com o mundo e com as pessoas, pois, segundo Caminha (2003), é o nosso sistema perceptivo que nos permitirá extrair e aprender ao máximo com os estímulos que cada ambiente e interações humanas são capazes de nos oferecer.

> E a percepção é o processo pelo qual se obtém informação sobre o mundo, ou seja, é a habilidade de se extrair informação da estimulação (Gibson, 1969). A percepção, entretanto, depende do aprendizado e da maturação. Possuir visão e audição, por exemplo, significa simplesmente apresentar a habilidade de receber sons e imagens, o que não significa compreender esses estímulos. Somente com o tempo e através da interação com o mundo o bebê aprende a ver e a escutar com sentido, ou seja, aprende a usar seus órgãos sensoriais e a atribuir significado às sensações (CAMINHA, 2003, p. 16).

O aparato sensorial[35] é também indispensável para a construção de relações afetivas, essenciais para o desenvolvimento do bebê. A sensibilidade e responsividade aos estímulos só é possível se o aparato sensorial estiver desempenhando um bom funcionamento. Do contrário, o bebê terá dificuldade para se engajar social e afetivamente, uma vez que as expressões emocionais dos cuidadores não irão lhes atrair e, consequentemente, não irão produzir significados ou dar sentido ao mundo (CAMINHA, 2003).

Os critérios do DSM-5-TR (APA, 2022) indicam como comportamentos autísticos, dentre outros, "padrões restritos e repetitivos de comportamento, interesse ou atividade" (já mencionado). Essas características podem ter relação com a presença de disfunções sensoriais.

> Atividades repetitivas que requerem atenção sustentada, por exemplo, seriam uma forma de evitar a entrada excessiva de estímulos e trazer alívio e calma perante um estresse sensorial. Logo, atividades repetitivas e previsíveis como alinhar objetos, observar objetos rodando ou repetir números decorados, podem ser entendidas como uma forma de desligamento (shut off) com o objetivo de reduzir a atenção a estímulos inesperados e potencialmente desconfortáveis (CAMINHA, 2003, p. 37).

Caminha (2003) ainda cita estudos em que defendem os problemas de modulação sensorial como sintomas primários do autismo. Esses, por sua vez, causariam "prejuízos de interação social, de comunicação, de linguagem e de comportamento" (CAMINHA, 2003, p. 37-38).

---

[35] Em Caminha (2003), o aparato sensorial refere-se ao sistema complexo e interconectado de estruturas e processos responsáveis pela recepção, transmissão e processamento de informações sensoriais no corpo humano que permite à criança dar sentido ao mundo, orientar-se socialmente e estabelecer relações afetivas, aspectos fundamentais para seu desenvolvimento.

> A incapacidade de se engajar emocionalmente com o outro impede a criança autista de apresentar sintonia afetiva. Como a maior parte do processo precoce de socialização da emoção se dá em um contexto de satisfação mútua nas interações face a face entre o bebê e seu cuidador, a criança autista acaba perdendo uma grande oportunidade de aprender sobre emoções. Assim, ela não se beneficia do produto das interações sociais, que inclui uma maior habilidade de articular, modular e representar as emoções (CAMINHA, 2003, p. 39).

Veremos mais adiante que o modelo DIR/*Floortime* advoga pela afetividade como central no desenvolvimento de crianças autistas ou com outras questões do neurodesenvolvimento.

3

O MODELO DIR/*FLOORTIME*: O DESENVOLVIMENTO É EMOCIONAL

> *[...] as emoções são as forças que nos permitem aprender.*
> (GREENSPAN; WIEDER, 2006a)

Stanley Greenspan e Serena Wieder são os criadores do Modelo DIR/*Floortime*, uma abordagem desenvolvimentista pensada para o processo de desenvolvimento de pessoas autistas e outros transtornos do neurodesenvolvimento. Do inglês, *Developmental, Individual Difference, Relationship-based Model*, significa Desenvolvimento funcional emocional; diferenças individuais e de relacionamento. *Floortime*, na tradução literal, significa "hora no chão", pressupondo o desenvolvimento da criança por meio do brincar, em interações emocionalmente significativas (GREENSPAN, 2000).

As siglas representam os princípios básicos do modelo. O **D** (desenvolvimento) se refere aos aspectos emocionais e cognitivos e seu respectivo estágio de desenvolvimento; o **I** (diferenças individuais) considera as singularidades de cada criança no que tange à sua maneira de perceber e processar as informações a partir dos sentidos (sons, cheiros, toques, movimentos etc.), perfil motor e de linguagem, o que refletirá em seu comportamento ou no modo com que ela vai se relacionar, agir e pensar com e no mundo; por fim, o **R** (relacionamento) acentua as relações, principalmente familiares, como fator indispensável ao desenvolvimento infantil.

> O objetivo principal do programa de intervenção baseado em DIR é permitir que as crianças formem um senso de si mesmas como indivíduos interativos e intencionais; desenvolver capacidades cognitivas, de linguagem e sociais a partir desse senso básico de intencionalidade; e progredir através dos seis estágios de desenvolvimento fundamentais

e os mais avançados (GREENSPAN; WIEDER, 2006a, p. 255, tradução nossa)[36].

Floortime, que traduzido literalmente significa "tempo no chão", refere-se à técnica, realizada por pais e terapeutas sentados no chão, para brincar e interagir ao nível da criança (GREENSPAN; WIEDER, 2006a). Iremos nos aprofundar mais adiante.

O desenvolvimento é emocional

A partir de diversos estudos sobre o desenvolvimento infantil, Stanley Greenspan (professor clínico, psiquiatra e pediatra) e Serena Wieder (psicóloga, PhD), nos idos de 1980, criaram o Modelo *DIR/Floortime*, que cunha uma terapêutica do sujeito autista a partir dos relacionamentos emocionalmente significativos e do universo possível pelos afetos (LEAL, 2018).

Greenspan entende que os relacionamentos emocionalmente significativos desempenham o papel importantíssimo de engajar a criança na interação. Os afetos são entendidos como emoções, mas também se referem às fontes de interesses, desejos e iniciativas da criança, é o que vai determinar o ponto de partida das intervenções ou interações, ou seja, a criança desempenha uma liderança no processo (LEAL, 2018).

Para Greenspan e Wieder (2006a), é por meio do afeto que a criança emprega intencionalidade às suas ações e dá significados aos seus símbolos e palavras. O afeto conectaria a emoção ao planejamento motor, o que resultaria na interação da criança com o mundo, com as pessoas, com seus cuidadores. Nesse sentido, são nas relações baseadas no afeto que a criança desenvolve seus aspectos sociais, emocionais e intelectuais.

> Este modelo abriu a porta para uma compreensão mais completa da interconectividade de emoções e intelecto. A maioria das teorias cognitivas não explicou como promovem os mais altos níveis de pensamento reflexivo, porque elas ignoraram o papel da emoção (GREENSPAN; WIEDER, 2006a, p. 41, tradução nossa)[37].

---

[36] "*The primary goal of the DIR-based intervention program is to enable children to form a sense of themselves as intentional, interactive individuals; develop cognitive, language, and social capacities from this basic sense of intentionality; and progress through the six fundamental developmental stages and the more advanced ones*" (GREENSPAN; WIEDER, 2006a, p. 255).

[37] "*This model has opened the door to a fuller understanding of the interconnectedness of emotions and intellect. Most cognitive theories have not explained how to promote the highest levels of reflective thinking, because they have ignored the role of emotion*" (GREENSPAN; WIEDER, 2006a, p. 41).

É por meio do relacionamento afetivo com os cuidadores primários que a criança, ao ser exposta a uma diversidade de estados emocionais associados a diversos outros elementos na interação, começa a ampliar seu repertório emocional e de interação, pois começa a diferenciar e também a elaborar tais sensações, por exemplo, quando a voz suave da mãe provoca a experiência do prazer (GREENSPAN; WIEDER, 2006a).

> Através de contínuas interações humanas, as crianças aprendem a associar emoções com sensações físicas. Toda experiência pela qual uma criança passa tem um lado físico e uma qualidade emocional. Um abraço pode parecer apertado — essa é sua propriedade física. Um abraço também pode fazer o bebê sentir-se seguro ou assustado — esse é o seu aspecto emocional (GREENSPAN; WIEDER, 2006a, p. 41, tradução nossa)[38].

Para os autores, "Emoções lideram o desenvolvimento por todo o caminho [...]" (GREENSPAN; WIEDER, 2006a, p. 37, tradução nossa)[39], porque para compreender conceitos, principalmente os abstratos, a criança precisa de uma vivência emocional associada. Para a criança apreender o que é justiça, por exemplo, ela precisa viver a experiência de ser tratada justa e injustamente, como quando se dá a uma criança um *cookie* e para seu irmão três *cookies*. A criança pode, a partir dessa experiência, criar categorias sobre as coisas que são justas e as que são injustas (GREENSPAN; WIEDER, 2006a). Assim, os autores defendem que "[...] são as emoções as forças que nos permitem aprender" (GREENSPAN; WIEDER, 2006a, p. 37, tradução nossa)[40].

3.1 NEM SÓ DO COMPORTAMENTO SE DESENVOLVERÁ O HOMEM

Duas perspectivas se estabeleceram ao longo da história para o trabalho relacionado ao autismo, tendo em vista as evidências científicas levantadas e o consequente benefício desse grupo social, elas são a perspectiva comportamental, com ênfase na "modificação de comportamentos de superfície e sintomas, tais como agressão e desobediência" (GREENSPAN; WIEDER, 2006a) e os modelos de base desenvolvimentista.

---

[38] "Through continuing human interactions, infants learn to associate emotions with physical sensations. Every experience a child undergoes has both a physical side and an emotional quality. A hug feels tight —that is its physical property. A hug can also make the baby feel secure or frightened — that is its emotional aspect" (GREENSPAN; WIEDER, 2006a, p. 41).

[39] "Emotions lead development all the way [...]" (GREENSPAN; WIEDER, 2006a, p. 37).

[40] "[...] are emotions the forces that enable us to learn" (GREENSPAN; WIEDER, 2006a, p. 37).

Greenspan e Wieder apontam que, inicialmente, a abordagem comportamental apresentou resultados empolgantes, porém estudos posteriores demonstraram ganhos modestos na área educacional e pouco ou nenhum ganho nas habilidades sociais e emocionais[41]. Os autores também consideram que a abordagem comportamental não considera suficientemente a maneira única como cada indivíduo processa as informações e responde às sensações, ou seja, o processamento sensorial e o planejamento motor (GREENSPAN; WIEDER, 2006a).

O modelo *DIR/Floortime* se apresenta como oposto aos métodos comportamentais que seguem a perspectiva *behaviorista*, como o ABA (*Applied Behavior Analysis* — Análise do Comportamento Aplicada), baseado em métodos de condicionamento operante e técnicas que auxiliam o indivíduo a lidar com problemas comportamentais em ambientes estruturados. As diferenças vão da implicação terapêutica à compreensão clínico-antropológica do espectro autista; abrangem percepções cognitivas, afetivas e comportamentais pautadas por entendimentos muitas vezes díspares.

Wadsworth (1992) sinaliza que, nos Estados Unidos, a tradição behaviorista era muito forte na psicologia, com nomes importantes na época como Thorndike, Tolman, Hull, Watson, Spence e Skinner, dedicados à pesquisa da relação estímulo-resposta e no conceito de reforçamento. O autor complementa que as hipóteses e inferências desse grupo de pesquisadores não perpassavam pelos processos mentais internos.

Em contrapartida, Piaget, psicólogo suíço e fundador da epistemologia genética e da teoria do desenvolvimento cognitivo, inferia sobre os processos mentais internos. Contrariamente, suas definições de comportamento não se elaboravam em termos de estímulo-resposta, também não se utilizava do conceito de reforço. As teorias do desenvolvimento de Piaget, por exemplo, o conceito de assimilação, eram tidas como estranhas pelo grupo da oposição behaviorista (WADSWORTH, 1992).

Piaget constatou, a partir de longos anos de estudo, que o desenvolvimento das estruturas cognitivas se dava na atuação do sujeito com o meio, a partir de suas experiências. Para ele, o desenvolvimento intelectual não está desconexo do funcionamento total do organismo. O organismo se adapta ao meio e através da estrutura, esquema, assimilação, acomodação e equilibração, organizando, assim, as experiências (WADSWORTH, 1992).

---

[41] Greenspan e Wieder indicam "ver Smith, Groen, and Wynn, 2000, and Shea, 2004".

Os esquemas dão conta de representar o mundo e designar significados para/sobre ele internamente. Ao perceber o mundo externo por meio dos sentidos, nós criamos esquemas, ou seja, dados do mundo. A assimilação é processo responsável por integrar um novo dado aos esquemas, que se dá por meio da acomodação. A acomodação, por sua vez, pode ocorrer em dois processos: ao entrar em contato com algo novo, o cérebro procura associá-lo a esquemas preexistentes modificando-os, mas se esses esquemas ainda não existirem, é necessário criar esquemas novos. Em suma, a acomodação é a criação de novos esquemas ou a modificação de velhos esquemas (WADSWORTH, 1992).

O que engendra a assimilação e a acomodação é a equilibração. Ela é o elemento autorregulatório desses processos internos. Ao entrar em contato com algo que não conhecemos, o desequilíbrio proporciona motivação para alcançarmos o equilíbrio, ou seja, para apreender o novo dado aos nossos esquemas. A equilibração faz com que a experiência externa seja incorporada à estrutura interna, ou seja, o sujeito se apropria do saber, do seu contexto, da sociedade (WADSWORTH, 1992), ele se ancora[42] no mundo e se constitui, assim, enquanto sujeito.

Para Piaget, atuar sobre o ambiente é imprescindível para o desenvolvimento cognitivo, uma vez que os sentidos entram em contato com o meio ambiente, em interações com as pessoas e com os objetos, assimilando novas estruturas cognitivas (WADSWORTH, 1992). Assim, o funcionamento dos sistemas sensoriais é questão *sine qua non* para a criança obter os dados brutos do meio para serem assimilados e acomodados, levando-nos a concordar com Wadsworth ao afirmar que ações físicas e mentais sobre o meio não são suficientes para o desenvolvimento,

> [...] isto é, a experiência sozinha não assegura o desenvolvimento, mas o desenvolvimento não ocorre sem a experiência. A assimilação e a acomodação são também necessárias ao desenvolvimento. A ação é um dos vários determinantes de integrantes do desenvolvimento cognitivo (WADSWORTH, 1992, p. 13-14).

Greenspan e Wieder (2006a) discorrem sobre a abordagem construtivista da aprendizagem em Jean Piaget, defendendo que o conhecimento se dá na experiência com o mundo e não na memorização dos fatos do

---
[42] No sentido moscoviciniano.

mundo. No entanto, os autores apontam que Piaget não chegou a descobrir "[...] o papel das interações afetivas ou emocionais no desenvolvimento das capacidades de pensar, comunicar e socializar" (GREENSPAN; WIEDER, 2006a, p. 277, tradução nossa)[43].

Piaget reconhece que o desenvolvimento intelectual é dotado de dois componentes: o cognitivo e o afetivo. Ele considera como afeto os sentimentos subjetivos (amor, raiva e outros) e também aspectos expressivos (sorrisos, gritos, choro) (COWAN, 1981 apud WADSWORTH, 1992, p. 22), em consonância com Greenspan e Wieder. No entanto, nas pesquisas desses dois autores o afeto ocupa lugar primário no desenvolvimento, já para Piaget, "o aspecto afetivo não é mais predeterminado que a inteligência, propriamente dita" (WADSWORTH, 1992, p. 23). Além disso, a ideia em torno de "interações afetivas" descrita por Greenspan e Wieder se refere ao R do modelo DIR/*Floortime*, tomando nota sobre os relacionamentos emocionalmente significativos, dotados de *affect*[44] e *high affect*[45], dentre outros elementos da interação que desejam atrair a criança para o mundo compartilhado.

Para Greenspan e Wieder, a emoção engendra o comportamento, isso significa que a criança precisa sentir prazer no relacionamento com os pais, colegas e professores, isso está subjacente ao comportamento. Se a criança sente prazer na interação e no processo de aprendizagem, seu comportamento melhora (GREENSPAN; WIEDER, 2006a). Nesse sentido, o afeto é o aspecto mais presente na intervenção baseada no DIR/*Floortime*.

Com base no que foi mencionado a partir de Greenspan e Wieder, a perspectiva do desenvolvimento engloba níveis mais profundos de compreensão em relação ao indivíduo, indo além de uma análise superficial e periférica proposta pelas abordagens comportamentais. Ortega (2009, p. 73), a respeito da terapia ABA, assinala que "Para os ativistas autistas, a terapia reprime a forma de expressão natural dos autistas", muitos comportamentos dessas pessoas são lidos como comportamentos

---

[43] "[...] *the role of affective or emotional interactions in building the capacities to think, communicate, and socialize*" (GREENSPAN; WIEDER, 2006a, p. 277).

[44] O termo *"affect"* se refere às expressões emocionais e afetivas de uma pessoa, incluindo suas reações e respostas emocionais diante de diferentes estímulos e interações. O afeto engloba uma ampla gama de emoções, como alegria, tristeza, raiva, medo e surpresa.

[45] O *"high affect"* se refere a um estado emocional intenso e expressivo. É caracterizado por uma resposta emocional positiva e vigorosa, como entusiasmo, excitação ou prazer intenso. Quando uma pessoa está experimentando um *"high affect"*, ela está altamente envolvida emocionalmente e demonstra um alto nível de energia e expressividade.

inadequados e essa terapia visa reduzi-los, reprimi-los, eliminá-los. Para Leal (2018, p. 45),

> A abordagem comportamental apresenta como foco os comportamentos externos, mensuráveis e observáveis e é considerada por alguns autores como reducionista por prosseguir através do isolamento e da análise de cada alvo e resposta desejada específica.

O caráter demasiadamente estruturado dos procedimentos ABA despertou críticas aos estudos na época e que ainda perduram até os dias atuais. Uma delas consiste no fato de que as crianças, embora aprendessem a demonstrar suas habilidades nos contextos estruturados, apresentam dificuldades para generalizar suas habilidades, ou seja, aplicá-las ou transpô-las para outros contextos além do clínico. Outra crítica está relacionada ao aspecto excessivamente diretivo do aplicador ABA e ao papel de passividade da criança no tocante ao seu próprio desenvolvimento. Não obstante, aspectos como intervenções mecanicistas e descontextualizadas também eram criticados na abordagem (LEAL, 2018). Leal (2018, p. 40) descreve algumas características da prática clínica baseada em ABA:

> Um dos principais procedimentos empregados refere-se ao Treino de Tentativas Discretas (*Discrete Trail Training*), o qual geralmente ocorre numa mesa, situação estruturada, seguindo o modelo antecedente, comportamento, consequente. O instrutor oferece um estímulo (antecedente), que pode ser um comando, uma solicitação para que a criança faça algo como na situação "me dê o quadro azul", a criança dá a peça azul (comportamento), e o instrutor por sua vez recompensa a criança (consequente), como o seu brinquedo favorito. Por meio do treino de tentativas discretas, todo um currículo de habilidades pode ser ensinado dentro do contexto do ABA.

O modelo DIR/*Floortime* não foca apenas no comportamento, mas enfatiza a necessidade de um ambiente adaptado e não controlado, do papel do adulto nas atividades iniciadas pela criança visando à expansão das interações a partir do brincar e de focar não no comportamento "problemático" ou ausente, mas no que a criança já consegue realizar como ponto de partida para a retomada da sequência de desenvolvimento.

Greenspan e Wieder aludem que o mito existente de que crianças autistas seriam incapazes de se desenvolver intelectualmente alimentou o mito da eficácia de algumas propostas de intervenção que se concentram em atividades repetitivas com fim no ensino de habilidades específicas. Segundo os autores, tais práticas podem se revelar tentadoras quando a criança aparenta fazer pouco progresso, porém, não existem evidências convincentes de que atividades repetitivas podem desenvolver os blocos fundamentais do desenvolvimento. Essas tarefas específicas foram originalmente selecionadas porque eram habilidades que muitas crianças poderiam fazer e assumiu-se, portanto, que seria útil para ensiná-las a crianças com desafios (GREENSPAN; WIEDER, 2006a).

Atualmente, o cenário envolvendo abordagem comportamental passa por algumas mudanças, se de um lado alguns programas ainda prezam pela estrutura, por outro, há programas de base comportamental que preconizam contextos mais espontâneos para o ensino de habilidades, enquadrando-se no chamado paradigma naturalista, desenvolvido em situações mais reais de interação e procurando validar mais os interesses da criança (LEAL, 2018). Hoje, o ABA apresenta vertentes que se distanciam das críticas supracitadas.

3.2 MODELO DIR/*FLOORTIME*: UMA PERSPECTIVA INTEGRAL DO DESENVOLVIMENTO

O DIR/*Floortime* é um modelo desenvolvimentista, ou seja, parte do desenvolvimento típico, ou o que se enunciou a partir da tipicidade infantil dita como "normalidade", para compreender o estágio de desenvolvimento em que se encontra a criança com TEA. No modelo, esses estágios são organizados em 9 "Capacidades de Desenvolvimento Funcionais e Emocionais", sendo as 6 primeiras consideradas as básicas (LEAL, 2018). Neste livro, nos concentraremos nas 3 primeiras: (Capacidade 1) Autorregulação e interesse pelo mundo, (Capacidade 2) Engajamento e relacionamento e (Capacidade 3) Comunicação intencional recíproca. Nos referiremos a eles como atenção, interação e comunicação, respectivamente.

A intervenção baseada no modelo DIR/*Floortime* integra as teorias cognitivas e afetivas. É um modelo desenvolvimentista que mostra "como entrar no mundo de uma criança e levar ele ou ela em um mundo compartilhado de se relacionar, comunicar e pensar" (GREENSPAN; WIEDER, 2006a).

O DIR possui três princípios básicos: ajustar as interações às características de cada criança; construir interações espontâneas; e considerar as emoções como parte dessas interações (GREENSPAN; WIEDER, 2006a). Linguagem, cognição e os conceitos matemáticos de quantidade são todos aprendidos por meio de experiências interativas emocionalmente significativas. Em outras palavras, emoções são a força que nos permite aprender (GREENSPAN; WIEDER, 2006a).

Parte dessas experiências interativas e emocionalmente significativas acontece durante o "tempo no chão", tradução literal de *Floortime*. Para Greenspan (2000, p. 338), o tempo no chão pode aumentar a segurança, também o calor e a confiança, porque representa um momento privilegiado para compartilhar o mundo das ideias a partir do relacionamento. A criança terá a noção de que está sendo compreendida.

O tempo no chão é um momento do brincar, em que se forja elos e conexões com os filhos, em que se explora não só sentimentos de alegria, mas também de raiva, medo, violência. Por meio do lúdico, do jogo simbólico e da confiança com o outro, o tempo no chão é um tempo brincante em que se expande conceitos sociais, em que se autoconhece e explora habilidade, se constrói traços da personalidade e se elabora sua concepção de mundo.

De acordo com Leal (2018, p. 53), o modelo DIR se caracteriza como desenvolvimentista e dinâmico segundo seus criadores, uma vez que

> [...] integra além dos aspectos emocionais, sociais e intelectuais, expressos pela descrição das capacidades de desenvolvimento funcionais e emocionais (compreendidos dentro do D do modelo), os aspectos sensoriais e motores (no I do modelo), e os aspectos relacionais, que englobarão as relações estabelecidas pela criança (verificado no R do modelo).

O aspecto integral do modelo é defendido por Greenspan e Wieder como uma das três visões basilares de sua perspectiva. Para eles, o desenvolvimento em todas as áreas está intrinsecamente conectado ao progresso (GREENSPAN; WIEDER, 2006a). Ao invés de avaliar competências e habilidades de forma isolada e independente, é preciso olhar para como todas as capacidades se interrelacionam em uma criança.

Assim, o modelo opera de modo integrado, representando um diferencial frente a processos científicos que fragmentam o ser humano. Para

Leal, "a noção do todo foi se perdendo" e que atualmente a ciência tem retomado sua compreensão do ser humano em sua totalidade (LEAL, 2018, p. 53).

O autor ainda sinaliza outro diferencial do modelo, "a compreensão das dificuldades de processamento sensório-motor" (LEAL, 2018, p. 53). Essas questões estão subjacentes a diversas maneiras como pessoas autistas se comportam, porque as ações ou comportamentos são resultados de como os autistas recebem e processam as informações recebidas do ambiente pelos seus diversos canais sensoriais para então produzir respostas adaptativas, ou seja, suas ações.

Em Caminha (2008, p. 29) aprendemos que "Toda sensação é uma informação que o sistema nervoso utiliza para produzir respostas adaptativas". Podemos analisar com isso que o mundo é basicamente constituído de informações sensoriais, as quais são capitadas ininterruptamente pelo nosso aparelho sensorial, responsável por processar cada informação integrando-as e nos levando a agir em resposta a eles. Nesse sentido, podemos considerar que "antes de uma interação ser social, ela é sensorial" (LEAL, 2018, p. 19).

Considerando os pressupostos, podemos entender a proposta terapêutica dos autores como uma perspectiva integral de intervenção, porque além de considerar sinais típicos que caracterizam o Transtorno do Espectro do Autismo, como as dificuldades de interação e comunicação, o modelo opera interseções com as questões sensório-afetivo-motoras da criança, validando as diferenças individuais (o "I" do DIR), que compreendem, basicamente, o processamento sensorial e o desenvolvimento motor, um aspecto basilar do modelo.

3.3 EXPLORANDO O D: AS CAPACIDADES BÁSICAS DE DESENVOLVIMENTO FUNCIONAL E EMOCIONAL

A proposta teórica desenvolvida por Greenspan e Wieder se estrutura no que eles denominam de capacidades de desenvolvimento funcionais e emocionais, compreendidas como estágios do desenvolvimento que se caracterizam como a base para o desenvolvimento intelectual e emocional. As capacidades do desenvolvimento circunscrevem parâmetros para análise, avaliação e elaboração das propostas de intervenção (LEAL, 2018). Essas capacidades estão representadas pela sigla D do modelo.

> Cada estágio de desenvolvimento emocional funcional envolve o domínio simultâneo de ambas as habilidades emocionais e cognitivas. Por exemplo, um bebê aprende a causalidade através da troca de sinais emocionais: eu sorrio e você sorri de volta. Ela então usa esse conhecimento para entender que ao puxar uma corda, por exemplo, toca um sino. Esta lição inicial é emocional e cognitiva. Além disso, um bebê deve estar envolvido em um relacionamento com um cuidador se os sentimentos amorosos se tornarem parte de uma troca de sinais sociais e se ela aprender a resolver problemas e ver padrões. Ideias emocionais — "eu me sinto triste" — precedem pontes lógicas entre eles — "Estou triste porque você não quer brincar comigo" (GREENSPAN; WIEDER, 2006a, p. 42, tradução nossa).[46]

Greenspan e Wieder (2006a) consideram os estágios do desenvolvimento como um dos aspectos centrais do modelo DIR/*Floortime*, porque através deles é possível analisar o progresso das crianças em múltiplos aspectos, como os cognitivos e emocionais, por exemplo. As seis primeiras capacidades são marcadores do desenvolvimento das crianças, já as capacidades superiores (7 a 9) se referem ao desenvolvimento de adolescentes e adultos.

Iremos discorrer sobre as capacidades básicas do desenvolvimento funcionais e emocionais, mas se faz importante sublinhar que a intervenção proposta neste trabalho teve enfoque nas três primeiras. Gostaríamos de recordar também que, para uma melhor compreensão e conexão com o contexto escolar, sugerimos palavras-síntese para nos referirmos às capacidades aprofundadas nesta investigação, as capacidades 1, 2 e 3 serão também tratadas como atenção, interação e comunicação, respectivamente. Esta é uma adaptação sugerida por nós, única e exclusiva para esta pesquisa.

---

[46] Each stage of functional emotional development involves the simultaneous mastery of both emotional and cognitive abilities. For example, a baby learns causality through the exchange of emotional signals: I smile and you smile back. She then uses this knowledge to understand that pulling a string, for example, rings a bell. This early lesson is both emotional and cognitive. Also, a baby must be engaged in a relationship with a caregiver if loving feelings are to become part of an exchange of social signals and if she is to learn to solve problems and see patterns. Emotional ideas—"I feel sad"—precede logical bridges between them—"I feel sad because you won't play with me." (GREENSPAN; WIEDER, 2006a, p. 42)

Capacidade 1: Autorregulação, interesse pelo mundo e atenção compartilhada (atenção)

O início do desenvolvimento dessa capacidade é compreendido entre 0 e 3 meses de idade, quando a criança é exposta a uma ampla gama de sensações que precisam ser processadas pelo seu aparato sensorial. O cuidador tem um papel imprescindível nesse processo, pois é ele o responsável por ajudar a criança a modular informações, de maneira calma e regulada, provenientes de um mundo completamente novo recém-descoberto após seu nascimento (GREENSPAN; WIEDER, 2006a; LEAL, 2018).

As questões sensoriais de uma criança autista, no que diz respeito a uma desordem dos sentidos, pode refletir na desregulação da criança, impactando seu interesse pelo mundo, seu relacionamento com o cuidador e seu desenvolvimento de forma global.

> Dificuldades sensoriais, na forma como a criança experiencia as sensações táteis, de movimento, de pressão corporal, visuais, auditivas, cheiros, gostos podem comprometer o estado da criança e afetar a sua regulação, podendo desencadear choros e dificuldades no estabelecimento de um padrão adequado de atenção compartilhada com o cuidador e resultar na ausência de interesse em experienciar e explorar o mundo (LEAL, 2018, p. 70).

Um processo de desregulação pode interferir no interesse da criança em olhar, escutar, prestar atenção, explorar e ter curiosidade sobre o mundo novo no qual habita. Para atrair esse interesse, os cuidadores podem se utilizar de sorrisos largos e olhares expressivos, também de toques macios e vozes suaves, e todo recurso que o bebê considerar emocionalmente prazeroso (GREENSPAN; WIEDER, 2006a).

O relacionamento contínuo entre os familiares e a criança, como a voz suave da mãe, o toque suave do pai, os rostos conhecidos de seus cuidadores principais, os movimentos apaziguadores que eles proporcionam, são elementos fundamentais para auxiliar a criança em seu processo autorregulatório, a ajudando a recuperar o equilíbrio e a calma. Por essas e outras razões, Greenspan e Lewis (2009) orientam os pais e/ou cuidadores primários a aproveitarem cada momento possível juntamente ao bebê, trocando carícias, estimulando-o a responder às suas reações, olhando em seus olhos expressando sorrisos, explorando sonoridades animando a voz, percebendo os sinais do bebê cansado, por exemplo, e ajudando-o a relaxar. Em alguns momentos diários a criança e seus pais terão trocado uma ampla gama de experiências prazerosas e sentimentos felizes, o inspirando cada vez mais a se interessar pelo mundo e pelas outras pessoas.

As sensações prazerosas levam o bebê a produzir respostas emocionais, encorajando-o ao exercício de discriminação das várias informações sensoriais que está recebendo, tornando-o cada vez mais atento e interessado pelo mundo. Cada pequena resposta do bebê frente às expressões dos pais nos momentos de trocas afetivas significa que cada dia mais a capacidade dele de responder ao mundo se amplia (GREENSPAN; LEWIS, 2009).

Acompanhando essa lógica, compreendemos que o processo de aprendizagem das crianças não inicia no contexto escolar, mas muito antes, pois por meio das primeiras relações com seus cuidadores o bebê já realiza diversas conexões neuronais importantes, absorve uma diversidade de informações, identifica e diferencia padrões, entende ao seu modo perceptual a maneira como as coisas, as relações e o mundo integram e funcionam.

A experiência, esta que se dá a partir dos sentidos à medida que a criança interage com o mundo, é duplamente codificada, por uma reação física/cognitiva associada com uma reação emocional às sensações, esta última funcionando como uma espécie de sexto sentido que estrutura, dá forma, texturas e significado às experiências sensoriais (GREENSPAN; WIEDER, 2006a; GREENSPAN; LEWIS, 2009). Dessa forma, não existe experiência sem afeto, não é possível que uma experiência com o meio físico aconteça sem o atravessamento das emoções, estas que elaboram significados e produzem sentido.

Dito isso, é preciso olhar para a maneira única como as crianças processam as informações do ambiente e como é possível ajudá-las, pois ao auxiliá-las, estamos contribuindo para que elas não só se relacionem com o ambiente, mas também com os outros e consigo mesmas, as ajudando a se comunicarem e também a pensarem logicamente.

Um bebê com resposta auditiva hiper-reativa, por exemplo, pode se sentir desconfortável em suas interações, com o tempo, sua disposição diminui e seu interesse pelo mundo é impactado, logo, ele passa a demonstrar cada vez menos interesse pelos seus cuidadores, ocasionando o afastamento emocional, se privando, assim, de uma gama complexa de elementos fundamentais para o seu crescimento e desenvolvimento saudável. Algo parecido pode ocorrer com crianças que apresentam uma resposta alterada em relação aos níveis ou condição da luz, expressando incômodos e desconfortos, mas quando a luz é ajustada, ele pode parecer mais calmo e voltar a interagir feliz. Para outros perfis, é importante também reduzir a intensidade do *affect* ou das expressões faciais e entonações, e observar a resposta, como um olhar mais atento.

Quanto mais a criança se envolve com o universo complexo das informações sensoriais, das sensações, associadas a uma gama crescente de afetos, seu interesse em explorar cada vez mais o ambiente irá aumentar, afinal, esse ambiente proporciona uma infinidade de novidades envolvidas de prazer e afeto, o que a ajuda a absorver os múltiplos padrões de experiências e sentimentos que o ambiente pode oferecer.

Por isso se faz importante criar oportunidades no dia a dia que poderão ajudar a criança a desenvolver suas habilidades de atenção e concentração com o único objetivo de interagir com ela, explorando variações de ritmos e entonações, indo de expressões mais calmas a outras mais emocionalmente carregadas, assegurando-se de que o prazer da criança seja o termômetro da interação. Esses momentos podem acontecer durante a troca de fraldas, na hora da alimentação, nas brincadeiras espontâneas, ou em outras oportunidades. O objetivo é que a criança utilize todos os seus sentidos, suas habilidades motoras e uma ampla gama de emoções em uma única atividade (GREENSPAN; LEWIS, 2009).

Muitos sentidos estão envolvidos ao mesmo tempo na experiência. Para Greenspan e Lewis (2009), alcançar um estado de calma e regulação depende, também, da capacidade de a criança aproveitar as múltiplas informações advindas do ambiente. Cada vez que ela absorve informações que consegue suportar sem sofrer algum tipo de incômodo, esses mesmos sentidos podem ser utilizados como mecanismos para promover a autorregulação.

O contrário também pode ocorrer. Caso as primeiras experiências se revelem desagradáveis, os bebês tendem a desconectar-se do ambiente ao seu redor. Muitas crianças nascem com seu sistema sensório-afetivo-motor operando sem algum esforço aparente, porém outras crianças podem encontrar desafios para regular os seus sentidos e produzir respostas adaptativas na relação com o mundo. Sensibilidade ao som, ao toque, ou a determinadas condições de iluminação podem ocasionar uma sobrecarga sensorial e levá-las a comportamentos de irritabilidade e choro (GREENSPAN; LEWIS, 2009).

É importante que os cuidadores se atentem a quais sensações favorecem a interação com o bebê, porque cada indivíduo apresenta diferentes formas de reagir aos estímulos. Alguns são pouco reativos e por isso requerem interações mais enérgicas, de muitos sinais emocionais para aprenderem a olhar e a ouvir atentamente, já outros são mais reativos, portanto sons e toques suaves podem favorecer na qualidade de atenção. Um bebê sensorialmente sobrecarregado carece de alguns ajustes no *affect*, no ambiente, nas interações. Em momentos de sobrecarga, por exemplo, sons simples, diminuição da velocidade da voz, do movimento, e da luz, podem auxiliar o bebê a recuperar sua calma. É de suma importância sublinhar que os ajustes devem ser realizados a partir do conhecimento das diferenças individuais (I) do sujeito.

Greenspan e Lewis (2009) destacam que não há uma única maneira para auxiliar o bebê a ficar mais calmo e assim se tornar mais atento ao mundo, é necessário buscar compreender as questões biológicas e também o estilo interativo da criança de sorte que os pais e/ou cuidadores primários possam apresentar o mundo à criança de forma que seu prazer seja ampliado e suas frustrações sejam minimizadas.

A capacidade de autorregulação e interesse pelo mundo apresenta uma importância substancial porque ela almeja que a criança seja capaz de usar seu aparelho sensório-afetivo-motor para alcançar e também recuperar a sensação de segurança. Essa segurança é prejudicada quando há a ausência de pais e cuidadores amorosos e disponíveis para auxiliar os bebês nesse processo. Precisamos discutir (e vamos) a respeito dos atravessamentos sociais que impactam essa disponibilidade das pessoas para dar amor, amparo e afeto aos seus filhos e filhas.

Cada criança tem a sua forma única de se acalmar e também de se interessar pelo mundo. Por essa razão é que se faz importante procurar adaptar o ambiente, jogos e brincadeiras, e ajustar o *affect* na interação de sorte que a criança não se sinta sobrecarregada ou demasiada desinteressada e, assim, se aventure na dança do relacionamento.

O principal objetivo dessa etapa do desenvolvimento é promover a segurança da criança e incentivá-la a estar atenta aos estímulos do mundo, como as imagens, os sons, os odores que estão ao seu redor. Promovendo uma atmosfera calma e amorosa por meio do relacionamento afetivo, oferecemos às crianças todo suporte emocional para que elas consigam sentir, olhar e ver o mundo (GREENSPAN; LEWIS, 2009).

Observe o estilo interativo da criança, como ela compartilha a atenção, quais sons parecem trazer alívio ou assustar, como ela se acalma, em que situações ela tende a chorar ou a se desorganizar. E então, adapte os jogos, as brincadeiras, o *affect*, as interações e o ambiente para que ela consiga dar a melhor resposta em uma interação. Quando adaptamos nossas atividades ao perfil único da criança, ela tem a oportunidade de caminhar para degraus mais complexos a partir de suas competências e habilidades. Não é a complexidade que determina a qualidade de uma interação, mas é o quanto a interação se torna envolvente e adaptada até que a criança alcance a complexidade gradualmente.

O foco da primeira capacidade do desenvolvimento funcional e emocional é a criança construir habilidades básicas para interagir socialmente em uma atenção compartilhada, de maneira calma e segura, ao passo em que processa as informações sensoriais que recebe, produzindo respostas adaptativas que garantem a sua plena participação no convívio com seus cuidadores e nas suas experiências com o mundo.

Capacidade 2: Engajamento e relacionamento (interação)

De maneira calma e segura a criança consegue processar informações sensoriais de diferentes naturezas, e se mantém interessada e curiosa pelas novidades as quais é exposta conforme desenvolve sua relação com o mundo. Cercada de experiências prazerosas, envolvidas de muitas atividades sensório-afetivo-motoras integrando-se, ela quer, cada vez mais, deixar evidente seus sentimentos amorosos àqueles que oferecem, em muitas oportunidades, experiências emocionais positivas.

Nessa etapa do desenvolvimento, o bebê não é apenas um sujeito receptor de amor, ele pode se envolver em um relacionamento de forma ativa na construção do vínculo afetuoso (GREENSPAN; LEWIS, 2009). Nesse intercâmbio emocional entre bebê-cuidadores, surge uma dinâmica especial que não apenas fortalece os laços, mas também confere uma sensação única de valor e significado para cada um. Essa troca constante de afeto enriquece o relacionamento e também contribui para a construção de uma conexão profunda e significativa com o bebê, destacando a singularidade de cada um nesse laço especial.

A troca emocional com o bebê não se limita a expressões de afeto, ela se transforma em um diálogo amoroso, em que cada sorriso, expressão e gesto cria uma sinfonia única entre ele e seus cuidadores. Cada olhar, abraço e momento compartilhado é uma peça indispensável no quebra-cabeça emocional, que agora passa a ser construído juntos, em um relacionamento saudável e de trocas mútuas.

Nessa etapa, a troca e o envolvimento mútuo significam uma nova jornada no processo de desenvolvimento da criança, pois novas memórias serão construídas, descobertas serão realizadas, e em todas essas experiências, conexões significativas serão operadas pelo sistema nervoso e pelo aparato sensorial, produzindo múltiplos significados a respeito dos outros e da vida.

Estando interessada em seus cuidadores e no mundo que a cerca, tudo está mais bem organizado para aprofundar os relacionamentos afetivos com os cuidadores primários e também com outras pessoas e coisas fora dela. Entre 2 e 5 meses de idade, os bebês podem, progressivamente, se tornar mais interessados em seus cuidadores primários, externando preferências e sorrisos alegres.

Os laços com o cuidador se estreitam, afinal, ele ou ela é a pessoa que promove momentos de prazer e, ocasionalmente, algumas experiências de descontentamento (GREENSPAN; WIEDER, 2006a). O papel dos pais e/ou cuidadores nessa etapa é o de promover sentimentos de prazer junto ao bebê, explorando uma gama crescente de emoções, o auxiliando, assim, a desenvolver meios mais sofisticados e complexos para comunicar seus sentimentos, além de explorar juntamente a ele sentimentos novos que vão surgindo durante as interações (GREENSPAN; LEWIS, 2009).

A segunda capacidade é marcada pela evidente característica do bebê em procurar ser responsivo nas interações, demonstrando seu contentamento e alegria em estar na presença das pessoas que ele ama. Ele poderá retribuir os sorrisos com outro sorriso, iniciar a interação com gestos simples como olhar e sorrir, fazer sons, usar seu corpo, demonstrar calma e segurança quando balançado, demonstrar tristeza ou insatisfação caso o adulto pare de se relacionar com ele, dentre outras ações que demonstrem um maior repertório expressivo relacional (GREENSPAN; LEWIS, 2009).

Uma das razões pelas quais se justifica a importância da segunda etapa do desenvolvimento funcional e emocional se dá pelo fato de que o interesse do bebê em se envolver em uma troca emocional com o adulto contribui para que ele também alcance diversas conquistas relacionadas às áreas motora, sensorial, cognitiva e de linguagem (GREENSPAN; LEWIS, 2009). Um dos marcos desta, que é tida como a etapa da paixão, é que as habilidades são dotadas de um propósito, desse modo, as coisas ou as pessoas que o bebê tenta agarrar despertam um interesse que o motiva a utilizar de todas as suas habilidades para alcançar aquilo deseja.

Os relacionamentos íntimos com os cuidadores primários, as experiências de amor, afeto e amparo são de elevada importância para o desenvolvimento, não só dos relacionamentos futuros da criança, mas são basilares nos processos de aprendizagem de competências e habilidades.

> É interessante destacar que o aprofundamento deste relacionamento auxilia a criança a dominar suas capacidades motoras, cognitivas e de linguagem. A criança se estica e utiliza seu corpo para alcançar seu cuidador, para olhá-lo e para tocá-lo. Começa a observar o ambiente para verificar objetos e faces familiares. A criança aprende a reconhecer sons e fontes das falas, especialmente as dos pais (GREENSPAN; WIEDER, 1998 *apud* LEAL, 2018, p. 73).

Nesse sentido, uma interação envolvente é também uma fonte de inteligência, afeto e autoestima. A conexão amorosa e a intimidade com o bebê nutrem os laços familiares e estabelecem fundamentos que darão sustentação a habilidades de pensamento mais elevado e outras conquistas futuras.

Greenspan e Lewis (2009) defendem que as competências cognitivas florescem de maneira mais profunda e duradoura por meio de interações amorosas e individuais. Diferentemente do que algumas fontes populares podem sugerir, a aquisição de cartões de memória, celulares avançados, software de computador e brinquedos educativos frequentemente se mostra insignificante quando comparada à necessidade fundamental do bebê: ser envolvido em um relacionamento amoroso e divertido com seus cuidadores.

É preciso se preocupar com a qualidade das interações em detrimento da qualidade dos estímulos tecnológicos. Em vez de depender de dispositivos eletrônicos, a ênfase recai sobre o poder transformador de um relacionamento afetivo, em que cada gesto e momento compartilhado contribui significativamente para o desenvolvimento intelectual e emocional da criança.

Quando um bebê reconhece seus cuidadores expressando isso com sorrisos, esse comportamento demonstra uma habilidade cognitiva ou intelectual; quando ele, impulsionado pelo interesse, coordena seus movimentos para alcançá-los com seu corpo, demonstra suas habilidades motoras; quando, por fim, consegue reconhecer seus cuidadores externando um olhar de satisfação, o bebê está demonstrando habilidades visuoespaciais (GREENSPAN; LEWIS, 2009).

Muitas habilidades são estimuladas e desenvolvidas por meio de um relacionamento envolvente de troca afetiva. A segunda etapa do desenvolvimento é marcada pela forte manifestação das capacidades cognitivas, sensoriais e motoras sendo amplamente coordenadas sob a direção do interesse amoroso do bebê por si mesmo e pelo mundo que o cerca. As conexões neuronais são crescentes, as interações envolvidas com emoções ampliam o processo de integração entre os sentidos, articulados às habilidades motoras, que juntos criam padrões internos, que determinarão sua compreensão de mundo, seu modo de usar seus sentidos frente às experiências, seu reconhecimento dos cuidadores e o modo de cada um reagir.

Essa capacidade é construída a partir do relacionamento emocional mais caloroso com o cuidador. A criança começa a sentir mais interesse pelas pessoas e também desenvolve habilidades para diferenciar seus cuidadores primários de outros. É por meio do interesse, inicialmente no cuidador primário que proporciona momentos e sensações de prazer, que ela começa a interagir mais com o mundo humano e despertar interesse pelos objetos, "[...] não só as interações emocionais começam a florescer, mas um novo nível de inteligência é alcançado também" (GREENSPAN; WIEDER, 2006a, p. 44, tradução nossa)[47].

> O prazer que os bebês recebem de seus cuidadores permite que eles decifrem padrões nas vozes e expressões faciais dos cuidadores, refletindo os sentimentos e intenções dos cuidadores. Assim começa a jornada de aprendizado para reconhecer padrões e organizar as percepções em categorias significativas (GREENSPAN; WIEDER, 2006a, p. 44, tradução nossa)[48].

---

[47] "[...] not only do emotional interactions begin to flower, but a new level of intelligence is reached as well" (GREENSPAN; WIEDER, 2006a, p. 44).

[48] "The pleasure babies receive from their caregivers enables them to decipher patterns in the caregivers' voices and facial expressions that reflect the care-givers' feelings and intentions. Thus begins the journey of learning to recognize patterns and organize perceptions into meaningful categories" (GREENSPAN; WIEDER, 2006a, p. 44).

Nessa etapa em que o relacionamento é o grande elemento construtor de competências fundamentais, habilidades pré-verbais serão amplamente elaboradas, como a comunicação gestual para comunicar desejos e emoções, a expressão facial também para transmitir emoções, o contato visual contribuindo para estabelecer relações interpessoais, entonações vocais para transmitir diferentes significados e emoções, turnos de fala, participando mais ativamente de abertura e fechamentos de ciclos comunicativos, imitação, reproduzindo sons, gestos ou expressões observados em outras pessoas, dentre outros aspectos que facilitarão a sinalização emocional, que com o tempo poderão evoluir para habilidades mais complexas de raciocínio e de resolução de problemas.

O raciocínio lógico é uma das competências desenvolvidas a partir do relacionamento afetivo, principalmente porque na dança do relacionamento as crianças percebem que são capazes de fazer coisas acontecerem, e mais, desenvolvem uma consciência das coisas que estão fora de seu próprio corpo, essa consciência é importante, pois a criança percebe a existência de elementos externos ao seu corpo, contribuindo para uma compreensão espacial e motora mais refinada. A criança percebe que suas ações têm impacto no mundo ao seu redor, contribuindo para uma consciência mais ampla das relações entre suas ações e o ambiente. Esse entendimento abrange não apenas o ambiente físico, mas também as interações sociais. Não obstante, a autonomia da criança é cultivada pelo desenvolvimento do raciocínio lógico. Ao compreender que suas ações têm consequências e ao tomar decisões baseadas em suas observações e experiências, a criança desenvolve uma maior independência.

O engajamento está relacionado ao quanto a criança está envolvida em um relacionamento, e ao quanto o cuidador é capaz de despertar nela o desejo pelas interações por meio de suas expressões felizes e afetivas. Greenspan e Wieder relatam que muitos pais e cuidadores se frustram pelo fato de seus filhos autistas não se envolverem nas interações, e ainda criticam que, às vezes, são aconselhados a condicionar a criança a olhar, direcionando sua cabeça, tocando seu rosto com fins de instrução do olhar, porém asseveram que "[...] tais ações não promovem o desejo de olhar na criança" (GREENSPAN; WIEDER, 2006a, p. 44, tradução nossa)[49]. É importante ressaltar que determinados estilos parentais, medos inconscientes ou questões emocionais dos pais podem interferir

---

[49] "[...] *such actions do not promote the desire to look in the child*" (GREENSPAN; WIEDER, 2006a, p. 44).

substancialmente na conexão com o bebê. É preciso olhar para dentro e procurar reconhecer esses desafios de forma crítica e procurar corrigi-los (GREENSPAN; LEWIS, 2009).

Os autores ainda complementam:

> Quando falamos em engajar e relacionar, queremos dizer sobre fazê-lo de coração — a maneira como todos os pais desejam que seus filhos se envolvam e se relacionem com eles. Queremos dizer que a criança tenha o desejo de fazer parte de um relacionamento (GREENSPAN; LEWIS, 2009, s/p).

A afetividade ou os relacionamentos emocionais com a criança são capazes de estimulá-la e despertá-la para o mundo compartilhado. As interações não precisam ser marcadas por ações robotizadas tentando extrair da criança algum conteúdo ou resposta desconectada de sentido afetivo. A tentativa de extrair respostas de forma mecânica pode resultar em uma experiência desconectada e desprovida de significado emocional para a criança. Em contraste, ao priorizar o afeto e a empatia, os cuidadores promovem um ambiente que estimula a criança a se engajar ativamente nas interações, favorecendo um desenvolvimento saudável e equilibrado. O foco na qualidade emocional das interações contribui para fortalecer os laços afetivos e estabelecer uma base sólida para o crescimento emocional e cognitivo da criança.

O carinho ensina carinho. Mesmo quando a criança está com raiva ou quando comete algum erro, não é aconselhável rejeitá-la ou afastar-se nesses momentos. Experiências de desamparo não favorecem o desenvolvimento saudável, mas ajudá-la a compreender que também pode ser abraçada em momentos desafiadores, leva à sensação de continuar sendo amada e cuidada, apesar das reações indesejadas (GREENSPAN; LEWIS, 2009).

Os autores evidenciam a importância dos laços afetivos e íntimos com os cuidadores primários para o desenvolvimento da criança. É por meio do afeto que se constitui uma cadeia de processos de desenvolvimento esperados na infância. Leal (2018) nos alerta que a quebra dessa relação emocionalmente significativa pode acarretar sérios prejuízos em relação ao que já foi alcançado com a criança, além de impactar um conjunto de outras capacidades que traduzem as bases e alicerces para as etapas subsequentes do desenvolvimento.

Na segunda etapa é indicado que, antes de tudo, os pais e/ou cuidadores procurem compreender quais tipos de relações, olhares, tons e gestos despertam mais prazer na criança, afinal, de acordo com os autores, as respostas dos bebês são tão únicas quanto as impressões digitais, logo, cada um terá o seu jogo relacional favorito. Após compreender a qualidade das expressões, gestos e sons que tornarão a relação mais envolvente, é importante explorar e variar, ou seja, experimentar novas maneiras de utilizar esse repertório imprimindo novas visualidades, sonoridades e ritmos.

Perceber os pontos fortes da criança, bem como seus sentidos mais desenvolvidos e partir deles para explorar um relacionamento rico e variado de trocas, e fortalecer o vínculo é um aspecto prioritário de um envolvimento que busca o desenvolvimento, pois dessa maneira, ela se sentirá apoiada para explorar os seus aspectos mais desafiadores e exercitar seus sentidos mais comprometidos.

A mensagem mais consistente que é preciso evidenciar na segunda capacidade do desenvolvimento funcional e emocional é que a conexão entre os pais e a criança não será ameaçada frente a estímulos, informações e reações indesejados ou inesperados. A sensação de amor, amparo e afeto deve ser sólida. O relacionamento maduro e bem estabelecido será a força motriz para encorajar a criança a se aventurar em cada passo da dança do relacionamento com os outros e com o mundo.

Capacidade 3: Comunicação intencional bidirecional (comunicação)

A criança está calma, regulada e interessada pelo mundo (Capacidade 1), cada vez mais envolvida e desejante pelas interações com seus cuidadores, que por meio do afeto proporcionam momentos e sensações de prazer que a fazem desejar cada vez mais se envolver em trocas emocionais (Capacidade 2), agora amplia seu repertório comunicativo que aprende durante as interações.

A cada sinal respondido com outros sinais afetivos dos adultos, o bebê se desafia a lê-los e produzir uma nova resposta. Essas respostas agora ultrapassam a reação de prazer frente às expressões envolventes da interação, elas podem ser utilizadas para seduzir os adultos e o bebê, então, se colocar no comando para fazer as coisas acontecerem (GREENS-PAN; LEWIS, 2009).

> Através dessas trocas, os bebês começam a se envolver em vaivém de sinalização emocional, ou comunicação de duas vias. Por exemplo, um bebê sorri para a mãe; ele recebe um sorriso de volta, então ele sorri novamente. Isto é o que chamamos de um círculo de comunicação. Seu sorriso se torna proposital: ele sorri, a fim de obter um sorriso em troca (GREENSPAN; WIEDER, 2006a, p. 45-46, tradução nossa)[50].

Essa etapa começa a se desenvolver a partir do sexto mês, em que os bebês começam a transformar emoções em sinais de comunicação (GREENSPAN; WIEDER, 2006a). Um amplo repertório de sinalizações emocionais é construído e elaborado nessa fase do desenvolvimento, a linguagem corporal é bastante utilizada na comunicação, dessa forma, episódios de frustração podem ser diminuídos, uma vez que a criança consegue externalizar seus desejos, necessidades e sensações.

Mais do que se relacionar com os cuidadores, nessa etapa do desenvolvimento a criança deseja obter respostas e se envolver em um diálogo. Na tentativa de ganhar alguma reação, ela usará de todas as suas habilidades sensório-afetivo-motoras procurando uma resposta nos olhos das pessoas que ela ama.

Ela poderá emitir balbucios além de outros gestos pré-verbais que irão evidenciar seu crescente desenvolvimento e a aquisição constante de habilidades comunicativas. Mensagens gestuais e não verbais irão comunicar necessidades e intenções. Uma rica e variada troca bidirecional acontece nessa etapa, demonstrando capacidades lógicas e intencionalidade. Enquanto a capacidade anterior é marcada pela responsividade, a terceira capacidade possui como elemento marcante a intencionalidade. A criança pode se envolver em jogos de dar e pegar, e em uma interação simples como essa, o adulto ajuda a criança a estar atenta ao som da voz, a auxilia a ajustar sua postura, aprende a analisar os sinais e a desenvolver habilidades que futuramente poderão se generalizar para outros contextos. As interações com vaivéns ensinam à criança a lógica do "se

---

[50] "*Through these exchanges, babies begin to engage in back-and-forth emotional signaling, or two-way communication. For example, a baby smiles at his mother; he gets a smile back, so he smiles again. This is what we call a circle of communication. His smile becomes purposeful: he smiles in order to get a smile in return*" (GREENSPAN; WIEDER, 2006a, p. 45-46).

eu fizer isso, ela fará aquilo. Posso fazer coisas acontecerem. Eu posso ter um propósito e o mundo pode ser lógico" (GREENSPAN; LEWIS, 2009).

As ações falam mais alto do que as palavras nessa etapa. Os pais e/ou cuidadores podem se envolver em longas conversas com seus filhos por meio dos gestos. Um bebê interessado pelos seus cuidadores e com o pensamento lógico se desenvolvendo, irá transmitir por meio do corpo que recebeu a mensagem. Mais que isso, ele está cada vez mais desejoso em expressar suas intenções, o que o tornará capaz de tentar iniciar as interações, e é fundamental que ele obtenha respostas de suas tentativas, caso contrário, a falta de resposta por parte dos adultos pode levá-lo a se tornar mais passivo, menos organizado e menos expressivo emocionalmente (GREENSPAN; LEWIS, 2009).

Mas não é o que desejamos, pelo contrário, desejamos que as crianças sejam grandes comunicadoras, para isso, resgataremos o elemento primordial da primeira capacidade: a sensação de segurança, esta que é fortalecida sempre que a criança obtém uma resposta afetiva de seus cuidadores. Essas respostas, para essa etapa, adquirem um novo estatuto e complexidade. Mais que promover uma reação prazerosa que incentiva o bebê a se envolver com o mundo, elas ajudam o bebê a compreender o que faz parte dele e o que não faz. Existe aqui um processo de separação entre o "eu" e o "não eu" ou "você" (GREENSPAN; LEWIS, 2009).

Digamos que a criança começa identificar algumas fronteiras acerca de quem ela é, o que é o mundo e o quem são os outros. Também, o que vem dela, o que vem do outro e o que pertence ao mundo. Segundo os autores, essas habilidades são predecessores da capacidade de distinguir realidade e fantasia ou faz de conta.

Ao passo que aprofunda sua relação com seus cuidadores primários, sua percepção amadurece cada vez mais, e agora pode experimentar suas ações produzindo reações no outro. A noção de intencionalidade está se elaborando nos processos de interação, cada vez que uma ação do bebê é validada, o interesse dele em se comunicar se tornará mais presente.

> Quando o bebê sorri, a mãe sorri em resposta. Quando levanta os braços para alcançar o pai, ele também se volta para alcançar o bebê. A criança expressa um sentimento ou intenção e o pai responde em contrapartida. Em outras palavras, há o início de uma comunicação entre a criança e

seus pais, que será denominado de ciclos de comunicação (GREENSPAN; WIEDER, 1998 *apud* LEAL, 2018, p. 76).

Nessa fase, na qual a comunicação é partilhada com seus cuidadores, é que também se desenvolve o sentido de realidade e a lógica, promovidos por interações causais, em que o bebê está exposto a diversas situações de causa e efeito.

> Os olhos do bebê seguem um chocalho que cai no chão, ou ele olha e toca a mão do pai que apenas escondia o chocalho. Esse senso de causalidade marca o início do senso de realidade, que se baseia em distinguir as ações dos outros das próprias: há um "eu" fazendo algo para um "não eu". A consciência também vai crescendo à medida que os bebês experimentam sua própria vontade e senso de propósito (GREENSPAN; WIEDER, 2006a, p. 45, tradução nossa)[51].

Assim, muitos aspectos da personalidade da criança, como habilidade sociais, inteligência e moralidade serão desenvolvidos ao passo que ela aprende a utilizar seus gestos com intencionalidade, tornando-se uma comunicadora bidirecional. Outro aspecto importante é o desenvolvimento da autoestima decorrente da validação dos cuidadores, das suas mensagens de encorajamento, dos aplausos e comemorações frente a pequenas conquistas e também frente às tentativas. Essas atitudes podem enviar a mensagem de que a criança pode ter um impacto positivo no mundo (GREENSPAN; LEWIS, 2009).

Para os autores, algumas experiências básicas podem estimular simultaneamente capacidades emocionais e intelectuais. As mesmas brincadeiras interativas que promovem segurança e a sensação de amor também promovem a inteligência, pois elas podem estimular a criança a pensar lógica e criativamente. O pensamento emocional e o cognitivo não estão dissociados no desenvolvimento sob a ótica do modelo DIR/*Floortime*.

Agora que se comunica e percebe que suas habilidades comunicativas corporais provocam efeitos, que seus gestos e expressões podem levar a acontecimentos prazerosos em uma interação recíproca com o cuidador,

---

[51] "*A baby's eyes follow a rattle as it falls to the ground, or he looks at and touches his father's hand that just hid the rattle. This sense of causality marks the beginning of a sense of reality, which is based on distinguishing the actions of others from one's own: there is a 'me' doing something to a 'not me'. Consciousness also is growing as babies experience their own will and sense of purpose*" (GREENSPAN; WIEDER, 2006a, p. 45).

o bebê está se inserindo em cadeias mais complexas da comunicação. Ele pode abrir e fechar círculos e eles podem avançar para graus superiores de complexidade. O que é marcante nessa capacidade é a característica de as crianças utilizarem seus gestos em resposta aos estímulos dos adultos.

Durante a fase anterior do desenvolvimento, o foco estava em estabelecer um relacionamento harmonioso e desfrutar mutuamente da companhia um do outro. Agora, a ênfase reside em estimular uma constante troca de gestos entre os pais e a criança. A abordagem recomendada para uma comunicação eficaz e compreensão das intenções do bebê é por meio da prática de sentar-se no chão ao lado dele, em uma constante troca na qual cada um dá e recebe do outro.

Quando o bebê emitir algum sinal dotado de intencionalidade, o primeiro círculo comunicativo estará se abrindo. Ele poderá, por exemplo, demonstrar que deseja alcançar um brinquedo, ao alcançá-lo e sorrir para o brinquedo, o círculo está sendo fechado. Cada vez que o bebê emite uma resposta frente aos gestos dos cuidadores, ele fecha os círculos de comunicação (GREENSPAN; LEWIS, 2009). É importante incentivar a criança a mostrar alguma iniciação, ainda que por sinalizações simples, para isso, precisamos nos atentar ao tempo de espera e buscar presumir competências. Podemos incentivá-lo a produzir um fluxo contínuo de abertura e fechamentos de círculos mediante gestos que ele já domina, utilizando-se de gestos com as mãos, acenos com a cabeça, sorrisos, dentre outros.

Um dos caminhos para auxiliar nesse processo é seguir a liderança da criança, juntando-se a ela em seus interesses, permitindo que ela inicie a interação e em seguida que ela reaja à iniciativa dos pais. A ideia central é esperar o tempo necessário e ofertar o suporte necessário para que a criança faça e que mais ninguém faça por ela. Aqui é importante identificar a maneira única como a criança brinca, interage e se expressa. É importante estar atento e se ajustar sempre que necessário. Como saber se é necessário? Quando perceber que a criança não está mais em uma troca afetiva ou não está mais envolvida.

É preciso seguir a liderança, responder aos gestos e às expressões de forma empática, validar suas intenções, ampliar a troca gestual, expandir a ideia, variar o ritmo, as entonações, conquistar o brilho nos olhos e procurar se ajustar quando necessário.

As muitas competências e habilidades conquistadas pela criança fazem dela uma "banda de um homem só" (GREENSPAN; LEWIS, 2009), executando todos os seus instrumentos sensório-afetivo-motores de maneira harmônica como se operasse uma sinfonia do relacionamento. Logo, nós adultos devemos criar oportunidades e abrir espaço para que ela realize o seu show!

Cada vez que explora seus gestos corporais e percebe que eles podem "fazer coisas acontecerem", a criança amplia seu repertório gestual e se utiliza dele para solucionar problemas, caracterizando a Capacidade 4.

Outras capacidades básicas

Nossa pesquisa teve ênfase no estímulo, avaliação e análise das três primeiras capacidades supraexpostas. As capacidades 4, 5 e 6 compõem ainda as etapas referentes às capacidades básicas do desenvolvimento funcionais e emocionais propostas por Greenspan e Wieder. Consideramos de suma relevância apresentar as demais capacidades, uma vez que estamos versando sobre toda uma perspectiva de intervenção e suas principais características, ainda que não nos aprofundemos em alguns aspectos específicos.

Capacidade 4: Resolução de Problemas Sociais Compartilhados, longas cadeias de comunicação e formação do senso de self

Agora, as habilidades de comunicação da criança estão mais maduras. Ela domina aspectos primários da comunicação intencional e gestual e é capaz de fechar círculos de comunicação, estes, por sua vez, evoluem em número e em complexidade na Capacidade 4. Com um repertório gestual mais amplo, pode expressar seus desejos e necessidades (LEAL, 2018, p. 79). Trata-se de um repertório de gestos e não de palavras (GREENSPAN;-WIEDER, 2006a).

> A possibilidade de apresentar um vocabulário gestual mais complexo permite que a criança consiga expressar sua individualidade, verificando-se um crescimento do seu senso de self. Agora, ela pode apresentar mais de uma forma de expressar seus desejos e intenções. Estes contínuos diálogos gestuais e intencionais serão base para o desenvolvimento da fala (GREENSPAN; WIEDER, 1998 *apud* LEAL, 2018, p. 79).

Agora que compreende que seus gestos provocam reações, a criança pode recorrer a suas novas habilidades para solucionar problemas em seu dia a dia. É importante considerar que a habilidade de resolver problemas ocorre de modo compartilhado, nessa capacidade. Para além de usar sua linguagem corporal para expressar seus desejos e intenções para o cuidador e alcançar seus objetivos, a criança também percebe padrões que traduzem como o mundo funciona, como as pessoas agem e como a realidade opera.

Suponha que uma criança pega o pai pela mão para procurar um brinquedo, ela imprime uma intencionalidade nessa ação, se planeja corporalmente para ir até seu pai e comunica com seus gestos que deseja encontrar um brinquedo; ao procurarem o brinquedo, os dois exploram habilidades motoras, visuoespaciais, dentre outras, abaixando do chão e procurando até em cima de prateleiras, a criança está exposta a padrões como "para procurar em baixo, preciso me abaixar e observar"; exploram outros ambientes, como a sala de brinquedos, o quarto, a cozinha, por exemplo, compreendendo que quando algo se perde, podemos procurar em diversos locais; nesse processo, o pai pode dizer coisas com tons afetivos que exprimem curiosidade por saber onde está o brinquedo, cansaço pelo tempo e intensidade da busca, descontentamento por não encontrar ou então alegria por estar vivenciando um momento de prazer com seu filho (GREENSPAN; WIEDER, 2006a).

Há diversos padrões, sensações e informações sensoriais interagindo em um simples momento como procurar um brinquedo, no entanto, uma criança que ainda não desenvolveu interesse pelo mundo (Capacidade 1), e que encontra dificuldades motoras e sensoriais, por exemplo, de se engajar em uma interação (Capacidade 2), ou que apresenta dificuldades para interagir com outras pessoas, terá menos oportunidades ou possibilidades de experimentar e aprender uma ampla gama de padrões (GREENSPAN; WIEDER, 2006a).

Nessa capacidade, Greenspan e Wieder descrevem sobre a regulação do humor e do comportamento, afirmando que nessa fase as crianças aprendem a domar emoções difíceis como medo e raiva.

> Na fase quatro, as crianças aprendem a modular sentimentos intensos por meio de sinalização emocional ou negociação de bebê para cuidador. Uma vez que as crianças são capazes de trocar sinais emocionais rápidos com seus cuidadores, elas podem se expressar com um sinal antes

que o sentimento se torne muito intenso (GREENSPAN; WIEDER, 2006a, p. 46, tradução nossa)[52].

Os autores dão o exemplo de uma criança aborrecida por esperar a comida, ela pode se utilizar de recursos como apontar para a comida ou então fazer sons de descontentamento pela espera. Em contrapartida, a fim de comunicar à criança que em breve receberá sua comida, a mãe pode realizar um gesto simples que demonstre isso ou que precisa esperar só mais alguns minutos. A criança e a mãe estão trocando sinais emocionais imediatos e recíprocos. Nesse momento, a criança pode negociar um pouco mais ou modular seus sentimentos como resposta à situação vivenciada naquele momento (GREENSPAN; WIEDER, 2006a).

Muitas razões podem levar a criança a não vivenciar certas experiências necessárias para o seu desenvolvimento. Devido a problemas motores, por exemplo, a criança pode ter dificuldade para gesticular ou sinalizar seus interesses; perceber sinalizações ou expressões faciais de seus cuidadores também pode ser desafiador, ou então, seus cuidadores podem não responder ou não saber como responder às suas tentativas comunicativas, o que pode refletir em prejuízos no desenvolvimento.

Quando uma criança não consegue se expressar ou externalizar seus interesses e desejos, por diversos motivos, ou então quando não obtém uma resposta, ou seja, quando não é validada ou é ignorada, por exemplo, ela pode se desconectar do processo de interação, se fechando para o mundo externo, voltando-se para si mesma (GREENSPAN; WIEDER, 2006a).

Tomemos como exemplo uma criança que está se sentindo triste, mas não possui as ferramentas necessárias para expressar sua emoção ou então não obtém respostas com as ferramentas que possui, a tendência é que ela deixe de dividir com o outro seus sentimentos e se feche em si mesma.

Também não podemos nos esquecer que problemas motores podem dificultar a capacidade da criança de gesticular ou sinalizar seus interesses, enquanto dificuldades na percepção de sinais emocionais ou expressões faciais podem tornar desafiador para ela entender as intenções dos cuidadores e/ou de seus pares.

---

[52] "*In stage four, children learn to modulate intense feelings through emotional signaling, or baby-to-caregiver negotiation. Once children are capable of exchanging rapid emotional signals with their caregivers, they can express how they feel with a signal before the feeling becomes too intense*" (GREENSPAN; WIEDER, 2006a, p. 46).

A importância da resolução de problemas compartilhados se dá no fato dessa capacidade promover habilidades de a criança se comunicar e interagir com os outros com uma ampla gama de emoções e um rico repertório afetivo e motor. Ao participar de interações colaborativas, a criança aprende a expressar suas necessidades, desejos e emoções, bem como a entender e responder às necessidades e emoções dos outros.

Capacidade 5: Criando símbolos e utilizando palavras e ideias

Por volta de um ano e meio do desenvolvimento típico, as crianças estão desenvolvidas motoramente, conseguem articular seus músculos orofaciais, e já alcançam capacidades mais complexas na interação, as habilidades intelectuais também progrediram o suficiente para que a linguagem seja utilizada para se expressarem (GREENSPAN; WIEDER, 2006a).

> Para entender e usar palavras e linguagem, as crianças devem primeiro ser capazes de se envolverem em sinalizações emocionais complexas, o que lhes permite separar ações das percepções e retêm imagens em suas mentes. Eles também devem ser capazes de conectar essas imagens com suas emoções para dar-lhes significado, formando assim símbolos e ideias (GREENSPAN; WIEDER, 2006a, p. 49, tradução nossa)[53].

As muitas experiências e trocas que as crianças vivenciam durante todo o seu desenvolvimento infantil evoluem enquanto sentido e abstração, por exemplo, se em uma capacidade anterior a criança demonstra com gestos o seu afeto pela mãe, dando um abraço, agora ela se torna capaz de expressar seu amor por meio de símbolos afirmando "eu te amo" (GREENSPAN; WIEDER, 2006a).

É importante observar se as palavras emitidas na interação estão dotadas de sentido ou se comunicam com o componente da intencionalidade, do contrário, utilizar palavras dissociadas ou desconexas de um sentido, de um contexto ou quando estas não traduzem ou comunicam

---

[53] "To understand and use words and language, children must first be able to engage in complex emotional signaling, which allows them to separate actions from perceptions and hold images in their minds. They must also be able to connect these images with their emotions to give them meaning, thereby forming symbols and ideas" (GREENSPAN; WIEDER, 2006a, p. 49).

uma ação intencional, podemos dizer que a criança ainda não está utilizando ideias em uma interação.

Gostaria de aproveitar a oportunidade do conteúdo para fazer um adendo: ao invés de me utilizar do termo "funcional", preferi trazer o termo "intencional", pois tenho questionado a ideia de algo ser "funcional": para quem e em função de que, senão do próprio sujeito? Comumente a maneira como pessoas neurodivergentes se comunicam é julgada como "não funcional" por não se enquadrar em padrões normativos de linguagem, mas isso não quer dizer que nada está sendo comunicado. Eu creio que toda ação quer comunicar alguma coisa, e embora não seja "funcional" diante do olhar socionormativo, o que é determinante na comunicação é a intencionalidade do sujeito, e não a "funcionalidade" sob sua maneira única de se expressar e se comunicar.

Retomemos de onde paramos, a criança, então, pode repetir uma sequência de palavras que memorizou, como "carro", "mesa", "cadeira", mas não conseguir, efetivamente, comunicar algo, ou seja, ainda não consegue utilizar intencionalmente seus recursos comunicativos.

> Mas por "usar ideias" queremos dizer usando palavras, imagens ou símbolos de forma significativa para comunicar algo. De modo geral, é muito melhor para as crianças usarem palavras isoladas interativamente com significado do que recitar frases inteiras ou parágrafos que memorizaram (GREENSPAN; WIEDER, 2006a, p. 49, tradução nossa)[54].

Os autores ainda afirmam que o uso intencional das ideias é muito presente no jogo imaginativo, no qual as crianças simbolizam, por meio do faz de conta, eventos reais ou imaginários. Ou seja, elas são capazes de manipular ideias mentalmente sem necessariamente realizar ações (GREENSPAN; WIEDER, 2006a). À medida que a criança progride nos diferentes estágios de desenvolvimento, a linguagem e o uso dos símbolos se tornam cada vez mais complexos. Isso ocorre à medida que ela adquire novas capacidades e aprimora as habilidades que já possui, vejamos:

- Palavras e ações são usadas juntas para expressar ideias.

---

[54] "But by 'using ideas', we mean using words, pictures, or symbols meaningfully to communicate something. In general it's much better for children to use single words interactively with meaning than to recite whole sentences or paragraphs they have memorized" (GREENSPAN; WIEDER, 2006a, p. 49).

- As palavras transmitem sentimentos corporais: "Meu estômago dói."
- Em vez de ações, palavras são usadas, transmitindo intenção: "Bater em você".
- As palavras transmitem ideias baseadas em sentimentos globais: "Eu te odeio". Os sentimentos são geralmente polarizados (isto é, todos bons ou todos ruins).
- As palavras são usadas para sinalizar algo acontecendo dentro de si mesmo que torna possível uma consideração de muitas ações possíveis: "Eu estou sentindo fome; o que temos para comer?"
- As palavras são usadas para transmitir sentimentos mais diferenciados que não são necessariamente ligados à ação: "estou um pouco sozinho" ou "estou ficando frustrado" (GREENSPAN; WIEDER, 2006a, p. 49-50, tradução nossa)[55].

A criança que está se desenvolvendo nessa capacidade consegue adquirir mais habilidades para flexibilizar o raciocínio, a expansão do pensamento e resolução de problemas (GREENSPAN; WIEDER, 2006a). Em uma festa do chá, por exemplo, se utiliza de pratinhos improvisados como pires, o chá pode, imaginariamente, derramar em sua roupa e agora a roupa precisa imediatamente ser lavada. Todos esses eventos acontecem em um contexto simbólico em que não necessariamente será preciso realizar ações físicas para que a brincadeira se efetive, ela já está acontecendo no campo das ideias, oportunizando que a criança experimente simbolicamente emoções e sentimentos e também se expresse por meio da brincadeira.

Capacidade 6: Pensamento emocional e lógico, senso de realidade e construção de pontes entre ideias

---

[55] "• *Words and actions are used together to express ideas.*
• *Words convey bodily feelings: 'My stomach hurts.'*
• *Instead of actions, words are used, conveying intent: 'Hit you.'*
• *Words convey ideas based on global feelings: 'I hate you.' The feelings are generally polarized (that is, all good or all bad).*
• *Words are used to signal something going on inside oneself that makes possible a consideration of many possible actions: 'I feel hungry; what do we have to eat?'*
• *Words are used to convey more differentiated feelings that are not necessarily tied to action: 'I'm a little lonely' or 'I'm getting frustrated'"* (GREENSPAN; WIEDER, 2006a, p. 49-50).

Por volta dos dois anos e meio de idade, a capacidade para conectar símbolos e ideias é crescente. Agora a criança pode refletir sobre fatos, acontecimentos e seus próprios sentimentos. Fazer ponte entre as ideias significa conectar a ideia do outro à sua própria ideia, criando uma resposta lógica na interação. Greenspan e Wieder descrevem um exemplo:

> Quando você pergunta: "Por que você quer o carrinho de brinquedo, querida?" a criança que pode conectar ideias logicamente é capaz de responder: "Brincar". Essa criança está ligando duas ideias juntas – sua ideia "por quê?" com sua própria ideia de "brincar" (GREENSPAN; WIEDER, 2006a, p. 50, tradução nossa)[56].

E continuam:

> Nesta fase, as crianças aprendem como um evento leva a outro ("O vento soprou e bateu sobre minha casa de cartas"); como as ideias operam ao longo do tempo ("Se eu estiver bem agora, vou conseguir um mimo depois"); e como as ideias operam através do espaço ("a mãe não está aqui, mas está por perto"). As ideias também podem ajudar a explicar as emoções ("Estou feliz porque ganhei um brinquedo") e organizar o conhecimento do mundo (GREENSPAN; WIEDER, 2006a, p. 50, tradução nossa)[57].

Nesse estágio do desenvolvimento as crianças vivenciam de maneira plural e diversa sua experimentação do mundo externo e interno, pelos vieses do emocional, simbólico e físico, integrando todos esses fatores em interações. É preciso conectar necessidades e emoções a ações e às palavras para um pleno envolvimento com o mundo e com as pessoas (GREENSPAN; WIEDER, 2006a). Crianças com necessidades de ordem sensorial, física, biológica etc. encontram dificuldade para se desenvolverem nesses estágios.

---

[56] *"When you ask, 'Why do you want the toy car, sweetie?' the child who can connect ideas logically is able to answer, 'Play.' That child is linking two ideas together—your idea 'why?' with his own idea 'play'"* (GREENSPAN; WIEDER, 2006a, p. 50).

[57] *"At this stage, children learn how one event leads to another ('The wind blew and knocked over my card house'); how ideas operate across time ('If I'm good now, I'll get a treat later'); and how ideas operate across space ('Mom is not here but she is close by'). Ideas can also help explain emotions ('I'm happy because I got a toy') and organize knowledge of the world"* (GREENSPAN; WIEDER, 2006a, p. 50).

> Conectar a própria ideia à de outra pessoa logicamente é a base para uma nova compreensão da realidade. As crianças agora conectam experiências internas com experiências externas, e eles distinguem os dois – isto é, categorizam experiências subjetivas e experiências objetivas. O investimento emocional nos relacionamentos permite crianças a reconhecer a diferença entre o que está dentro delas, suas fantasias, e as ideias e comportamento real dos outros. O pensamento lógico leva a novas habilidades, como debate, matemática e raciocínio científico. As crianças agora podem inventar coisas, como um novo jogo, e jogar jogos com regras (GREENSPAN; WIEDER, 2006a, p. 50-51, tradução nossa)[58].

Essa capacidade é fundamental para o crescimento cognitivo e emocional das crianças. O pensamento emocional refere-se à habilidade de reconhecer e compreender as emoções, tanto as próprias quanto as dos outros. Isso permite que as crianças desenvolvam empatia e sejam capazes de se relacionar de forma mais profunda com as pessoas ao seu redor. Além disso, o pensamento emocional também as ajuda a regular suas próprias emoções e lidar com situações desafiadoras.

O pensamento lógico envolve a habilidade de raciocinar de forma sequencial e lógica, o que permite que as crianças façam conexões entre diferentes ideias e cheguem a conclusões baseadas em evidências e raciocínio. Essa habilidade se tornará ainda mais madura com o desenvolvimento das capacidades superiores.

O senso de realidade tem a função de auxiliar a criança a distinguir entre o que é real e o que é imaginário. Isso envolve a compreensão de que as experiências internas, como pensamentos e fantasias, são diferentes das experiências externas e objetivas. O desenvolvimento do senso de realidade permite que as crianças tenham uma compreensão mais precisa e ampla do mundo ao seu redor.

Por fim, a construção de pontes entre ideias envolve a capacidade de fazer conexões, estabelecer relações e produzir respostas a partir das ideias que vêm do outro. Dentre tantos aspectos relevantes, essa capaci-

---

[58] *"Connecting one's own idea to someone else's logically is the basis for a new understanding of reality. Children now connect internal experiences with external experiences, and they distinguish the two—that is, categorize subjective and objective experiences. Emotional investment in relationships enables children to recognize the difference between what's inside them, their fantasies, and the ideas and actual behavior of others. Logical thinking leads to new skills, such as debating, math, and scientific reasoning. Children can now invent things, such as a new game, and play games with rules"* (GREENSPAN; WIEDER, 2006a, p. 50-51).

dade permite, sobretudo, que as crianças ampliem seu conhecimento e compreensão, construindo uma visão mais abrangente e integrada sobre si e o mundo.

Essa é uma trajetória de desenvolvimento típica, que pode ser alcançada aos quatro ou cinco anos. Esses marcos são considerados básicos para que a criança se desenvolva nas próximas capacidades. Crianças autistas ou com outras condições do neurodesenvolvimento podem se desenvolver de forma mais tardia nesses estágios.

Capacidades mais elevadas

As capacidades iniciais (Capacidades 1 a 6) representam um importante alicerce para as crianças adquirirem habilidades mais avançadas e mais complexas, são basilares para que elas subam na escada do desenvolvimento, dando subsídios, sustentação e ferramentas para alcançarem futuras capacidades.

Elas contribuem para o estabelecimento de uma base sólida, porque enfatizam a importância do desenvolvimento das habilidades sensoriais, afetivas e motoras básicas, bem como o envolvimento social e emocional. Essas habilidades são essenciais para o desenvolvimento posterior de habilidades cognitivas, emocionais e sociais mais avançadas.

Também contribuem para o desenvolvimento de habilidades de comunicação, incluindo habilidades como imitação e uso de gestos e expressões faciais. Essas habilidades são importantes para a construção de relacionamentos interpessoais e para a comunicação efetiva, em geral. Segundo Greenspan (2000), quando existe um relacionamento afetivo saudável entre o bebê e o adulto, no qual o bebê demonstra interesse e envolvimento, ocorrem avanços significativos nas áreas motoras, sensoriais, linguísticas e cognitivas, ininterruptamente.

Não obstante, o foco das capacidades iniciais está na interação social e emocional como base para o desenvolvimento de habilidades cognitivas. As crianças que desenvolvem habilidades sociais e emocionais saudáveis são mais propensas a se engajar em atividades de aprendizagem e a se conectar com o mundo ao seu redor (GREENSPAN; WIEDER, 2006a).

Leal (2018, p. 93) sinaliza que as capacidades iniciais permitem à criança alcançar "[...] um pensamento mais abstrato, elaborado e crescente em complexidade, que será importante para que cresça e se desenvolva como pessoa e encontre seu lugar na sociedade". Por fim, as capacidades iniciais do modelo são projetadas para atender às necessidades específicas de cada criança, estabelecendo uma base sólida para o desenvolvimento posterior.

Apresentaremos a seguir as capacidades 7, 8 e 9, no entanto faz-se importante salientar que Greenspan teorizou sobre mais capacidades de desenvolvimento funcionais e emocionais[59], porém, em suas obras principais e nos materiais e pesquisas produzidos acerca do modelo, as seis primeiras capacidades são mais tematizadas (LEAL, 2018)[60].

Uma vez que a criança esteja operando de forma robusta[61] as seis primeiras capacidades do desenvolvimento funcional e emocional, pressupõe-se que ela apresente competências e habilidades basilares para seguir na escada de seu desenvolvimento, para capacidades de maior complexidade:

- Capacidade 7: Pensamento multicausal e triangular;
- Capacidade 8: Pensamento Emocionalmente Diferenciado ou "pensamento em área cinzenta"; e
- Capacidade 9: Crescimento do senso de Self e de padrões internos.

A Capacidade 7, Pensamento multicausal e triangular, caracteriza-se pela capacidade de o indivíduo reconhecer múltiplas causas em relação a um dado evento ou acontecimento, em outras palavras, o indivíduo desenvolve a habilidade de encadear ideias e inferências que o levarão a elaborar uma conclusão sobre determinado fato, evento ou fenômeno (GREENSPAN; WIEDER, 2006a; LEAL, 2018). Greenspan e Wieder (2006a, p. 51) exemplificam:

> Por exemplo, se um amigo não quer jogar, em vez de concluir: "Ele me odeia", a criança pode pensar: "Talvez ele queira brincar com outra pessoa hoje", ou, "Talvez ele não queira jogar comigo porque eu sempre jogo Nintendo. Talvez, se fizermos algo diferente, ele apareça" (GREENSPAN; WIEDER, 2006a, p. 51, tradução nossa)[62].

Desse modo, as crianças ou os adolescentes começam a entender que os eventos e experiências são causados por múltiplos fatores e podem

---

[59] Ver mais em Greespan e Shanker (2004).

[60] Embora este trabalho se debruce, sobretudo, sobre os três primeiros níveis do desenvolvimento funcionais e emocionais, consideramos relevante apresentar os níveis ou capacidades básicos (1 a 6) e os elevados (7 a 9).

[61] Termo utilizado quando uma capacidade ou habilidade está sendo executada de maneira fluida e desenvolvida.

[62] "For example, if a friend doesn't want to play, instead of concluding, 'He hates me,' the child can think, 'Maybe he wants to play with someone else today,' or, 'Maybe he doesn't want to play with me because I always play Nintendo. Maybe if we do something different he'll come over.'" (GREENSPAN; WIEDER, 2006a, p. 51).

ser vistos a partir de diferentes perspectivas. Começam a entender que as ações têm múltiplas causas e podem ser vistas de diferentes pontos de vista. Eles também começam a considerar os sentimentos, pensamentos e intenções dos outros, bem como as relações entre esses fatores, para entender melhor as ações e eventos ao seu redor. Os autores ainda citam como exemplo: "[...] ele pode comparar dois amigos: 'Gosto mais de Pat do que de Sam porque Pat tem ótimos brinquedos'" (GREENSPAN; WIEDER, 2006a, p. 51, tradução nossa)[63].

Além de expandir sua percepção acerca do outro, nesse estágio o indivíduo começa a compreender os entrelaçamentos familiares por meio da forma com que os entes se relacionam para além de suprirem suas necessidades pessoais (GREENSPAN; WIEDER, 2006a). Não obstante, a cadeia complexa de pensamento também envolve seu olhar sobre si, suas múltiplas facetas, características e dimensões (LEAL, 2018).

O indivíduo, nesse estágio, começa a ser capaz de fazer conexões entre eventos aparentemente não relacionados e entender como diferentes aspectos de suas experiências podem estar interligados. Eles também começam a usar sua imaginação e criatividade para fazer associações e criar soluções para problemas complexos.

Leal cita exemplos bastante didáticos sobre como esse estágio pode beneficiar emocionalmente uma pessoa:

> Numa prova em que a criança não se deu muito bem, ela poderá entender que podem ter ocorrido um conjunto de causas que contribuíram para o mal desempenho e não simplesmente porque "eu sou um fracasso". Ou em uma situação em que o pai não permitiu que a criança vá a um dado evento, ela poderá compreender que existiram um conjunto de causas que levaram o pai a proibir (LEAL, 2018, p. 94).

Para auxiliar a criança a desenvolver esse estágio, o modelo DIR/*Floortime* enfatiza a importância de fornecer experiências que desafiem a criança a pensar de maneira mais complexa e considerar múltiplas perspectivas. Isso pode incluir brincadeiras imaginativas que estimulam

---

[63] "*He can compare two friends: 'I like Pat better than Sam because Pat has great toys.'*" (GREENSPAN; WIEDER, 2006a, p. 51).

a criatividade, bem como discussões sobre os sentimentos e perspectivas dos outros.

Os pais e profissionais também podem auxiliar a criança a desenvolver esse estágio, fornecendo modelos de pensamento complexo e estimulando discussões sobre eventos e experiências de múltiplas perspectivas. Isso pode ajudar a criança a desenvolver habilidades de pensamento crítico e criativo, além de compreensão mais profunda das experiências ao seu redor.

A Capacidade 8: Pensamento Emocionalmente Diferenciado ou "pensamento em área cinzenta" é caracterizada pela capacidade do indivíduo de considerar perspectivas complexas e entender que as emoções podem ser contraditórias ou ambivalentes, isto é, a criança começa a entender que as emoções não são "preto e branco", mas podem ter nuances, gradientes, gradações e variantes entre preto e o branco, elas podem ser misturadas, contraditórias e tensionadas. Vejamos os exemplos citados por Greenspan e Wieder (2006a):

> Na escola, eles não apenas analisam as múltiplas razões para os eventos, mas também avaliam a importância relativa dessas razões. Com os colegas, eles podem comparar sentimentos que diferem de forma graduada e negociar a política do playground, compreendendo e participando de hierarquias sociais que envolvem diferentes fatores, como habilidades atléticas, habilidades acadêmicas, simpatia e assim por diante (GREENSPAN; WIEDER, 2006a, p. 51-52, tradução nossa)[64].

Se na capacidade anterior a criança podia fazer diversas inferências para justificar ou elaborar o acontecimento de determinados eventos, ou fenômenos, nesse estágio ela é capaz de refletir ou julgar a influência que cada fator exerceu para a ocorrência desses fenômenos (LEAL, 2018).

Greenspan e Wieder (2006a) explanam que há dois componentes que caracterizam a área cinzenta: o "[...] pensamento comparativo [...] e discussão sobre o grau em que A é melhor que B ou até que ponto uma opinião é mais forte do que outra" (GREENSPAN; WIEDER, 2006a, p. 117, tradução nossa)[65].

---

[64] "*In school, they not only look at multiple reasons for events but also weigh the relative importance of these reasons. With peers, they can compare feelings that differ in a graduated way and negotiate the politics of the playground, understanding and participating in social hierarchies involving different factors such as athletic skills, academic abilities, likability, and so forth*" (GREENSPAN; WIEDER, 2006a, p. 51-52).

[65] "*Comparative thinking [...] and discussing the degree to which A is better than B or to which one opinion holds more strongly than another*" (GREENSPAN; WIERDER, 2006, p. 117).

O pensamento em área cinzenta é dotado de habilidades como comparar e contrastar diferentes objetos, ideias ou conceitos. Isso pode envolver a análise de semelhanças e diferenças entre duas ou mais coisas, a avaliação de prós e contras, ou a seleção da melhor opção com base em critérios específicos. E mais, a comparação não envolve apenas uma coisa e outra, mas tons, graus e sutilezas que cada uma das coisas possui, como exemplificam os autores: "Bem, Huck Finn é muito, muito mais inteligente do que Tom Sowyer, mas apenas um pouco mais forte do que Tom" (GREENSPAN; WIEDER, 2006a, p. 117, tradução nossa)[66].

Por fim, as crianças e adolescentes também começam a entender que as emoções são influenciadas por muitos fatores diferentes e podem ser expressas de várias maneiras. Eles podem começar a entender que as pessoas podem ter sentimentos conflitantes ou ambivalentes sobre as mesmas coisas. Leal (2018) acrescenta que na sobrevivência social, no dia a dia, a vida não consiste apenas em resolver perguntas fechadas de sim ou não, mas explorar ideias e perspectivas e suas respectivas variáveis em níveis cada vez mais elaborados de pensamento, criando respostas adaptativas.

Por fim, na Capacidade 9, Crescimento do senso de Self e de padrões internos, o indivíduo começa a desenvolver um senso mais profundo de si mesmo e dos padrões internos que o regem. Isso inclui um maior entendimento de suas próprias emoções, pensamentos e comportamentos, bem como um maior controle sobre suas reações aos estímulos do ambiente. Ele pode avaliar a si, seus comportamentos e suas ideias usando como critério o próprio padrão interno, ademais, favorece habilidades de julgamento de seus próprios pensamentos, sentimentos e tendências (GREENSPAR; WIEDER, 2006a; LEAL, 2018).

O desenvolvimento do senso de *self* é fundamental para a autonomia e a independência, uma vez que permite ao indivíduo tomada de decisões com base em suas próprias necessidades, desejos e valores. Isso pode incluir tomar decisões sobre sua educação, sua carreira e sua vida pessoal. Greenspan e Wieder (2006a) fazem uma importante advertência e convite à autorreflexão enquanto adultos, professores, pais, terapeuta e cuidadores:

---

[66] "Well, Huck Finn is much, much smarter than Tom Sowyer but only a little bit stronger than Tom" (GREENSPAN; WIEDER, 2006a, p. 117).

> Um fator importante que impede as crianças de dominar as capacidades avançadas de pensamento é a maneira como nós, professores, terapeutas e pais, trabalhamos com elas em programas educacionais, programas terapêuticos e interações cotidianas em casa. Se apenas dissermos: "Isso é ruim" ou "Não, não, não", podemos pensar que estamos ensinando disciplina à criança, mas na verdade estamos ensinando um pensamento extremo, polarizado, do tipo tudo ou nada. Quando uma criança tem um acesso de raiva ou se comporta impulsivamente às vezes, presumimos que é porque ela não foi disciplinada o suficiente. Mas, na verdade, pode ser porque a criança foi disciplinada de uma forma de tudo ou nada, em vez de uma forma de área cinzenta. Podemos ser firmes e persistentes e ensinar valores e comportamento às crianças, ao mesmo tempo em que as ensinamos a ter um julgamento racional e um pensamento obscuro (GREENSPAN; WIEDER, 2006a, p. 120, tradução nossa)[67].

Para promover o crescimento do senso de *self* e de padrões internos em pessoas autistas, é importante fornecer oportunidades para que elas expressem suas próprias opiniões, interesses e desejos, e para tomarem decisões com base nessas informações. Também é importante ajudá-las a compreender e gerenciar suas próprias emoções e comportamentos, mas, sobretudo, ajudá-las a pensar em área cinza, fazendo inferências, criando hipóteses e elaborando pensamentos cada vez mais complexos.

Considerando o exposto e refletindo acerca de cada estágio, nível[68] ou capacidade do desenvolvimento funcionais e emocionais, podemos concluir que o objetivo final do modelo DIR/*Floortime* é ajudar a criança neurodiversa a desenvolver um senso mais profundo de si mesma e do

---

[67] "An important factor that prevents children from mastering advanced thinking capacities is the way we teachers, therapists, and parents work with them in educational programs, therapeutic programs, and everyday interactions at home. If we just say, 'That's bad' or 'No, no, no,' we may think we are teaching the child discipline, but we're actually teaching extreme, polarized, all-or-nothing thinking. When a child throws a tantrum or impulsively misbehaves at times, we assume it's because she hasn't been disciplined enough. But it may in fact be because the child has been disciplined in an all-or-nothing way rather than a gray-area way. We can be firm and persistent and teach children values and behavior while also teaching them to have reasoned judgment and gray-area thinking" (GREENSPAN; WIEDER, 2006a, p. 120).

[68] O termo "capacidade" em substituição ao termo "nível" do desenvolvimento representa uma quebra de paradigma recentemente vivenciada pela comunidade *Floortime* do Brasil. Recentemente, o ICDL, uma das duas instituições internacionais responsáveis pela formação no modelo DIR/*Floortime* pelo país e pelo mundo, orientou algumas mudanças que visam combater o capacitismo e acolher o discurso da neurodiversidade. Ainda é muito comum o uso do termo "nível", pois corresponde ao momento histórico em que as pesquisas foram desenvolvidas.

mundo ao seu redor, de modo que ela possa ter autonomia social, se perceber, perceber os outros, compreender situações, inferir significados e direcionar sua própria conduta com base em seus valores e princípios internos.

Por meio do DIR/*Floortime*, a criança é incentivada a explorar e compreender o mundo de uma forma que seja significativa para ela, levando em conta suas diferenças individuais e seus interesses particulares. Conforme a criança progride a partir das diferentes capacidades do modelo DIR/*Floortime*, ela é capaz de desenvolver habilidades cada vez mais complexas e sofisticadas, permitindo-lhe construir um senso mais profundo de si mesma e de suas relações com o mundo.

Mediante o apoio dos familiares, cuidadores e profissionais de saúde, a criança autista pode desenvolver a autoconfiança e a capacidade de tomar decisões com base em suas próprias necessidades e desejos. O objetivo final é permitir que a criança alcance a independência, autonomia e a realização pessoal, e seja capaz de se engajar plenamente em sua comunidade e na sociedade em geral.

3.4 CARACTERIZANDO O "I" DE DIFERENÇAS INDIVIDUAIS

> *Todas as crianças [...] são únicas na forma como experimentam o mundo através dos seus sentidos* (GREENSPAN; WIEDER, 2006a, p. 130, tradução nossa)[69].

O termo diferenças individuais, representado pela sigla "I", segundo Greenspan e Wieder (2006a, 2006b), corresponde às características únicas de cada criança experienciar as informações sensoriais do ambiente, isto é, como reagem às sensações, processam as informações e produzem respostas adaptativas por meio de seu planejamento motor.

Para os autores, "Diferenças individuais de base biológica são o resultado de fatores genéticos, pré-natais, perinatais, e variações maturacionais" (GREENSPAN; WIEDER, 2006b, p. 5, tradução nossa)[70].

As diferenças individuais em relação ao funcionamento do sistema nervoso central dizem respeito a como o indivíduo reage e processa

---

[69] "*All children [...] are unique in the way they experience the world through their senses*" (GREENSPAN; WIEDER, 2006a, p. 130).

[70] "*Biologically based individual differences are the result of genetic, prenatal, perinatal, and maturational variation*" (GREENSPAN; WIEDER, 2006b, p. 5).

experiências, também a maneira como ela é capaz de planejar e organizar respostas (GREENSPAN; WIEDER, 2006a).

É possível identificar diferentes características das diferenças individuais em diferentes obras dos autores, mas elas se mantêm notavelmente semelhantes em termos de conceito e compreensão. Em Wieder e Wachs (2012), o "I" pode ser caracterizado por (1) Modulação sensorial, (2) Processamento auditivo e linguagem, (3) Movimento visuoespacial e pensamento, e (4) Planejamento motor e sequenciamento.

Em Greenspan e Weder (2006b) encontramos as características do "I" expressadas em mais componentes:

> 1. Modulação sensorial, incluindo sub e super-reatividade ao toque, sons, visões, cheiros, gostos e movimentos
>
> 2. Processamento sensorial, incluindo processamento auditivo, processamento de linguagem e processamento visuoespacial. O processamento inclui a capacidade de registrar, decodificar e compreender sequências e padrões abstratos.
>
> 3. Processamento sensorial-afetivo, ou a capacidade de processar e responder ao afeto. Isso inclui a capacidade de vincular símbolos e ações com emoções e intenções. Essa capacidade de processamento pode ser especialmente relevante para indivíduos com autismo transtornos do espectro (Greenspan e Wieder 1997, 1998).
>
> 4. Tônus muscular
>
> 5. Planejamento e sequenciamento motor, ou a capacidade de organizar propositadamente uma sequência de ações ou símbolos, incluindo símbolos na forma de pensamentos, palavras, imagens visuais e conceitos espaciais (GREENSPAN; WIEDER, 2006b, p. 6, tradução nossa)[71].

---

[71] "1. *Sensory modulation, including under- and overreactivity to touch, sounds, sights, smells, tastes, and movements*
2. *Sensory processing, including auditory processing, language processing, and visuospatial processing. Processing includes the ability to register, decode, and comprehend sequences and abstract patterns.*
3. *Sensory-affective processing, or the ability to process and respond to affect. This includes the ability to link symbols and actions with emotions and intent. This processing capacity may be especially relevant for individuals with autism spectrum disorders (Greenspan and Wieder 1997, 1998).*
4. *Muscle tone.*
5. *Motor planning and sequencing, or the ability to purposefully organize a sequence of actions or symbols, including symbols in the form of thoughts, words, visual images, and spatial concepts*" (GREENNPAN; WIEDER, 2006b, p. 6).

É importante sublinhar que o conceito de Greenspan e Wieder (2006b) é mais adequado para esta pesquisa, pois se alinha estreitamente com o objetivo e o escopo deste estudo em comparação com o conceito apresentado por Wieder e Wachs (2012), embora seja mais recente.

Segundo os autores, as diferenças individuais estão intimamente conectadas às capacidades do desenvolvimento, de maneira que, para promover a capacidade de engajamento, a interação e o ambiente precisam ser adaptados ao perfil sensório-afetivo-motor da criança, reconhecendo e valorizando suas áreas fortes e trabalhando para desenvolver as habilidades em áreas que ainda apresentem desafios (GREENSPAN; WIEDER, 2006a).

Leal (2018, p. 98) traduz de maneira bastante didática a ideia principal acerca do "I":

> Para compreender, basta lembrar que, a todo modo momento milhares de informações chegam a todos os indivíduos por seus diversos sentidos. Elas são recebidas, assimiladas, filtradas, interpretadas e com base nesse processo são tomadas decisões, ações são planejadas, as quais serão por sua vez executadas. Contudo, esse processamento e todo esse caminho não ocorre de modo igual para todos. Existem diferenças específicas na forma como a informação é assimilada e como se responde a esta. Compreendendo esse caminho específico presente em cada indivíduo, é possível oferecer suporte adequado para o seu desenvolvimento.

Partindo disso, compreende-se que cada indivíduo possui um perfil sensorial único, o que significa que temos preferências, sensibilidades e modos individuais de responder e processar estímulos sensoriais. As diferenças individuais podem afetar a maneira como as crianças percebem e se envolvem com o mundo ao seu redor, impactando habilidades motoras, cognitivas e emocionais, além de influenciar na interação social (GREENSPAN; WIEDER, 2006a, 2006b).

Para Greenspan e Wieder (2006a), ainda antes de nascermos, questões ambientais (no ambiente intrauterino), genéticas, influências pré-natais e pós-natais precoces podem ser determinantes quanto ao funcionamento de nosso sistema nervoso central e nossa sensibilidade sensorial, ou seja, levam a diferentes maneiras como reagimos às sensações, organizamos o movimento, processamos e compreendemos os estímulos, como o que ouvimos e vemos, por exemplo. Mesmo após nosso crescimento, nosso corpo continua sujeito às influências sensoriais do ambiente e seus respectivos impactos.

Greenspan e Wieder (2006a) apontam que frequentemente crianças que apresentam alterações sensoriais são identificadas como tendo "problemas comportamentais", inclusive afirma que

> [...] abordagens mais antigas — como os comportamentais, incluindo o amplamente utilizado ABA [...] — tendem a se concentrar na mudança de comportamentos e sintomas superficiais sem atenção suficiente às diferenças individuais subjacentes ou à falta de fundamentos básicos de relacionamento e pensamento (GREENSPAN; WIEDER, 2006a, p. 389, tradução nossa)[72].

Os autores sugerem que essas abordagens podem negligenciar aspectos essenciais do desenvolvimento e da individualidade das pessoas, focando apenas em aspectos comportamentais visíveis. Os autores tecem críticas a essas abordagens argumentando que elas podem ter uma visão limitada do indivíduo e de suas necessidades. Ao se concentrarem apenas nos comportamentos superficiais, podem deixar de considerar as diferenças individuais subjacentes, por exemplo, a forma como cada pessoa processa informações se relaciona com os outros e percebe o mundo ao seu redor (GREENSPAN; WIEDER, 2006a).

Segundo eles, essas abordagens podem negligenciar a importância dos fundamentos de relacionamento e pensamento. A interação social, a comunicação e a compreensão emocional são aspectos basilares do desenvolvimento humano, e a falta de atenção a esses aspectos pode limitar o progresso global da criança (GREENSPAN; WIEDER, 2006a).

A perspectiva do DIR/*Floortime* vai além dos comportamentos periféricos e busca compreender as diferenças individuais das crianças autistas de forma mais abrangente. O objetivo central dessa abordagem é capacitar as crianças a serem mestres e mestras de seus sentidos, emoções e interações, em vez de serem vistas como vítimas dessas características (GREENSPAN; WIEDER, 2006a).

O DIR/*Floortime* reconhece que as crianças autistas têm suas próprias maneiras únicas de perceber, interpretar e interagir com o mundo

---

[72] "[...] *older approaches — such as behavioral ones, including the widely used ABA [...] — tend to focus on changing surface behaviors and symptoms without sufficient attention to underlying individual differences or the missing basic foundations of relating and thinking*" (GREENSPAN; WIEDER, 2006a, p. 389).

ao seu redor. Ao invés de simplesmente tentar modificar comportamentos superficiais, o foco é desenvolver a capacidade da criança de engajar-se ativamente em sua própria experiência sensorial, emocional e social.

Essa abordagem valoriza a importância do relacionamento afetivo e das interações significativas no desenvolvimento da criança. Ao estabelecer uma conexão genuína com a criança, os profissionais e cuidadores podem compreender suas necessidades, interesses e pontos fortes, permitindo que ela se torne uma participante ativa e autônoma em seu próprio desenvolvimento.

Dessa forma, o objetivo do estudo das diferenças individuais no contexto do DIR/*Floortime* é proporcionar às crianças autistas as ferramentas e habilidades necessárias para se autogerenciarem, explorarem o mundo de forma significativa e desenvolverem todo o seu potencial. O enfoque está em capacitar a criança a se tornar um protagonista de sua própria jornada de desenvolvimento, permitindo que ela alcance um maior grau de autonomia, autorregulação e bem-estar emocional. O objetivo para o estudo das diferenças individuais, como supracitado, é auxiliar as crianças a serem mestres e mestras de seus sentidos e não vítimas deles (GREENSPAN; WIEDER, 2006a).

Os autores asseveram que é muito importante que os pais, terapeutas e cuidadores ajudem a criança a experimentar uma gama completa de emoções sem se deixarem, também, ser dominados por elas, no sentido de não permitir que o funcionamento dos sistemas, ao receberem informações, não provoque respostas muito reativas ou então pouco reativas a ponto de não se perceber o mundo, isto é, para ajudar uma criança é preciso também conhecer as suas próprias diferenças individuais (GREENSPAN; WIEDER, 2006b). Eles sustentam que

> Cada criança precisa ser atraída para toda a gama de emoções através de sua própria janela de diferenças individuais. Mas seus próprios padrões sensoriais também são importantes. Se você é altamente sensível a barulho e agitação, terá mais dificuldade em encorajar a assertividade (GREENSPAN, 2007, s/p., tradução nossa)[73].

---

[73] "Each child needs to be drawn into the full range of emotions through his or her own window of individual differences. But your own sensory patterns matter as well. If you are highly sensitive to noise and commotion, you'll have a harder time encouraging assertiveness" (GREENSPAN, 2007, s/p, tradução nossa).

Nessa perspectiva, os autores alertam sobre a importância de os adultos envolvidos no processo de desenvolvimento da criança conhecerem seu próprio perfil único para conseguirem ajustá-lo ao perfil da criança de maneira que as intervenções ou interações sejam viáveis e saudáveis para ambos.

Aprender a conhecer e identificar o perfil único da criança "começa quando um bebê está deitado em seus braços ou olhando para você do trocador; você pode prestar atenção especial aos momentos em que ela parece agitada ou infeliz" (GREENSPAN, 2007, s/p., tradução nossa)[74].

Para compreendermos como nosso sistema sensório-afetivo-motor opera, vejamos este excerto de Paula Serrano, Terapeuta Ocupacional e pesquisadora portuguesa, cuja obra será a referência deste estudo para a compreensão dos aspectos da Integração Sensorial de Ayres:

> Imagine a criança que se prepara para sair da escola para ir ter com o pai. Ela chega à porta e passam por ela alguns colegas que correm apressadamente, dando-lhe alguns encontrões (táctil e propriocetivo). Aproxima-se do fim do passeio e olha para um lado e para o outro para ver se pode atravessar. O seu cérebro recebe informação da gravidade (vestibular), da posição do corpo (propriocetivo) e visual (se vêm carros ou não, e a sua velocidade). Com base nesta informação, decide que é seguro avançar e dá dois ou três passos; neste momento ouve-se o barulho de uma mota que vem em grande velocidade. O pai da criança grita-lhe para ter cuidado. Neste momento, o seu cérebro recebeu informação auditiva que tem de processar em conjunto com as dos outros sistemas sensoriais. Reavalia então a posição do corpo (propriocepção), a velocidade a que se desloca (vestibular), a distância a que está do passeio e do outro lado da rua onde está o pai, a distância a que está da mota (visual) e o som da mota. Com base no processamento da informação destes sistemas sensoriais irá tomar uma decisão. Será que está perto o suficiente do pai e deve correr mais depressa, ou está mais perto do passeio da escola e, por isso, é mais seguro dar uns passos para trás? (SERRANO, 2016, p. 30).

Nesse sentido, uma resposta adequada aos estímulos depende de como o cérebro organiza as informações dos sistemas sensoriais, melhor

---

[74] "*Begins when an infant is lying in your arms or gazing at you from her changing table; you can pay special attention to those times when she seems agitated or unhappy*" (GREENSPAN, 2007, s/p).

dizendo, como ele integra todos os sistemas e, assim, elabora os planos de respostas adaptativas.

Greenspan e Wieder (2006a) indicam frequentemente que as interações sejam adaptadas às diferenças individuais da criança, validando seu perfil único, considerando suas habilidades, desafios e necessidades específicas. Os autores afirmam que a criança pode ter habilidades para se relacionar, comunicar, pensar criativa e abstratamente, mas não em um ambiente ruidoso, por exemplo (GREENSPAN; WIEDER, 2006a).

Ao adaptar as interações aos interesses e às preferências da criança, cria-se um ambiente no qual ela se sinta acolhida e respeitada, e consequentemente isso facilitará o seu engajamento e motivação, contribuindo para a participação ativa na interação, promovendo o desenvolvimento de habilidades sociais, emocionais e cognitivas (GREENSPAN; WIEDER, 2006a).

Cada criança autista tem suas próprias necessidades e sensibilidades sensoriais, emocionais e sociais. Adaptar as interações significa levar em consideração essas caraterísticas únicas, como evitar estímulos que causem desconforto ou oferecer apoio sensorial adequado para promover a regulação emocional. Greenspan e Wieder (2006a) reiteram que adaptar os cuidados às diferenças individuais ajuda as crianças, mesmo as mais rígidas ou que carecem de previsibilidade exata nas interações. Ainda completam que essas adaptações podem ser realizadas não só pelos terapeutas, mas também pelos familiares e demais profissionais envolvidos no desenvolvimento da criança.

Para compreendermos como o "I" opera e se estrutura, é preciso uma introdução ao conceito de integração sensorial desenvolvidos por Jean Ayres, uma terapeuta ocupacional, psicóloga educacional e neurocientista dos anos 60, cujos estudos exerceram influência substancial para as pesquisas de Greenspan e Wieder, autores que reconheceram seu pioneirismo nos estudos das diferenças do indivíduo (GREENSPAN; WIEDER, 2006b). Serrano (2016, s/p.) informa que

> Ayres foi a primeira a desenvolver o conceito de que a integração sensorial influencia os comportamentos e a aprendizagem mais complexa. Identificou a integração sensorial como o processo cerebral que leva à organização e interpretação da informação que recebemos dos sentidos (equilíbrio, gravidade, posição do corpo, movimento, toque, cheiro, paladar, visão e audição) para que o mundo

nos faça sentido e possamos agir sobre ele. Foi pioneira e desenvolveu muitos estudos que serviram de base à teoria de integração sensorial e às técnicas de tratamento que ainda hoje se mantêm atuais.

Greenspan e Wieder, em seus estudos articulados aos estudos de Ayres, perceberam que as variações biológicas nas funções sensoriais e motoras têm um impacto significativo na capacidade de autorregulação e interesse de uma criança pelo mundo ao seu redor. Eles reconheceram que cada criança tem seu próprio perfil sensorial e motor único, o que significa que a forma como ela processa e responde aos estímulos sensoriais e realiza movimentos pode variar consideravelmente.

> Variações de base biológica nas funções sensoriais e motoras influenciam a capacidade de uma criança de se autorregular e se interessar pelo mundo simultaneamente. Apesar das suposições amplamente aceitas e mantidas há muito tempo de que todos nós experimentamos sensações como som ou toque mais ou menos da mesma maneira, variações significativas são agora conhecidas por existir nas formas como os indivíduos processam até informações sensoriais muito simples. Essa observação foi feita inicialmente anos atrás por Jean Ayres (1964), uma pioneira da terapia ocupacional, e o assunto continua sendo discutido na literatura da terapia ocupacional (GREENSPAN; WIEDER, 2006b, p. 15-16, tradução nossa)[75].

Essas variações podem influenciar a forma como uma criança autista se envolve com o ambiente e interage com as pessoas ao seu redor. Algumas crianças podem ser mais reativas a certos estímulos sensoriais, como sons altos ou texturas desconfortáveis, o que pode levar a reações de evitação ou defensivas. Outras crianças podem apresentar baixo registro a estímulos sensoriais ou ter dificuldades com a integração sensorial, o que pode afetar sua capacidade de autorregulação e compreensão do mundo ao seu redor (GREENSPAN; WIEDER, 2006a, 2006b; SERRANO, 2016).

---

[75] "*Biologically based variations in sensory and motor functions influence the ability of an infant to simultaneously self-regulate and take an interest in the world. Despite widely held, and long-held, assumptions that we all experience sensations such as sound or touch in more or less the same way, significant variations are now known to exist in the ways that individuals process even very simple sensory information. This observation was initially made years ago by Jean Ayres (1964), a pioneer in occupational therapy, and the issue continues to be discussed in the occupational therapy literature*" (GREENSPAN; WIEDER, 2006b, p. 15-16).

Se uma criança estiver sobrecarregada ou desconfortável com certos estímulos sensoriais, sua capacidade de se engajar e se interessar pelo ambiente e pelas pessoas pode ser comprometida. Por outro lado, se uma criança tiver uma sensibilidade reduzida a estímulos sensoriais, ela pode ter dificuldade em perceber e se envolver plenamente com as informações do ambiente.

Ao compreender essas variações biológicas nas funções sensoriais e motoras, Greenspan e Wieder (2006a, 2006b) enfatizaram a importância de adaptar abordagens terapêuticas e educacionais para atender às necessidades individuais de cada criança. Eles propuseram intervenções que visam ajudar a criança a regular suas respostas sensoriais e desenvolver estratégias de autorregulação, ao mesmo tempo que estimulam seu interesse e engajamento com o mundo. É perceptível que o reconhecimento da interconexão entre a regulação sensorial, o interesse e a motivação da criança foi fundamental para o desenvolvimento do modelo DIR/*Floortime*.

Greenspan e Wieder (2006a) informam que as crianças autistas tendem a evidenciar padrões amplamente diferentes em relação à reatividade sensorial, o processamento sensorial e o planejamento motor, tríade fundamental relacionada ao funcionamento do sistema nervoso central e sua maneira de receber, processar e responder as informações apreendidas do ambiente.

Leal (2018) conceitua de forma sucinta os componentes dessa tríade, para ele a reatividade sensorial diz respeito à maneira como os sentidos assimilam a informação, o processamento sensorial envolve a atribuição de sentido e significado às informações sensoriais recebidas pelos sentidos e o planejamento motor refere-se à forma como utilizamos nosso corpo e, posteriormente, nossos pensamentos para planejar, sequenciar e executar ações em resposta às informações que recebemos do ambiente.

Serrano (2016) descreve que as informações sensoriais isoladas têm pouco significado, ela ainda faz uma analogia com a música, afirmando que o mesmo aconteceria com uma nota musical sozinha em uma melodia: produziria pouco ou nenhum significado.

A autora ainda faz uma importante explanação a respeito do processo pelo qual a integração sensorial ocorre em nosso corpo:

— Registo sensorial: quando tomamos a consciência da sensação; quando reparamos que há um estímulo (sentimos algo).

— Orientação: quando prestamos atenção seletiva ao estímulo e nos orientamos para ele (O que é isto? E orientamo-nos para o que sentimos).

— Interpretação: quando atribuímos significado e interpretamos as sensações à luz das nossas experiências prévias e da aprendizagem. É também a este nível que é associada uma emoção à sensação (ameaça, desafio ou prazer). Quando identificamos o que nos toca, o que ouvimos, vemos, o tipo de movimento que fazemos, etc. verificamos se é perigoso ou relaxante, etc.

— Organização da resposta: quando determinamos uma resposta cognitiva, afetiva ou motora; decidimos o que fazer e como fazer. Por ex.: se sentimos um salpico na cara decidimos limpá-lo imediatamente; se fomos sujeitos a um movimento muito brusco e perdemos o equilíbrio, podemos agarrar-nos ou ter uma reação de equilíbrio; se vamos atravessar a rua na passadeira e ouvimos uma sirene podemos recuar ou apressar-nos a atravessar, etc.

— Execução de uma resposta: é o passo final que consiste na execução da resposta previamente elaborada (SERRANO, 2016, p. 38).

Greenspan e Wieder (2006a) apresentam de maneira resumida a tendência de respostas de crianças neurodivergentes de acordo com componentes da integração sensorial e do modelo DIR/*Floortime*:

Modulação Sensorial

• Tende a responder exageradamente a sensações, como som ou toque (por exemplo, cobre os ouvidos ou fica desregulado com muito toque leve)

• Tende a ansiar por experiências sensoriais (por exemplo, busca ativamente toque, som e diferentes padrões de movimento)

• Tende a responder mal às sensações (por exemplo, requer suporte vocal ou tátil altamente energizado para ficar alerta e atender)

Planejamento e Sequenciamento Motor

- Força relativa no planejamento e sequenciamento motor (por exemplo, realiza padrões de ação em várias etapas, como negociar percursos de obstáculos ou construir projetos de blocos complexos)

- Fraqueza relativa no planejamento e sequenciamento motor (por exemplo, mal consegue realizar movimentos simples e pode simplesmente bater em blocos ou fazer outros padrões de ação de uma ou duas etapas)

Memória Auditiva

- Força relativa na memória auditiva (lembra ou repete longas declarações ou materiais de livros, TV, discos, etc.)

- Fraqueza relativa na memória auditiva (dificuldade em lembrar até mesmo sons ou palavras simples)

Memória Visual

- Força relativa na memória visual (tende a lembrar o que é visto, como capas de livros, imagens e eventualmente palavras)

- Fraqueza relativa na memória visual (dificuldade em lembrar até mesmo imagens ou objetos simples) (GREENSPAN; WIEDER, 2006a, p. 416, tradução nossa)[76].

A partir do excerto podemos considerar que a informação sensorial desempenha um papel importante na regulação do comportamento e das emoções. As crianças utilizam a informação sensorial para se autorregular, ou seja, para ajustar seu nível de alerta, regular a intensidade de suas respostas emocionais e adaptar seu comportamento às demandas do ambiente. Por exemplo, um ambiente barulhento pode levar a uma maior excitação e agitação, enquanto um ambiente calmo e tranquilo pode promover a calma e a tranquilidade.

---

[76] "*Sensory Modulation: Tends to overrespond to sensations, such as sound or touch (e.g., covers ears or gets dysregulated with lots of light touch). Tends to crave sensory experience (e.g., actively seeks touch, sound, and different movement patterns). Tends to underrespond to sensations (e.g., requires highly energized vocal or tactile support to be alert and attend) Motor Planning and Sequencing: Relative strength in motor planning and sequencing (e.g., carries out multiple-step action patterns, such as negotiating obstacle courses or building complex block designs). Relative weakness in motor planning and sequencing (e.g., can barely carry out simple movements and may tend to simply bang blocks or do other one- or two-step action patterns) Auditory Memory: Relative strength in auditory memory (remembers or repeats long statements or materials from books, TV, records, etc.). Relative weakness in auditory memory (difficulty remembering even simple sounds or words) Visual Memory: Relative strength in visual memory (tends to remember what is seen, such as book covers, pictures, eventually words). Relative weakness in visual memory (difficulty remembering even simple pictures or objects)*" (GREENSPAN; WIEDER, 2006a, p. 416).

Para nos aproximarmos dos componentes da integração sensorial, vejamos o quadro a seguir, adaptado de Serrano (2016, p. 40):

Quadro 3 – Componentes da Integração sensorial

COMPONENTES	DESCRIÇÃO	CONTRIBUIÇÃO PARA FUNÇÃO
Registro sensorial	Capacidade para *detetar*[77] informação do corpo e do meio.	Estado mais fundamental de *perceção* que permite iniciar o processo de integração sensorial.
Alerta	Grau de excitabilidade.	Permite ao indivíduo mover-se facilmente pelos ritmos diários, ficar calmo e alerta quando está acordado e descansar quando está a dormir.
Modulação sensorial	À capacidade para ajustar a intensidade e duração dos estímulos ou sensações múltiplas.	Conforto com várias intensidades de sensações, capacidade para se manter atento na presença de múltiplas sensações.
Discriminação sensorial	Capacidade para interpretar as qualidades *espaciotemporais* das sensações.	Dá ao indivíduo pormenores rápidos e precisos de qualidade, quantidade, localização, tamanho e forma.
Competências motoras	*Controlo* postural, *controlo* motor fino dos olhos, mãos e oral, *controlo* motor global.	*Controlo* motor.
Práxis	Ideação, *planeamento* motor e execução.	Descobrir o que fazer e como fazer ações novas.
Organização do comportamento	Organização de sequências de ações no espaço e tempo.	Colocar por ordem ideias, ações e coisas que são necessárias agora e no futuro.

Fonte: adaptado de Serrano (2016)

Para compreendermos com mais detalhes a respeito dos componentes da integração sensorial e alguns conceitos que estão muito presentes

---

[77] A língua original do livro é Língua Portuguesa de Portugal. Optamos por não traduzir. Aplica-se aos demais casos semelhantes.

no discurso do DIR/*Floortime* e em toda sua base teórica, discorreremos rapidamente sobre alguns aspectos importantes a partir de Serrano (2016).

Afeto

A relação entre afeto e informação sensorial é intrínseca e complexa. O afeto, ou emoção, desempenha um papel importante na forma como processamos e respondemos às informações sensoriais. As sensações que experimentamos podem desencadear respostas emocionais e afetivas, como prazer, desconforto, alegria ou medo (GREENSPAN; WIEDER, 2006a).

> Afeto é o componente emocional do comportamento. Podemos entender a relação entre sensação e emoção em dois níveis: a sensação normalmente origina uma reação emocional, o que nos diz como é que a criança está a percecionar subjetivamente uma experiência sensorial, e o afeto é inerente à relação social, a qual envolve sensações. Por exemplo, a interação entre a mãe e o bebé normalmente envolve o toque suave, enquanto o brincar com os pares normalmente envolve propriocepção e vestibular. Se a criança não tolera estas sensações, ou as sente como desagradáveis, vai originar uma reação emocional negativa, levando a que estas relações fiquem comprometidas (SERRANO, 2016, p. 45).

Da mesma forma, nossas emoções podem influenciar a forma como percebemos e interpretamos os estímulos sensoriais ao nosso redor. Por exemplo, quando estamos felizes, podemos ser mais receptivos a estímulos positivos e ter uma maior capacidade de desfrutar de experiências sensoriais agradáveis. Por outro lado, emoções negativas podem afetar nossa percepção sensorial, tornando-a mais intensa ou desagradável. A interação entre afeto e informação sensorial é dinâmica, e ambos os aspectos se influenciam mutuamente, contribuindo para a nossa experiência e processamento sensorial (GREENSPAN; WIEDER, 2006a).

Modulação

Modulação sensorial é um processo de nível neurológico e comportamental, refere-se à capacidade do sistema nervoso de regular e ajustar a resposta a estímulos sensoriais. É um processo complexo que envolve a regulação da intensidade, frequência e duração das informações sensoriais que chegam ao cérebro (SERRANO, 2016).

Algumas pessoas podem apresentar uma modulação sensorial hipersensível, hiper-reativa ou com maior reatividade, o que significa que são mais sensíveis a estímulos sensoriais e podem sentir-se sobrecarregadas ou incomodadas por eles. Por outro lado, outras pessoas podem ter uma modulação sensorial hipossensível, hiper-reativa, ou de baixo registro, o que significa que têm uma resposta reduzida aos estímulos sensoriais e podem precisar de estímulos mais intensos para se envolverem e responderem adequadamente. Dessa forma, "[...] se a criança for pouco reativa, terá falta de atenção à informação sensorial do meio, mas se for muito reativa poderá ficar perturbada pela estimulação do ambiente" (SERRANO, 2016, p. 41).

A modulação sensorial é uma característica altamente individual e varia significativamente de criança para criança. Diversos fatores influenciam a forma como uma criança responde e regula as sensações que recebe do ambiente. O estado de alerta inicial da criança desempenha um papel importante, pois pode afetar a sensibilidade e a receptividade aos estímulos sensoriais. Além disso, a forma como as sensações se acumulam ao longo do tempo pode ter impacto na modulação sensorial, assim como o tipo e a intensidade das sensações experimentadas. O tempo de recuperação de cada estímulo também é um aspecto relevante, pois indica a duração do efeito que o estímulo provoca no sistema nervoso da criança. Compreender esses fatores e suas interações é fundamental para adaptar o ambiente e oferecer suporte adequado às necessidades sensoriais individuais de cada criança (SERRANO, 2016).

Discriminação sensorial

A discriminação sensorial é a habilidade de interpretar e distinguir de forma precisa a informação sensorial recebida. Envolve a capacidade de perceber diferenças sutis nas características dos estímulos sensoriais, como cor, forma, textura, som, cheiro e sabor. Essa habilidade permite que as pessoas identifiquem e reconheçam estímulos sensoriais específicos, e façam distinções entre eles. A discriminação sensorial é essencial para o processamento e a compreensão adequados das informações provenientes do ambiente, contribuindo para a percepção, o aprendizado e a interação eficaz com o mundo ao nosso redor. Vejamos os exemplos:

> Quando temos uma boa discriminação táctil conseguimos, por exemplo, discriminar um botão de uma moeda com o tato, sem vermos. Quando temos uma boa discriminação visual conseguimos olhar para uma palavra e perceber como se orientam os traçados para formar as letras, e distinguirmos claramente o «b» do «d». Quando temos uma boa discriminação auditiva conseguimos perceber os sons sem que façamos confusão entre a palavra «mola» e «bola». Quando temos uma boa discriminação propriocetiva, ajustamos a força necessária para segurar num copo de papel ou num copo de vidro. Quando temos uma boa discriminação vestibular ajustamos a velocidade a que nos deslocamos, para parar antes de esbarrarmos com alguém ou nos desequilibrarmos (SERRANO, 2016, p. 46).

A discriminação sensorial desempenha um papel fundamental na forma como lemos e interpretamos o mundo ao nosso redor. Por meio dessa habilidade, somos capazes de distinguir e reconhecer as diferentes características dos estímulos sensoriais que encontramos diariamente. Ao discriminar com precisão as nuances de cor, forma, textura, som, cheiro e sabor, podemos obter informações detalhadas sobre o ambiente, identificar objetos, compreender expressões faciais, interpretar a linguagem corporal e discernir nuances emocionais. Por meio da discriminação sensorial, somos capazes de processar as informações de maneira mais eficiente e criar uma compreensão mais completa do mundo ao nosso redor, enriquecendo nossas experiências e interações.

Competências motoras

As competências motoras desempenham um papel fundamental no desenvolvimento da criança, fornecendo os alicerces necessários para que ela possa interagir e agir no meio ambiente de forma eficaz. Desde os primeiros meses de vida, as habilidades motoras, como o controle da cabeça, o rolar, o engatinhar e o andar, permitem que a criança explore o mundo ao seu redor e se envolva em atividades físicas e sociais. Para Serrano (2016, p. 46), as competências motoras se referem

> [...] ao controlo postural, às reações de equilíbrio, às competências visuomotoras, à coordenação bilateral motora (coordenação dos dois lados do corpo) e sequenciação (capacidade de colocar as ações numa sequência). Estas

competências dão os alicerces para que a criança possa desenvolver planos de ação no meio ambiente.

À medida que a criança cresce e desenvolve suas habilidades motoras finas e grossas, ela adquire maior controle e precisão em seus movimentos, facilitando a execução de tarefas mais complexas e o planejamento de ações nos espaços onde irá frequentar e se desenvolver.

A consciência corporal dependerá de informações que vêm dos receptores sensoriais localizados nas articulações e nos músculos (proprioceptores). A propriocepção é o sentido que nos permite ter consciência da posição, movimento e esforço dos nossos músculos, articulações e tendões. É uma percepção interna, que nos fornece informações sensoriais sobre o estado e a localização do nosso corpo no espaço, mesmo sem precisarmos olhar para ele. Por meio da propriocepção, somos capazes de sentir a posição das nossas articulações, a tensão dos músculos e a força que estamos exercendo em determinados movimentos. Essas informações são processadas pelo sistema nervoso central, permitindo que ajustemos nossa postura, equilíbrio e coordenação de forma precisa e adaptativa (SERRANO, 2016).

O equilíbrio e os ajustes posturais são fortemente influenciados pela informação proprioceptiva. A propriocepção desempenha um papel importantíssimo na manutenção do equilíbrio corporal e na capacidade de realizar ajustes posturais precisos. A partir da percepção dos receptores proprioceptivos localizados nas articulações, músculos e tendões, o sistema nervoso é capaz de monitorar constantemente a posição e o movimento do corpo em relação à gravidade e ao ambiente circundante. Essas informações são processadas e utilizadas para controlar os músculos envolvidos na postura e no equilíbrio, permitindo ajustes rápidos e precisos para manter a estabilidade e a orientação corporal adequadas (SERRANO, 2016).

A informação proprioceptiva também desempenha um papel importante na coordenação dos movimentos, uma vez que fornece feedback sensorial sobre a posição das articulações durante a execução de tarefas motoras. Portanto, a informação proprioceptiva é essencial para um equilíbrio adequado e para a realização de ajustes posturais eficientes (SERRANO, 2016). Serrano (2016, p. 49) assevera que "O desenvolvimento das competências motoras está diretamente relacionado com a maturação dos sistemas sensoriais, em especial proprioceptivo, vestibular e táctil".

O sistema proprioceptivo fornece informações sobre a posição, o movimento e a tensão dos músculos e articulações, permitindo que a criança tenha consciência do seu próprio corpo e possa realizar movimentos precisos e coordenados. O sistema vestibular, por sua vez, está relacionado ao equilíbrio e à orientação espacial, fornecendo informações sobre a aceleração e a posição da cabeça em relação à gravidade e aos movimentos do corpo. O sistema tátil, por sua vez, desempenha um papel importante na percepção do toque e na exploração sensorial do ambiente. Por meio do sentido do tato, a criança recebe informações sobre texturas, pressões e temperaturas, contribuindo para o desenvolvimento da habilidade de manipulação de objetos e para a percepção da superfície em que está apoiada (SERRANO, 2016).

Práxis

A práxis é uma habilidade essencial no desenvolvimento infantil, pois está relacionada à capacidade da criança em realizar atividades com significado e propósito, utilizando a informação sensorial que obtém do seu próprio corpo e do ambiente ao seu redor. Por meio da práxis, a criança consegue planejar, executar e adaptar suas ações conforme as demandas e objetivos da tarefa em questão. Ela utiliza a percepção sensorial para compreender as características do objeto ou do ambiente em que está interagindo, assim como para coordenar seus movimentos e ajustar sua postura para alcançar os resultados desejados, a propósito, é a integração desses fatores que diferencia práxis de movimento (SERRANO, 2016).

> A diferença entre a práxis e a ação tem a ver com o facto de na práxis a criança ter de organizar a informação sensorial para o desempenho de ações não familiares, enquanto a ação se refere a todas as ações, familiares ou não (SERRANO, 2016, p. 49).

Mais do que competências motoras, a práxis exige outras habilidades que se caracterizam em três etapas independentes, como podemos ver em Serrano (2016):

- Ideação: envolve a formulação de um objetivo com base na compreensão do que é possível fazer no ambiente. Nessa fase, a criança utiliza suas capacidades cognitivas para planejar suas ações.

- Planejamento motor: a criança elabora estratégias para realizar o objetivo, resolvendo problemas e levando em consideração a informação sensorial do seu corpo. Essa fase é altamente dependente da percepção sensorial, pois a criança precisa ter consciência do seu corpo e das ações necessárias para alcançar o objetivo desejado.
- Execução: a criança realiza efetivamente as ações planejadas. Para executar com sucesso uma atividade, são necessárias habilidades motoras, coordenação e planejamento motor, mas também a capacidade de idear e conceber a ação.

É por meio desse processo integrado que a criança é capaz de se engajar em atividades significativas e alcançar seus objetivos no ambiente. Mas a autora informa que é muito comum problemas de ideação, o que acaba impactando todas as outras etapas da ação. Para ela a ideação é frequentemente associada ao conhecimento que a criança tem de seu próprio corpo (SERRANO, 2016).

> A criança que tem poucas ideias sobre o que fazer com um brinquedo ou objeto tem dificuldade com a imitação, formação de conceitos, iniciação, o que por sua vez compromete o desenvolvimento cognitivo. O processamento sensorial pobre tem um impacto adverso na formação dos conceitos. Os conceitos são ferramentas do pensamento que dependem, em grande parte, da informação sensorial (SERRANO, 2016, p. 51).

A práxis permite que a criança explore o mundo, desenvolva habilidades motoras, resolva problemas e adquira autonomia e competência nas atividades do dia a dia. É por meio dela que ela aprende a se adaptar e se relacionar de forma eficaz com o ambiente, promovendo seu desenvolvimento cognitivo, motor e social (SERRANO, 2016).

A partir do exposto até aqui, percebemos que a integração sensorial e o funcionamento único do sistema nervoso de cada criança desempenham um papel relevante no estudo das diferenças individuais. Cada indivíduo possui um perfil sensorial único, o que significa que cada um de nós pode apresentar diferenças significativas em como percebemos, processamos e respondemos a estímulos sensoriais.

Essas diferenças individuais podem afetar diversos aspectos do desenvolvimento e do comportamento da criança, como habilidades motoras, atenção, regulação emocional e interação social. Por exemplo, uma criança pode ter uma maior reatividade a certos estímulos sensoriais, o que pode levá-la a evitar ou reagir intensamente a determinados sons, toques ou texturas. Outra criança pode apresentar uma procura por estímulos sensoriais, buscando constantemente experiências sensoriais intensas (GREENSPAN; WIEDER, 2006a, 2006b).

> Crianças e adolescentes têm maneiras únicas e neurologicamente determinadas de receber, gerenciar e interagir com os estímulos que vêm do mundo ao seu redor. Eles têm maneiras únicas de processar sensações, ou seja, adaptando-se e dando sentido à visão; som; toque; gosto; gravidade; informações da pele, articulações e membros; posicionamento corporal; movimento; temperatura; e emoções. Eles também têm capacidades ou desafios únicos na habilidade de planejar e realizar ações e ideias, ou planejamento e sequenciamento motor. Diferenças semelhantes na integração visuoespacial, entrada e saída de linguagem, equilíbrio, coordenação, memória, compreensão e funcionamento executivo afetam como a criança interage com o ambiente (DAVIS; ISAACSON; HARWELL, 2014, s/p., tradução nossa)[78].

Nesse sentido, DIR/*Floortime* se destaca das outras abordagens terapêuticas por sua ênfase no perfil único de cada indivíduo e em como esse perfil neurobiológico influencia suas forças e desafios no desenvolvimento. Ao invés de aplicar um modelo de intervenção padronizado, o DIR/*Floortime* nos encoraja a considerar cuidadosamente as características individuais de cada pessoa e a adaptar o ambiente e as interações relacionais de acordo com suas necessidades específicas.

Esse modelo de intervenção reconhece que cada criança possui um padrão de pontos fortes e desafiadores neurobiológicos, o que significa que elas podem ter habilidades e desafios distintos em áreas como regulação

---

[78] "*Children and teens have unique, neurologically determined ways of taking in, managing, and interacting with the stimuli coming from the world around them. They have unique ways of processing sensations, meaning adapting to and making sense of sight; sound; touch; taste; gravity; information from skin, joints, and limbs; body positioning; motion; temperature; and emotions. They also have unique capacities or challenges in the ability to plan and carry out actions and ideas, or motor planning and sequencing. Similar differences in visual-spatial integration, language input and output, balance, coordination, memory, comprehension, and executive functioning affect how the child interacts with the environment*" (DAVIS; ISAACSON; HARWELL, 2014, s/p).

emocional, processamento sensorial, comunicação e interação social. O DIR/*Floortime* nos convida a mergulhar na compreensão dessas características individuais, observando atentamente como a criança responde aos estímulos e interage com o ambiente ao seu redor (DAVIS; ISAACSON; HARWELL, 2014).

Com base nessa compreensão individualizada, podemos ajustar o ambiente e as interações relacionais para melhor atender às necessidades do indivíduo. Isso pode envolver a criação de um ambiente sensorialmente adequado, com estímulos adaptados às preferências e às tolerâncias da criança, bem como o estabelecimento de interações relacionais significativas que promovam o engajamento, a comunicação e o desenvolvimento das habilidades sociais (DAVIS; ISAACSON; HARWELL, 2014).

Portanto, o modelo DIR/*Floortime* destaca-se por sua abordagem centrada na pessoa, que valoriza a individualidade e busca promover o desenvolvimento ideal ao considerar e trabalhar com o perfil único de cada sujeito. Greenspan e Wieder asseveram ainda que "As crianças geralmente são mais felizes, menos estressadas e progridem mais quando envolvidas em interações e atividades adequadas ao seu desenvolvimento" (GREENSPAN; WIEDER, 2006a, p. 257, tradução nossa)[79].

Brazelton e Greenspan (2000) destacam que entender a criança a partir do estudo de suas diferenças individuais tem o potencial de mudar drasticamente a maneira como pensamos sobre as crianças e famílias, não apenas no contexto clínico, mas também escolar e nos demais espaços sociais.

Cada criança precisa vivenciar uma ampla gama de emoções a partir de experiências afetivas e significativas, mas ela deve ser atraída por meio de sua própria janela de diferenças individuais (GREENSPAN; WIEDER, 2006a, p. 359).

Todas as crianças são únicas, com uma combinação única de características, talentos, habilidades e traços de personalidade. Ao explorar as diferenças individuais de uma criança, é essencial reconhecer a diversidade e a singularidade de cada ser humano em desenvolvimento.

As diferenças individuais de uma criança podem abranger uma ampla variedade de aspectos, incluindo características físicas, características cognitivas, habilidades sociais e emocionais, preferências e interesses.

---

[79] "*Children generally are happier, less stressed, and make more progress when involved in developmentally appropriate interactions and activities*" (GREENSPAN; WIEDER, 2006a, p. 257).

Cada criança traz consigo um conjunto único de experiências, influências familiares, interações sociais e contexto cultural, que molda sua identidade e contribui para sua singularidade (BRAZELTON; GREENSPAN, 2000).

Ao considerar as diferenças individuais de uma criança, é fundamental adotar uma abordagem transdisciplinar, reconhecendo e valorizando a diversidade em todas as suas formas. Isso implica em compreender que cada criança tem suas próprias forças e desafios, suas próprias formas de aprender e se expressar, e suas próprias necessidades e aspirações.

À medida que exploramos as diferenças individuais de uma criança, é importante adotar uma perspectiva inclusiva e livre de preconceitos. Cada criança merece respeito, aceitação e apoio em seu desenvolvimento único, independentemente de suas diferenças. Ao compreender e celebrar as diferenças individuais, podemos criar um ambiente que promova a inclusão, a equidade e o desenvolvimento pleno de todas as crianças.

3.5 CARACTERIZANDO O "R" DE RELACIONAMENTO

O "R" no modelo DIR/*Floortime* se refere aos relacionamentos afetivos da criança, principalmente com os seus cuidadores primários, mas também com os demais membros da família e a cultura mais ampla na qual ela está inserida. Greenspan e Wieder destacam consistentemente o papel central do relacionamento no modelo DIR/*Floortime*. Eles enfatizam que o desenvolvimento infantil ocorre de forma ideal por meio de interações significativas e afetivas com os cuidadores e terapeutas. Essas interações são consideradas essenciais para promover a regulação emocional, o engajamento social e o desenvolvimento cognitivo da criança (GREENSPAN; WIEDER, 2006a).

Uma expressiva importância das relações se deve ao fato de que compreendemos a nós mesmos enquanto sujeitos por meio das relações pessoais com outros sujeitos. Para se ter uma concepção adequada sobre determinado objeto ou sujeito de conhecimento, é indispensável que se estabeleça quais relações possíveis existem ou não entre nós e ele (HAMLYN, 1974 *apud* HOBSON, 1993). As relações recíprocas baseadas em sentimentos são *sine qua non* para determinar que somos pessoas e não coisas, e que devemos nos relacionar como pessoas e não como coisas. Essa concepção é fortemente defendida nos trabalhos de Paulo

Freire sobre educação, e também amplamente abordada em trabalhos de pesquisadores desenvolvimentistas como Hobson (1993).

Esse último cita um exemplo de um jovem autista com habilidades cognitivas impressionantes, porém com padrões incomuns nos aspectos da interação social, prejudicando o contato afetivo interpessoal. Esse jovem não compreendia o que significava a palavra "amigo", e se esforçava em buscar compreender perguntando repetidamente: "Você é um amigo?", "Ele é um amigo?". Apesar dos esforços de terceiros para ajudá-lo, ele não conseguia formular esse conceito.

Hobson tece algumas provocações, e confesso que elas me atravessam de um modo bastante singular, afinal, por que esse jovem não acessa o conceito de amigo? O autor (HOBSON, 1993, p. 229, tradução nossa) responde que

> [...] o conceito de amigo não pode ser definido por características que possam ser "observadas" por alguém que está de fora e apenas observa o comportamento. Este paciente autista não participou com outras pessoas de uma "forma de vida" (Wittgenstein, 1958) em que ele poderia experimentar os tipos de relacionamento e relacionamento interpessoal que constituem a amizade[80].

O exemplo mencionado alude acerca da estimada importância que os relacionamentos exercem sobre o desenvolvimento humano. É muito provável, como continua Hobson, que muitos de nós aprendemos o conceito de "amigo" porque já reunimos desde cedo experiências, vivências e trocas afetivas com pares e outras pessoas que nos levaram a reconhecer essa palavra por meio da experiência afetiva, e não por meio de uma lista de características comportamentais que determinaram uma ideia única do conceito de amigo.

O relacionamento da criança com os cuidadores e familiares é basilar, uma vez que eles são responsáveis pelas primeiras experiências de vida com as quais o bebê irá se desenvolver. Por essa razão, os relacionamentos devem oferecer à criança um ambiente seguro e amoroso, em que ela possa se sentir compreendida, aceita e valorizada. Os cuidadores e familiares

---

[80] "[...] *the concept of friend cannot be defined by features that may be 'observed' by one who stands outside and merely watches behavior. This autistic patient did not participate with others in a 'form of life' (Wittgenstein, 1958) in which he could experience the kinds of interpersonal relatedness and relationship that constitute friendship*" (HOBSON, 1993, p. 229).

desempenham um papel indispensável na promoção do engajamento social, fornecendo apoio emocional e oportunidades de interação significativa (GREENSPAN; WIEDER, 2006b).

Os autores reconhecem a importância de considerar o contexto social e cultural no qual a criança se desenvolve, pois isso influencia diretamente em suas experiências e interações. Os relacionamentos estáveis, protetores e de apoio são basilares, a sensação de segurança e estabilidade é imprescindível, mas eles reconhecem que a extrema pobreza e os estados crônicos de medo têm ameaçado esse princípio básico, tal como relacionamentos abusivos, negligentes e fragmentados (GREENSPAN; WIEDER, 2006a).

Eles ainda defendem que um programa abrangente é coordenado a serviços sociais que possam dar suporte e apoio às famílias cujos desafios contribuem para a dificuldade de desenvolvimento da criança, como a falta de recursos básicos, comida, abrigo acessível, falta de assistência psicológica, ou que um ou ambos os pais apresentam padrões desadaptativos de interação (GREENSPAN; WIEDER, 2006b).

A cultura influencia as crenças, os valores, as práticas e as expectativas que moldam o desenvolvimento da criança. Compreender e respeitar a cultura da criança é essencial para fornecer um ambiente inclusivo e adaptado às suas necessidades individuais. Para os autores,

> [...] quase todo o aprendizado humano ocorre em relacionamentos, seja na sala de aula, em casa ou na clínica. [...] os relacionamentos devem promover calor, intimidade e prazer. Os aspectos regulatórios dos relacionamentos (por exemplo, proteção da criança de super ou subestimulação) ajudam a criança a manter o prazer na intimidade e um estado seguro, alerta e atento que permite novas aprendizagens e desenvolvimento ocorra (GREENSPAN; WIEDER, 2006a, p. 257, tradução nossa)[81].

O relacionamento afetivo com o bebê começa desde a sua gestação. "A mãe fica sintonizada com os padrões de movimento do feto e com as respostas a sons e outros estímulos, e começa a fantasiar sobre seu novo

---

[81] "[...] almost all human learning occurs in relationships, whether in the classroom, home, or clinic. [...] relationships must foster warmth, intimacy, and pleasure. The regulatory aspects of relationships (for example, protection of the child from over- or understimulation) help the child maintain pleasure in intimacy and a secure, alert, attentive state that allows new learning and development to occur" (GREENSPAN; WIEDER, 2006a, p. 257).

bebê. Seu relacionamento emocional já começou" (GREENSPAN; WIEDER, 2006a, p. 15, tradução nossa)[82].

Esse relacionamento emocional precoce entre a mãe e o bebê é um aspecto fundamental do vínculo afetivo que se desenvolve desde o início. A mãe experimenta uma série de emoções, como amor, proteção, expectativa e ansiedade, à medida que se prepara para a chegada do bebê. Essas emoções ajudam a fortalecer o vínculo emocional e a criar uma base para o desenvolvimento saudável do relacionamento entre mãe e filho.

Por meio da sintonia emocional e da conexão que se desenvolvem durante a gravidez, a mãe começa a estabelecer uma base para a interação e o cuidado que serão fundamentais nos primeiros anos de vida do bebê. Essa conexão emocional precoce cria um ambiente propício para o desenvolvimento do apego seguro, essencial para o bem-estar emocional e social da criança ao longo da vida (GREENSPAN; WIEDER, 2006b). Os autores ainda asseveram que

> Não podemos mais ensinar crianças à moda antiga, especialmente crianças com atrasos graves no desenvolvimento e problemas de saúde mental. Devemos trabalhar as relações: além da relação entre terapeuta ou professor e criança, devemos abordar os padrões de relacionamento da família, porque é dentro da família, bem como na comunidade mais ampla e no contexto cultural que ocorrem os relacionamentos e as interações emocionais da criança. A intervenção para bebês e crianças com problemas de saúde mental e necessidades especiais deve envolver uma ampla abordagem baseada em relacionamento, família e comunidade (GREENSPAN; WIEDER, 2006b, s/p., tradução nossa)[83].

A interação afetiva desempenha um papel fundamental no auxílio ao crescimento e ao desenvolvimento da criança, tanto em termos funcionais quanto emocionais. Ao estabelecer uma relação afetiva sólida e segura

---

[82] "*The mother becomes attuned to the fetus's movement patterns and responses to sound and other stimuli, and she begins to fantasize about her new baby. Their emotional relationship has already begun*" (GREENSPAIN; WIEDER, 2006a, p. 15).

[83] "*We cannot teach children in the old-fashioned ways anymore, particularly children with severe developmental delays and mental health problems. We must work on relationships: beyond the relationship between therapist or teacher and child, we must address the family's relationship patterns, because it is within the family as well as the larger community and cultural context that the child's relationships and emotional interactions occur. Intervention for infants and children with mental health problems and special needs must involve a broad relationship-, family-, and community based approach*" (GREENSPAN; WIEDER, 2006b, s/p).

com a criança, os cuidadores podem fornecer um ambiente propício para seu desenvolvimento integral.

Nesse tipo de interação afetiva, as diferenças individuais da criança são consideradas, validadas e respeitadas. Cada criança é única, com suas próprias habilidades, interesses e desafios. Ao reconhecer e valorizar essas diferenças, os cuidadores podem adaptar suas abordagens e estratégias de apoio para atender às necessidades específicas de cada criança (GREENSPAN; WIEDER, 2006a).

A partir dessa relação afetiva, as crianças se sentem seguras, amadas e compreendidas. Isso lhes permite explorar e experimentar o mundo ao seu redor, adquirir habilidades sociais e emocionais, desenvolver sua autonomia e autoestima, e superar desafios que possam surgir ao longo do caminho.

Hobson (1993) aponta que as crianças se comunicam com as pessoas a partir de três elementos: suas intenções, seus sentimentos e se envolvendo em ações recíprocas. Ele assevera ainda que é implícito ou até mesmo ignorado que formas específicas da comunicação interpessoal podem contribuir significativamente para o processo de constituição de conceitos de pessoas por parte das crianças.

O autor sugere que a comunicação recíproca é dotada de elementos específicos que proporcionam às crianças não apenas informações sobre as características físicas das pessoas, mas também sobre suas experiências subjetivas e habilidades de comunicação. Por exemplo, ao participar de uma conversa com um adulto, uma criança não apenas aprende sobre o conteúdo da conversa, mas também sobre como as pessoas expressam seus pensamentos, sentimentos e intenções por meio da linguagem verbal e não verbal. Essas interações ajudam as crianças a construir um conceito mais completo e sofisticado de pessoas como seres que têm experiências internas, pensamentos, desejos e a capacidade de se comunicar e interagir com os outros.

Aqui reside a importância de se explorar, por exemplo, estratégias *Floortime* como *Affect* e *High Affect* (nos aprofundaremos logo mais sobre esses conceitos). Quando alguém compartilha um estado emocional intenso com outra pessoa, seja alegria, tristeza, raiva ou entusiasmo, isso pode criar uma ponte emocional que promove a empatia e a compreensão mútua. É como se as emoções intensas abrissem uma porta para uma compreensão mais profunda e uma comunicação mais autêntica entre as pessoas.

Os relacionamentos emocionalmente seguros são a porta de entrada da criança para o seu interesse pelo mundo. O relacionamento não é um processo isolado e puramente técnico, mas uma conexão afetiva que envolve componentes complexos e subjetivos, como a sintonização afetiva, a coordenação mental-física, os domínios sociais, a qualidade de presença, a nossa expressividade, dentre outros elementos.

Para Hobson, referenciando o trabalho de Buber, somos naturalmente atraídos pela presença corporal e pelo comportamento dos outros. Essa atração, ou o que Buber nomeia como "chamado", é uma resposta às propensões à ação e ao sentimento que nos impulsionam a nos conectar com os outros seres humanos, denominado pelo referido autor (2017) como relação Eu-Tu.

Quando nos envolvemos em uma relação Eu-Tu, estamos verdadeiramente presentes no encontro com o outro. Não estamos simplesmente interagindo com uma ideia, conceito sobre a pessoa ou um diagnóstico, mas sim com a totalidade de sua existência. Nesse tipo de relação, reconhecemos a individualidade e a singularidade do outro, e somos reconhecidos da mesma maneira. A relação Eu-Tu é caracterizada pela autenticidade, pela reciprocidade e pela conexão emocional profunda (BUBER, 2017).

Essa forma de envolvimento é a fonte original de nossas atitudes em relação às pessoas porque é onde experimentamos uma verdadeira comunicação e uma compreensão mútua. É nesse espaço de encontro que somos capazes de expressar nossa humanidade de maneira plena e genuína. Portanto, para Buber (2017), a relação Eu-Tu é fundamental para o desenvolvimento saudável das relações interpessoais e para uma existência significativa e satisfatória.

As relações afetivas e emocionalmente significativas nos apresentam formas de vida e perspectivas de mundo, e assim, eu, enquanto pessoa, forjo meu eu e também o meu estar no mundo. A maneira como percebo o mundo, me relaciono com o mundo e como o mundo se relaciona comigo só é possível em uma condição de interação afetiva com o outro.

A interação afetiva cria um ambiente propício para o desenvolvimento de habilidades socioemocionais, como a empatia, a capacidade de se relacionar com os outros, a regulação emocional e a resolução de conflitos. Diferentemente de abordagens comportamentais que tendem a se dedicar em resultados educacionais avaliados a partir de testes estruturados, com ênfase no desempenho e mudanças nos comportamentos de superfície, abordagens desenvolvimentistas baseadas no relacionamento concentram-se mais nos relacionamentos emocionalmente significativos e saudáveis, no quanto este poderá ajudar no desenvolvimento de habilidades sociais e no quanto, a partir desses, a criança poderá fazer o uso significativo e espontâneo da linguagem e da comunicação (GREENSPAN; WIEDER, 2006a).

Leal (2018) traz uma reflexão acerca do uso do termo relacionamento/relação por Greenspan e Wieder, chamando a atenção para o fato de outros autores preferirem empregar o termo interação. A hipótese do autor está no reconhecimento dos criadores do modelo das variáveis emocionais e afetivas no processo de desenvolvimento, elementos fundamentais para o modelo.

Para Leal, o modelo DIR reconhece que, assim como qualquer indivíduo, as crianças autistas ou de outros grupos da neurodiversidade têm sua vida emocional própria, suas opiniões, crenças, desejos e sentimentos, e que seus comportamentos são dotados de intencionalidade e movidos pelas suas motivações. Trata-se de uma pessoa. Não obstante, a rede de apoio dessas crianças também possui sua vida emocional, suas crenças e história, seus contextos socioemocionais (LEAL, 2018). A resultante da interação entre a criança e seus cuidadores, são os padrões de relacionamento, de visão de mundo e outros aspectos que farão parte da formação desse sujeito em desenvolvimento.

> A criança traz de nascença características de cada relacionamento; cuidadores e outros em seu ambiente trazem seus padrões culturais e dinâmicas familiares, incluindo suas próprias histórias individuais. Esses fatores se combinam para produzir as interações que irão, ao longo do tempo, resultar no domínio relativo da criança ou não do que rotulamos de capacidades funcionais do desenvolvimento emocional (GREENSPAN; WIEDER, 2006b, p. 9, tradução nossa)[84].

---

[84] "*The child brings inborn characteristics to each relationship; caregivers and others in her environment bring their cultural patterns and family dynamics, including their own individual histories. These factors combine to produce the interactions that will, over time, result in the child's relative mastery or nonmastery of what we have labeled the functional emotional developmental capacities*" (GREENSPAN; WIEDER, 2006b, p. 9).

É a qualidade do relacionamento regular disponível para a criança que irá determinar como ela irá progredir em cada estágio das capacidades do desenvolvimento. Em um programa abrangente de desenvolvimento, os relacionamentos devem se desenvolver com os mesmos princípios e objetivos, conforme a capacidade do desenvolvimento em que criança se encontra, e considerar suas diferenças individuais, porque esses fatores serão determinantes para que o relacionamento seja de fato seguro, saudável e significativo.

Davis, Isaacson e Harwell (2014) compartilham que o aspecto mais preponderante no modelo DIR/*Floortime* no que tange ao R, é o fato de que os adultos exercitam a autorreflexão acerca de suas tendências, padrões e inclinações nos relacionamentos. Os autores ainda afirmam que pesquisas extensas sobre transmissão intergeracional da segurança do apego apontaram que a autorreflexão e a autoconsciência dos cuidadores são fundamentais na promoção da sintonia e regulação afetiva, auxiliando as crianças a compreenderem as suas próprias mentes e as mentes das outras pessoas.

Esse aspecto do relacionamento, embora seja fundamental para o progresso no desenvolvimento, também representa um grande desafio para os cuidadores. É por isso que as sessões baseadas nesse modelo são frequentemente conduzidas em conjunto com um membro da família, especialmente no início do processo terapêutico. Isso ocorre porque a maneira como a família se relaciona com a criança fora do ambiente terapêutico, no dia a dia, tem um impacto significativo no progresso da criança.

A participação da família nas sessões permite que os cuidadores compreendam e aprendam as estratégias terapêuticas, ao passo em que também a capacita interagir com seus filhos de maneira consistente e afetiva em casa e em outros espaços, promovendo uma continuidade no apoio ao desenvolvimento da criança. A colaboração entre terapeutas e cuidadores amplia os benefícios do programa terapêutico e garante que as habilidades aprendidas, temas abordados ou conteúdos vivenciados durante as sessões sejam experimentados em outros espaços de atuação da criança.

É importante mencionar que o R do modelo também inclui o relacionamento saudável entre a equipe terapêutica e os familiares e/ou cuidadores. Este um aspecto fundamental do processo terapêutico, pois influencia diretamente o desenvolvimento e o bem-estar da criança. Essa relação é caracterizada pela colaboração, compreensão e empatia mútuas.

Quando os familiares se sentem incluídos e valorizados no processo terapêutico, eles se tornam parceiros ativos no cuidado e no suporte à criança. Isso é especialmente importante porque os familiares têm um conhecimento profundo do contexto e das necessidades da criança em sua vida diária, o conhecimento íntimo.

O terapeuta também desempenha um outro papel fundamental ao trabalhar sob a perspectiva do DIR/*Floortime*: orientar os familiares sobre os desafios enfrentados pela criança e sobre as estratégias terapêuticas que podem ajudar no seu desenvolvimento. Ao fornecer orientação e apoio, ele capacita os familiares para lidarem com situações difíceis e a promover um ambiente positivo e acolhedor para a criança.

É essencial que o terapeuta respeite e valorize a diversidade das famílias, reconhecendo suas diferentes estruturas, composições, crenças culturais e valores. Isso contribui para a construção de uma relação de confiança e respeito mútuos, onde eles se sintam compreendidos e apoiados em suas preocupações e necessidades.

Por fim, um relacionamento positivo entre terapeuta e familiares reflete em um desenvolvimento saudável da criança. Quando todos trabalham juntos em colaboração e com um objetivo comum, o potencial da criança para crescer, aprender e alcançar o melhor de si mesma é possibilitado pelas vias do afeto.

3.6 CARACTERIZANDO O *FLOORTIME*

Floortime em sua tradução literal quer dizer "tempo de chão". Frequentemente o modelo DIR/*Floortime* é reconhecido ou referido como abordagem *Floortime*, mas os criadores do modelo sublinham que, na verdade, se trata da estratégica básica do modelo DIR (GREENSPAN; WIEDER, 2006a). Para os autores, o *Floortime* é a pedra angular da abordagem DIR, correspondendo a um termo guarda-chuva que abarca um conjunto de princípios que orientam o trabalho do modelo (GREENSPAN; WIEDER, 2006a).

Além de se sustentar enquanto técnica, indicando cerca de 20 a 30 minutos diários para o "tempo de chão" com a criança, o *Floortime* se qualifica também como uma filosofia geral que caracteriza, norteia e fundamenta as interações diárias com a criança (GREENSPAN; WIEDER, 2006a).

O *Floortime*, do ponto de vista técnico, envolve um momento de brincadeira ou conversa livre, não estruturada ou semiestruturada, em que o adulto se coloca na mesma sintonia da criança. Nesse processo, o adulto busca se aproximar o máximo possível dos interesses e ritmos da criança, respondendo de maneira a apoiar e expandir qualquer tema que ela pareça estar interessada.

É um momento de interação em que o adulto se torna um parceiro ativo, seguindo o exemplo da criança e buscando promover um ambiente de apoio e estimulação para o seu desenvolvimento. "O coração do *Floortime* é o calor e o carinho que você está transmitindo ao seu filho, para que ele queira brincar com você, em vez de se refugiar em seu próprio mundo" (GREENSPAN; WIEDER, 2006a, p. 171, tradução nossa)[85]. O *Floortime* valoriza a espontaneidade e a liderança da criança, enquanto o adulto desempenha um papel de facilitador e encorajador (GREENSPAN; WIEDER, 2006b).

Ele tem a importante tônica de envolver a criança em interações que possam mobilizá-la a evoluir nas capacidades do desenvolvimento, respeitando suas diferenças individuais e envolvida em relacionamentos confiantes e calorosos nas quais a atenção, interação e comunicação sejam compartilhadas, respeitando a liderança da criança (GREENSPAN; WIEDER, 2006a, 2006b).

Para Davis, Isaacson e Harwell (2014, s/p., tradução nossa), "Os adultos no *Floortime* sintonizam, envolvem, respondem, expandem, fingem, desafiam e refletem. Crianças e adolescentes regulam, conectam, retribuem, comunicam, criam, pensam e se autorrefletem"[86].

Dessa forma, podemos compreender que no *Floortime*, adultos e crianças operam papéis diferentes e complementares na interação. Os adultos precisam "sintonizar" para se conectar, ou seja, responder aos sinais e às emoções da criança de maneira interessada; precisam se "envolver", tornando o momento mais interativo, e, dessa forma, auxiliar a criança a também se conectar emocionalmente com outras pessoas;

---

[85] "*The heart of Floortime is the warmth and nurturing that you're conveying to your child so he will want to play with you rather than retreat into his own world*" (GREENSPAN; WIEDER, 2006a, p. 171).

[86] "*Adults in Floortime attune, engage, respond, expand, pretend, challenge, and reflect. Children and teens in Floortime regulate, connect, reciprocate, communicate, create, think, and self-reflect*" (DAVIS; ISAACSON; HARWELL, 2014, s/p.).

precisam "responder", validando as iniciações e experiências da criança, assim, ela se sentirá mais segura para iniciar suas interações com outras crianças; precisam "expandir" para ajudá-la a subir na escada do desenvolvimento, mas sem deixar de respeitar suas necessidades únicas, isso poderá ajudar a criança a querer negociar e se comunicar cada vez mais; precisam "fingir" adentrando no mundo imaginativo da criança, participando verdadeiramente de seu jogo simbólico, a incentivando a imaginar e a criar novas ideias; precisam "desafiar" a fim de promover de forma positiva e respeitosa a resolução de problemas, desenvolvendo, assim, o pensamento lógico e emocional; por fim, os adultos precisam "refletir" com a criança, criando oportunidades emocionais únicas para que ela também aprenda a pensar sobre os outros, sobre si mesma e a refletir sobre si mesma em relação ao mundo.

As crianças, por outro lado, também desempenham papéis ativos nessa troca afetiva e relacional com os adultos. A criança "regula" suas emoções e respostas quando sintonizada com o adulto; ela se "conecta" compartilhando suas experiências na interação; ela "retribui" o envolvimento do adulto com sua própria maneira de se expressar; ela "comunica" seus desejos, necessidades e afetos de maneira confiante; com a mesma confiança, ela "cria" explorando seu universo interior, seus sentimentos, emoções e imaginação; ela "pensa" de maneira lógica e também emocional, produzindo cada vez mais cadeias complexas e profundas de pensamento; por fim, a criança se "autorreflete", em busca de compreender suas próprias experiências e emoções na troca com o adulto.

Em suma, o *Floortime* promove a dança da relação articulada ao desenvolvimento funcional e emocional, respeitando a individualidade e o perfil sensório-afetivo-motor único de cada sujeito. Os papéis dos agentes da relação — adulto e criança — são dinâmicos e interativos, caracterizando-se como elementos basilares. Essa dança integrada contribui substancialmente para que o modelo DIR/*Floortime* seja reconhecido como uma abordagem abrangente, integral e afetiva.

O *Floortime* enquanto técnica se orienta a partir de dois objetivos principais, o primeiro, mais amplamente conhecido, é seguir a liderança ou o exemplo[87] da criança. Na contramão da história da educação, citam os autores, em que a criança "nunca seria socializada se seguíssemos seu

---

[87] Comumente o termo "exemplo" aparece na literatura, mas também corresponde à ideia de "liderança" da criança.

exemplo", o *Floortime* defende que os interesses da criança são a janela de acesso à sua vida emocional e intelectual. No *Floortime* nos ajuntamos a ela em seu próprio mundo (GREENSPAN; WIEDER, 2006a).

O segundo objetivo é consequência do primeiro. Trata-se de trazer a criança para um mundo compartilhado. "No entanto, não queremos puxá-la para chutar e gritar. Queremos que ela queira estar no mundo conosco" (GREENSPAN; WIEDER, 2006a, p. 179, tradução nossa)[88]. Se a criança gostar de estar conosco, temos um elo de desenvolvimento forjado, a partir do qual iremos ajudá-la a dominar habilidades básicas de relacionamento, comunicação e pensamento.

Mas, além desses dois objetivos, existe outro, o objetivo geral do modelo DIR/*Floortime* após trazer a criança para o mundo compartilhado e trilhar com ela o caminho do desenvolvimento: "é ajudá-las a se tornarem indivíduos empáticos, criativos, lógicos e reflexivos" (GREENSPAN; WIEDER, 2006a, p. 179, tradução nossa)[89].

> No *Floortime*, seguimos a liderança da criança para entrar em seu mundo emocional e, em seguida, criamos uma série de oportunidades e desafios para ajudá-la a alcançar níveis mais altos de relacionamento, comunicação e pensamento. Enquanto desafiamos as crianças a conquistar novos marcos, estamos sempre tentando fortalecer e ampliar suas habilidades atuais. Se eles podem ser um pouco intencionais, queremos que sejam mais intencionais. Se eles podem abrir e fechar três ou quatro círculos de comunicação, queremos aumentar para oito, e depois para dez, e continuar até chegarmos a mais de cinquenta. Se eles têm algumas palavras, queremos expandir isso em conversas (GREENSPAN; WIEDER, 2006a, p. 180)[90].

---

[88] "*However, we don't want to pull her in kicking and screaming. We want her to want to be in the world with us*" (GREENSPAN; WIEDER, 2006a, p. 179).

[89] "*[...] is to help them become empathetic, creative, logical, reflective individuals*" (GREENSPAN; WIEDER, 2006a, p. 179).

[90] "*In Floortime, we follow the child's lead to enter his emotional world, then create a series of opportunities and challenges to help him move up to higher levels of relating, communicating, and thinking. While challenging children to master new milestones, we are always trying to strengthen and broaden their current abilities. If they can be a little purposeful, we want them to be more purposeful. If they can open and close three or four circles of communication, we want to increase that to eight, and then to ten, and on until we get to more than fifty. If they have a few words, we want to stretch these into conversations*" (GREENSPAN; WIEDER, 2006a, p. 180).

Os autores do modelo DIR desenvolveram uma série de estratégias *Floortime* que se alinham com as técnicas necessárias para alcançar os objetivos mencionados anteriormente. Essas estratégias foram projetadas para promover a interação afetiva e a participação ativa com a criança, levando em consideração suas diferenças individuais, necessidades específicas e capacidades do desenvolvimento. O uso dessas estratégias visa fortalecer o relacionamento entre o cuidador e a criança, estimular o desenvolvimento funcional e emocional, além de apoiar o crescimento nas áreas cognitivas, sociais e comunicativas.

3.6.1 *Affect* e *High Affect*

Antes de abordarmos o *affect* (afeto) como uma estratégia *Floortime*, que é sem dúvida a mais relevante e presente em nossa prática clínica, é fundamental reconhecer que, mais que uma técnica, o afeto se trata de um elemento estruturante da vida social, das capacidades cognitivas, do desenvolvimento da linguagem, da construção do senso do "eu", das formas mais básicas às mais complexas do pensamento. O *affect* emerge dos entrelaces das interações entre as pessoas e o mundo para se construir a percepção de pessoas e de mundo.

Vimos que afeto, em Greenspan e Wieder, é entendido como emoções e sentimentos que as crianças experimentam desde muito pequenas, além de também ser visto como a força motivadora que influencia as interações humanas e engendra os desejos e a intencionalidade. O afeto é o elemento mobilizador da relação entre eu-outro-mundo.

Se existe uma função determinante do *affect* no processo de desenvolvimento humano, ela é tornar as interações "[...] uma experiência de 'nós', e não apenas uma experiência de 'eu'" (STERN, 2009, p. 14, tradução nossa)[91], isso porque o *affect* tem como objetivo envolver a criança em um relacionamento rico em trocas com o outro, onde haja comunicação e interação por meio da exploração de gestos corporais, expressões faciais e uso da voz imprimindo tons e sons afetivos que a conquistem afetivamente.

Greenspan defende em muitas de suas pesquisas o autismo como um transtorno da conectividade, cujo sintoma central seria o desafio para os indivíduos autistas conectarem afeto ou intenção às capacidades de

---

[91] "[...] *a 'we' experience, not only a 'me' experience*" (STERN, 2009, p. 14).

planejamento motor, sequenciamento e símbolos emergentes, o que ele nomeou como Hipótese da Diátese Afetiva (GREENSPAN, 2001).

A criança usaria o afeto para expressar ou demonstrar intencionalidade ou direção para suas ações e também atribuir significados às suas palavras, no entanto, seu perfil sensório-afetivo-motor pode tornar essa conexão desafiadora, sutil ou inexistente, levando a uma perda de envolvimento e de interação recíproca, de maneira que ela tenda a voltar-se para si mesma, tornar-se mais autoabsorvida. Então, o que era um *deficit* primário, pode se tornar um sintoma complexo e impactante para a aprendizagem, o processamento sensorial, e para as habilidades sociais e intelectuais (GREENSPAN, 2001).

Os afetos, quando combinados a um plano de ação, fornecem à criança uma estrutura para criar padrões significativos de interações sociais e resolução de problemas. Essa conexão entre afeto e ações planejadas é basilar para o desenvolvimento de padrões complexos e interativos de resolução de problemas. Planos de ação desprovidos de significado afetivo tendem a se tornar repetitivos e autoestimulatórios, o que é observado quando há uma deficiência nessa habilidade central.

O *affect* apresenta como tarefa emocional complexa estimular a troca espontânea de sinais afetivos imbricados de intencionalidade em uma cadeia contínua de reciprocidade. Não se trata de forçar ou conduzir uma interação, ou a lógica de uma relação emocionalmente significativa se perde e a intencionalidade deixa de ser validada. Desejamos, em uma interação envolvente, que a criança integre seus aspectos sensoriais, afetivos, motores e simbólicos em direção a uma intencionalidade, e que o *affect* sustente e expanda essa conexão afetiva.

Nesse sentido, podemos compreender o *affect* como um elemento integrador de nossas funções mentais, nosso sistema sensorial, perfil motor e de linguagem. Quando consideramos o *affect* como um elemento integrador, estamos reconhecendo sua influência na forma como percebemos, pensamos, nos relacionamos e construímos significados do/com o mundo ao nosso redor.

Talvez vocês tenham notado que ora utilizo o termo "afeto", ora *affect*. Isso se dá pelo modo natural como organizei minhas percepções acerca do conceito internamente. Durante as formações que conduzo sobre "*Affect* e interações envolventes no DIR/*Floortime*", costumo mencionar que Greenspan e Wieder conferem um estatuto ao afeto diferente do que eu conhecia anteriormente, atribuindo-lhe características expressivas, articuladas às diferenças individuais da criança em um contexto terapêutico e relacional, estruturando-o enquanto técnica, denominada *"affect"* e *"high affect"*, com seus enquadres, configurações e operações.

Gostaria, então, de propor uma diferenciação em conformidade como esses termos operam para mim: "afeto" enquanto conceito geral, *"affect"* enquanto técnica expressiva ou estratégias *Floortime*. É importante sublinhar que as pesquisas não trazem essa distinção, e que se trata apenas de um modo particular como posiciono os conceitos internamente. Por isso, estamos abordando sucintamente alguns fundamentos do "afeto" que dão sustentação ao *"affect"* enquanto uma técnica ou estratégia *Floortime* no campo da prática clínica.

Enquanto o afeto abrange uma gama de emoções e sentimentos que desempenham um papel fundamental no desenvolvimento emocional, social e cognitivo, a técnica de *affect* no contexto do *Floortime* se concentra em como essas emoções são expressas, ajustadas ao perfil único de cada indivíduo e utilizadas durante interações terapêuticas.

O afeto, como conceito, está relacionado às experiências emocionais de um indivíduo, à maneira como ele manifesta sua intencionalidade e desejo e como vivencia as trocas recíprocas com seus cuidadores principais. Por outro lado, o *affect* como técnica dentro do *Floortime* enfatiza a importância de engajar-se emocionalmente com a criança durante a terapia, seguindo sua liderança, seus interesses particulares, respeitando suas diferenças individuais, estimulando sua intencionalidade e validando suas iniciativas, além de responder de maneira sensível e empática às suas expressões emocionais.

Desde quando entrei em contato com o DIR/*Floortime* e com os termos *"affect"* e *"high affect"*, me gerava brilho nos olhos a ideia de que eu estava me inserindo em um modelo que agregava princípios da expressividade em suas estratégias. Minha formação em Artes Cênicas me leva a explorar esses conceitos de maneira bastante envolvente e até mesmo particular, costurando muitas conexões com a Pedagogia Teatral, aspecto que abordo em minhas formações sobre o modelo, de caráter vivencial baseadas em práticas cênicas.

A ideia de abordar o afeto enquanto conceito amplo e *affect* enquanto técnica, é de auxiliar os profissionais, familiares e educadores a compreenderem o lugar de sustentação onde o afeto está enraizado, e os lugares onde o *affect* pode auxiliar a criança a chegar. Isso permite uma compreensão mais específica de como as emoções influenciam o desenvolvimento e como podem ser utilizadas de forma terapêutica para promover uma evolução emocional saudável. Essa diferenciação entre o conceito e a técnica destaca a importância do afeto no processo terapêutico, além de destacar como ele pode ser aplicado de maneira prática no cotidiano clínico.

O *affect* é uma estratégia aparentemente simples que se utiliza do corpo para promover a conexão afetiva com a criança. No entanto, utilizar nosso corpo a fim de que sejamos interessantes e envolventes perpassa por muitos atravessamentos internos inerentes ao nosso eu, nossas singularidades, história, afetos e outros elementos de nossa subjetividade.

O *affect* ou o *high affect* não se trata apenas de realizar uma ação corporal ou vocal isolada ou desprovida de sentido, ou de afeto, mas uma ação que carece do que chamamos nas artes cênicas de "qualidade de presença". Quando estamos presentes, podemos ser apenas um indivíduo fisicamente presente, mas a qualidade de presença se remete ao aspecto qualitativo da minha presença.

A qualidade da minha presença no exercício do *affect* é um processo bastante consciente de presença. Estar no aqui-agora em uma relação prazerosa que deseja conexão, reciprocidade e expansão da interação (R), procurando ajustar-se a como a criança reage (I), permanecer atento para não perder o fio da conexão e ainda a auxiliá-la a alcançar cada vez mais habilidades das capacidades do desenvolvimento (D), são alguns dos processos internos que acontecem ininterruptamente em uma iteração permeada de *affect*.

Costumo trazer para as discussões a respeito do *affect* alguns elementos da Pedagogia Teatral de Eugênio Barba. Ele defendia uma qualidade corporal na qual eu não decido, eu já estou decidido, seria o "corpo decidido", pronto para a ação. Uma qualidade de presença que se alcança com exercícios de pré-expressividade, que seriam responsáveis pela alteração de energia do corpo para uma qualidade extracotidiana de energia, cujo efeito seria captar a atenção do expectador antes mesmo de o ator enunciar uma só palavra[92].

Não é minha pretensão, neste momento, me debruçar ou esgotar essa temática, mas certamente esse é um dos fios condutores de minhas pesquisas futuras. O que quero dizer é que o *affect* é um estado distinto

---

[92] Ver mais em: ARAUJO, A. M. L. Ênfase em corpo II: Texto enquanto pulsão. **Blog Intrateatro**, Vila Velha, 4 set. 2016. Disponível em: https://intrateatro.blogspot.com/2016/09/enfase-em-corpo-ii-texto-enquanto--pulsao.html. Acesso em: 18 jun. 2023.

de presença, é uma presença extracotidiana, que se distancia da nossa atuação comum do dia a dia.

Sustentando essa ideia, Greenspan (2001) afirma que pode ser mais desafiador lembrar ou compreender frases verbais quando são apresentadas em um tom monótono, em comparação com um ritmo mais afetivo. Não obstante, Hobson (1993) aponta diversos estudos que demonstram a responsividade de bebês ainda muito pequenos a vozes emocionalmente expressivas, e a existência precoce de capacidades percepto-afetivas, sugerindo assim que, mesmo crianças muito pequenas apresentam capacidades responsivas perceptivo-afetivas a alguns sinais expressivos. Ainda que não possam fazer discriminações ou elaborações mais complexas, elas podem reagir e também coordenar-se ao afeto expressado pela outra pessoa.

Visto que, como apontam os estudos, os bebês geralmente nascem biologicamente capazes de responder às interações afetivas desde muito pequenos, é de fundamental importância destacar que essas interações devem ser ajustadas ao perfil único de cada criança. Por isso é necessário, nos primeiros contatos com a criança e com sua família, perceber e procurar saber sobre suas diferenças individuais. Greenspan (2001) informa que bebês hipersensíveis nos sistemas visual e auditivo, por exemplo, vão precisar de um ajuste diferente nos estímulos, com características mais calmantes, e isso será fundamental para que a criança se interesse pelo mundo exterior. Crianças que reagem insuficientemente aos estímulos, consideradas hiporreativas em alguns sistemas, poderão exigir um alto afeto, ou *high affect*.

O *affect* se refere às expressões emocionais e afetivas de uma pessoa, incluindo suas reações e respostas emocionais diante de diferentes estímulos e interações. Ele engloba uma ampla gama de emoções, como alegria, tristeza, raiva, medo e surpresa.

O *high affect* é descrito como um estado emocional intenso e expressivo. É caracterizado por uma resposta emocional positiva e vigorosa, como entusiasmo, excitação ou prazer intenso. Quando uma pessoa está experimentando um *high affect*, ela está altamente envolvida emocionalmente e demonstra um alto nível de energia e expressividade.

O *affect*, que abrange uma ampla gama de emoções, e o *high affect*, que representa um estado emocional intenso e expressivo, são elementos essenciais no processo de desenvolvimento da criança no DIR/*Floortime*. Ao reconhecer e responder adequadamente às expressões emocionais da criança, os pais/cuidadores, terapeutas, educadores podem estabelecer uma conexão emocional significativa, promover um ambiente seguro e acolhedor para o desenvolvimento saudável da criança.

Por exemplo, uma criança que demonstra sinais de desconforto diante de estímulos intensos pode se beneficiar de interações suaves e tranquilizadoras, que ajudam a regular suas emoções e reduzir seu estado de alerta. Por outro lado, uma criança que parece desconectada ou apática pode se beneficiar de estímulos mais vigorosos e expressivos, que despertam sua atenção e envolvimento com o ambiente e as pessoas ao seu redor.

Por fim, o afeto pode ser compreendido como uma dimensão fundamental da existência humana e da realidade em geral, como uma experiência primordial que permeia todas as formas de ser e de interação no mundo. Ontologicamente falando, ele não é apenas uma resposta emocional a estímulos externos, mas sim uma qualidade intrínseca da nossa própria existência, uma expressão da nossa conexão com o mundo e com os outros.

Em outras palavras, o afeto não é apenas algo que sentimos; é uma parte fundamental do que somos. Ele permeia nossas experiências mais básicas e profundas, moldando nossa percepção, pensamento e comportamento. Desde os primeiros momentos da vida, somos envolvidos por afetos que nos guiam e influenciam em nossas interações com o mundo.

Pensar sobre afeto me convida a repensar sobre nossa relação com o mundo e com os outros. Ao reconhecer a intrínseca interconexão entre afeto e existência, somos levados a uma maior apreciação da complexidade e da riqueza da vida humana. O afeto nos lembra que somos seres emocionais, interdependentes e em constante interação com nosso ambiente e com os outros seres humanos. Se a interação afetiva é responsável até mesmo pela construção de nossa identidade, se não afeto, o que nos definiria?

3.6.2 Seguindo o exemplo da criança

O cuidador, familiar e/ou terapeuta deve ficar no nível da criança (lembre-se do "tempo no chão"), atento a ela, brincando "olho no olho" em pé de igualdade, querendo genuinamente estar ali ao ponto de encorajá-la a querer continuar nas trocas afetivas que acontecem durante a interação. A ideia é interagir nos termos da criança, isto é, ela dá o tom emocional da brincadeira, o trabalho do adulto é segui-lo. O cuidador pode fazer caretas, estar muito animado, explorar gestos e muitas expressões faciais. Isso também pode acontecer em outros momentos, como na hora de trocar a fralda, conversar à mesa na hora do jantar (GREENSPAN; WIEDER, 2006b).

Seguir o exemplo da criança ou suas dicas e pistas é um momento privilegiado para que ela vivencie uma ampla gama de emoções e explore sua expressividade. Cada vez que suas pistas verbais e não verbais obtiverem uma resposta positiva, a criança se sentirá encorajada a se expressar cada vez mais e com mais recursos próprios.

É muito importante que os adultos também fiquem atentos e procurem ajustar seu *affect* às necessidades que a criança demonstra no momento da interação. Esse também é um aspecto da sintonização que falamos anteriormente. Autoperceber-se é um contínuo exercício nas interações *Floortime*. Muitas vezes é necessário diminuir nosso próprio ritmo, silenciar muitos pensamentos e bloquear certas distrações que podem distanciar a criança de nós, é preciso ancorar o corpo e despertar um estado de presença afetivo que trará a criança para a dança da relação.

3.6.3 Seguindo os interesses naturais da criança

Um dos aspectos que diferencia o modelo DIR/*Floortime* das demais abordagens é o princípio de validar e seguir os interesses e paixões naturais da criança (DAVIS; ISAACSON; HARWELL, 2014). A incorporação de afetos e emoções como facilitadores naturais dos processos neurológicos destaca-se como uma estratégia integradora, a partir da qual se reconhece o papel central das emoções no desenvolvimento humano.

Ao utilizar os interesses e paixões que evocam sentimentos positivos, é possível promover a integração cerebral. Aproveitar a motivação inata de uma criança ou adolescente não apenas possibilitará uma interação mais envolvente, mas também enriquecerá significativamente o envolvimento (DAVIS; ISAACSON; HARWELL, 2014).

Partindo do pressuposto de que cada sujeito é único, as estratégias também devem ser adaptadas a suas paixões e interesses específicos, tornando o processo de desenvolvimento mais significativo e dotado de mais sentido para a criança, uma vez que se considera seu contexto, seus gostos e preferências sem negligenciar seu perfil único.

As interações tornam-se mais envolventes através de jogos e brincadeiras que incorporam os interesses naturais da criança, mantendo sua motivação e engajamento. Essas atividades podem ser adaptadas para incluir personagens ou temas favoritos da criança, e os interesses são incorporados também em atividades diárias, tornando-as mais atraentes e participativas.

Essa estratégia envolve primeiramente a observação cuidadosa para compreender o que a criança gosta e quais são suas paixões, seja em brinquedos, atividades, temas ou comportamentos específicos. Em vez de direcionar a criança para atividades planejadas pelos adultos, o terapeuta valida e responde positivamente aos interesses da criança, demonstrando respeito e compreensão pelo que ela considera interessante. Seguir os interesses naturais da criança é uma estratégia central no modelo DIR/*Floortime*.

3.6.4 Abrindo e Fechando Círculos de Comunicação

Uma vez que a criança se sente feliz e satisfeita em um relacionamento afetivo em que sua liderança é seguida e seus interesses são validados, ela se sente inspirada a também construir sobre as sugestões que surgem do adulto. Um exemplo disso é quando durante uma interação o adulto pega um fantoche e de maneira lúdica diz: "Nossa, isso aí parece legal. Posso fazer também?", um círculo de comunicação acaba de ser aberto. A criança, por sua vez, confiante e feliz com seu cuidador, pode aceitar ou recusar o convite, mas ainda assim, o terá feito construindo a partir da ideia que lhe foi colocada, fechando, assim, o círculo de comunicação. A ideia dessa estratégia é sintonizar-se ao parceiro e desenvolver respostas de uma maneira interativa cheia de vaivéns, estes que podem ser simples como "Não!" ou "Shhh!" (DAVIS; ISAACSON; HARWELL, 2014).

Precisamos ser responsivos procurando responder a todas as formas possíveis de comunicação da criança, como sinais emocionais, aspectos verbais e não verbais da experiência. Os relacionamentos são aspecto primordial para o desenvolvimento integral dos sujeitos, pois é no contexto relacional que apreendemos o mundo e seus códigos, símbolos, sinais, aspectos culturais, cognitivos, sociais, crenças e todos os elementos que nos levam a construir o sujeito que somos.

O processo de abrir e fechar círculos de comunicação também ajuda a criança a desenvolver uma compreensão mais profunda da reciprocidade na comunicação. Ela aprende que suas ações têm impacto e que as respostas dos outros são importantes. Isso é fundamental para o desenvolvimento de habilidades sociais, como a capacidade de tomar turnos, entender as perspectivas dos outros e construir relações baseadas em confiança e respeito mútuo.

Cada gesto quer comunicar algo, portanto, cada ação é uma forma de comunicação. Nós adultos precisamos nos esforçar para tentar compreender o que a criança quer expressar, mas não como uma tentativa vazia de afeto, mas rica em curiosidade e jogos de tentativa e erro.

Ao sintonizar-se com a criança e responder de maneira interativa e envolvente, os adultos ajudam a criança a desenvolver suas habilidades de comunicação e a compreender melhor tudo que a rodeia. Ao invés de mudar de assunto porque não compreendemos o que a criança está tentando comunicar, podemos estimular um fluxo contínuo de comunicação, mantendo a ideia da criança e validando sua forma de dizer o mundo.

3.6.5 Criando um ambiente de jogo afetivamente apropriado

Uma estratégia eficaz para facilitar a capacidade da criança de estabelecer e manter círculos de comunicação é fornecer um ambiente de brincadeiras com uma variedade de materiais adequados aos seus interesses, como bonecas, figuras de ação, carros e blocos. Esses objetos oferecem oportunidades de interação e permitem que a criança explore diferentes contextos e narrativas durante o jogo. Ao disponibilizar esses materiais, estamos criando um ambiente estimulante que encoraja a expressão criativa, a imaginação e a interação social, proporcionando à criança a oportunidade de se envolver ativamente na comunicação e no compartilhamento de experiências.

Mas é fundamental compreender que o parceiro ou parceira de jogo também pode se tornar uma extensão dos brinquedos de interesse da criança, assim, ao empurrar um carrinho, o parceiro faz "vrum!", dessa forma, o parceiro "não estará competindo com os brinquedos pela atenção da criança, mas sim estará usando-os para promover a interação criativa com a criança" (GREENSPAN; WIEDER, 2006b, p. 345, tradução nossa)[93].

---

[93] "[...] will not be competing with the toys for the child's attention but instead will be using them to promote creative interaction with the child" (GREENSPAN; WIEDER, 2006b, p. 345).

Algumas crianças poderão interagir melhor com brinquedos selecionados ou específicos, mas outras vão preferir explorar muitos brinquedos enquanto interagem com o parceiro, este que o ajudará a criar novos dramas, explorar contextos imaginativos e ideias com as mais variadas temáticas (GREENSPAN; WIEDER, 2006b).

Um ambiente potencializador oferece desafios adequados ao estágio de desenvolvimento da criança, estimulando-a a explorar e expandir suas habilidades. Isso pode incluir desafios cognitivos, como enigmas simples, ou desafios motores, como empilhar blocos. Esse ambiente encoraja a criança a aprender enquanto brinca, sem pressão ou cobrança, promovendo seu crescimento e desenvolvimento de forma natural.

A afetividade no ambiente de brincadeiras forja um espaço seguro e emocionalmente acolhedor. Nós, terapeutas, educadores ou cuidadores, devemos nos envolver de forma calorosa e atenciosa, demonstrando apoio e interesse genuíno nas experiências da criança. Isso cria um ambiente de confiança e conexão, permitindo que ela se sinta confortável para explorar, se expressar e interagir socialmente. O ambiente deve ser potencializador e afetivo!

3.6.6 Criando um ambiente de jogo adaptado

Um ambiente de jogo apropriado também deve ser capaz de acolher as diferenças individuais das crianças e seu perfil sensório-afetivo-motor único. A criação de um ambiente de jogo apropriado transcende a mera disposição de brinquedos e atividades. É fundamental que esse cenário seja capaz de acolher e integrar as diferentes características individuais de cada criança.

Cada criança é única, apresentando uma combinação distinta de habilidades sensoriais, características afetivas e padrões motores. Portanto, um ambiente terapêutico eficaz deve ser concebido como um espaço flexível e adaptável, capaz de se moldar às especificidades de cada criança. A adaptabilidade é a chave para criar um *setting* terapêutico que seja verdadeiramente inclusivo e propício ao desenvolvimento individual.

Além disso, a adaptação também se estende às atividades propostas no ambiente terapêutico. Crianças podem ter preferências distintas em termos de jogos e brincadeiras, e é importante que o ambiente ofereça uma variedade de opções. Isso permite que o terapeuta explore diferentes estratégias de intervenção e também capacita a criança a participar ativamente do processo terapêutico, promovendo seu engajamento e motivação.

Um exemplo prático de adaptação sensorial seria o investimento em iluminação regulável, materiais com texturas diversas e opções de brinquedos que envolvam diferentes modalidades sensoriais, como táteis, visuais e sonoras. Além disso, a flexibilidade no arranjo físico do espaço também é fundamental, possibilitando a reorganização de acordo com as necessidades específicas de cada criança em um determinado momento.

Um ambiente terapêutico eficaz e afetivo deve ser pensado como um espaço dinâmico e adaptável, capaz de acolher as nuances individuais de cada criança. Ao incorporar recursos sensoriais diversificados e oferecer atividades flexíveis, criamos um cenário propício para o desenvolvimento integral, respeitando e celebrando as diferenças que tornam cada criança única. Essa estratégia tem um forte impacto nos resultados terapêuticos, além de promover um ambiente inclusivo e enriquecedor para a aprendizagem e a evolução na escada do desenvolvimento.

3.6.7 Ampliando os círculos de comunicação

Com a presença regular dos momentos *Floortime*, abre-se a possibilidade de expandir os círculos de comunicação e ampliar a duração das interações lúdicas. Isto é, criar cadeias cada vez mais complexas e mais longas de comunicação bidirecional e recíproca (GREENSPAN; WIEDER, 2006b). Cada situação apresenta um grande potencial para expandir os círculos.

Ao invés de entregar todas as respostas prontas, podemos levantar questões, podemos fragmentar uma curta ação e estender o tempo, podemos fazer interações obstrutivas, se colocando entre a criança e seu objeto de interesse, incentivando pelos tons emocionais (*affect* e *high affect*) a produzir respostas.

Oferecer perguntas em vez de respostas prontas representa uma estratégia interessante no contexto do desenvolvimento infantil, e vou explicar o porquê. Ao invés de simplesmente fornecer soluções, criar um espaço para questionamento estimula a reflexão e promove a autonomia cognitiva da criança. Essa prática encoraja o pensamento crítico e também amadurece as habilidades de resolução de problemas.

Ao levantar questões durante uma atividade, como, por exemplo, durante um momento de jogo, os terapeutas, educadores e cuidadores podem despertar a atenção da criança para diferentes aspectos da situação. Dessa maneira, auxiliamos a criança a adicionar novos elementos ao que ela está percebendo, além de enriquecer e diversificar a maneira como ela percebe ou compreende, ajudando na articulação de pensamentos e sentimentos.

Outra estratégia interessante é a fragmentação de uma ação, estendendo o tempo dedicado a cada parte do processo. Por exemplo, ao invés de simplesmente entregar um brinquedo pronto para a criança, podemos dividir o processo em etapas, incentivar que ela adivinhe qual será o brinquedo, quais as características do brinquedo, onde o brinquedo poderá estar escondido. Depois, podemos brincar de chamar o brinquedo, ou então se esconder do brinquedo para que ele "apareça". É importante que essas ações sejam imbricadas de *affect* e que fiquemos atentos para que seja prazeroso para a criança fazer isso. Dessa forma, poderemos incentivá-la a resolver cada parte antes de passar para a próxima, fortalecendo a capacidade de resolução de problemas e também promovendo habilidades de paciência e persistência.

As interações obstrutivas, quando utilizadas de maneira sensível, também podem ser uma ferramenta poderosa para ampliar os círculos de comunicação. Os tons emocionais desempenham um papel vital nesse processo, transmitindo entusiasmo e apoio para motivar a criança a persistir nessas etapas e manter-se engajada com a ideia de brincar com o determinado brinquedo. Antes de brincar com o brinquedo, ela terá brincado bastante conosco, em uma relação envolvente e afetiva.

A prática de estender o tempo em determinadas atividades permite que a criança explore mais profundamente. Em um cenário de pintura, por exemplo, em vez de limitar o tempo disponível, permitir que a criança dedique um período mais longo à atividade pode resultar em descobertas mais significativas e na expressão mais elaborada de emoções e pensamentos. Em momentos de autoexpressão, como pinturas, não aconselho interromper a criança em seu processo criativo a fim de garantir uma troca. Sugiro respeitar seu silêncio e mostrar-se disponível com ela. Em algum momento ela terá o prazer de mostrar sua obra de arte à pessoa que a apoiou e deu todo suporte para que ela realizasse sua criação. Um bom caminho é você, enquanto terapeuta, educador ou cuidador, também pintar sua própria obra de arte e ao final fazer comparações, descrevendo cores, formas, qualidades dos desenhos, provocando algumas perguntas e expandindo para outros contextos.

Ao adotar uma abordagem centrada na criança, que envolve fazer perguntas, fragmentar ações, criar interações obstrutivas e estender o tempo dedicado a atividades, os adultos fornecem um ambiente enriquecedor que promove o desenvolvimento integral. Essas estratégias fortalecem as habilidades cognitivas, emocionais e sociais, além de cultivarem a curiosidade, o amor pela aprendizagem e o prazer pelo desenvolvimento, fundamentais para o crescimento saudável.

3.6.8 Ampliando a gama de emoções expressas pela criança nas interações

O parceiro ou a parceira deve ficar atento às possibilidades iminentes de se inserir uma grande reviravolta ou um novo enredo a partir do interesse que a criança está explorando na interação, dessa forma, a criança poderá se envolver em uma ampla gama de situações emocionais que podem explorar temáticas até mesmo difíceis de elaborar no dia a dia, como a raiva, a agressividade, também a iniciativa, os limites, o prazer e excitação, dentre outros. Temas envolvendo conceitos de certo e errado são bem-vindos, e a ideia é de que a criança desenvolva uma compreensão cada vez mais crescente de palavras, conceitos matemáticos, temas emocionais etc. (GREENSPAN; WIEDER, 2006b).

Essa prática permite que a criança explore uma variedade de situações emocionais, incluindo aquelas que podem ser desafiadoras de abordar. Ao inserir elementos que despertam emoções proporcionamos à criança um espaço seguro para explorar e compreender diferentes facetas de seu eu. Por meio dessas experiências, a criança pode aprender a lidar com sentimentos intensos, desenvolvendo habilidades de autorregulação emocional.

Temas que envolvem conceitos de certo e errado oferecem à criança a oportunidade de explorar noções éticas e morais, promovendo uma compreensão mais profunda de valores fundamentais. Além disso, ao incorporar conceitos matemáticos e vocabulário diversificado, as interações contribuem para o desenvolvimento cognitivo, expandindo o repertório e conceitos da criança.

Ao criar situações imaginárias e desafios emocionais, proporcionamos um terreno fértil para que a criança explore, experimente e internalize importantes aspectos do mundo ao seu redor. Ao oferecer suporte e orientação sensível, os adultos envolvidos nas interações podem facilitar o desenvolvimento de habilidades essenciais para a vida, como empatia, resolução de conflitos e tomada de decisões.

Envolver-se ativa e afetivamente nas interações com a criança é essencial para a construção de um repertório emocional e habilidades sociais sólidos. Essas experiências alimentam a imaginação e a criatividade e também fornecem as ferramentas necessárias para enfrentar as complexidades emocionais e intelectuais que surgem ao longo do desenvolvimento.

3.6.9 Ampliando a capacidade de usar o corpo e os sentidos enquanto processa informações

À medida que a criança e o parceiro interagem usando sons, palavras, visões, toques e movimentos, é importante que ele faça um esforço consciente para apelar a todos os sentidos da criança e envolver todo o seu corpo ao mesmo tempo, tornando a vivência mais integral e enriquecedora do ponto de vista sensório-afetivo-motor.

Durante a interação, é essencial oferecer estímulos auditivos atraentes de maneira a explorar diferentes entonações, sonoridades, variações de andamento e timbres, utilizar linguagem verbal e não verbal, a expressividade, proporcionar estímulos visuais interessantes e envolventes, como objetos coloridos e movimentos expansivos, envolver o sentido do tato por meio de experiências, e promover a participação ativa da criança em atividades corporais que estimulem o desenvolvimento motor.

Ao apelar para todos os sentidos e envolver o corpo da criança nesse processo conjunto, cria-se uma experiência sensorial completa e enriquecedora, fortalecendo a conexão e estimulando o desenvolvimento integral da criança (GREENSPAN; WIEDER, 2006b).

Os autores alertam para que se tome cuidado para que não se exija tanto em pouco tempo. Mesmo a diversão com aprendizado merece uma observação do estado emocional e de envolvimento que a criança está. Desde que ela demonstre estar presente, conectada, e externalize o "brilho nos olhos", é possível desenvolver cada vez mais e mais as capacidades enquanto brinca e sente prazer no relacionamento.

Estimular o uso de todo o corpo nas brincadeiras e interações impacta positivamente várias áreas de crescimento, incluindo o desenvolvimento motor, a resolução de problemas, a ampliação do repertório de brincadeiras e o repertório social. O desenvolvimento motor é a base para muitas outras habilidades e influencia diretamente a capacidade da criança de explorar e interagir com seu ambiente de maneira eficaz e sobretudo, intencional. Usar o corpo requer que a criança planeje, tome decisões e ajuste suas ações em resposta aos desafios encontrados nas interações.

Quando uma criança utiliza todo o corpo em suas iterações, ela descobre novas formas de brincar e interagir com os objetos, o ambiente e as pessoas. Essa variedade de experiências enriquece seu leque de possibilidades lúdicas, auxiliando nos aspectos da flexibilidade e da criatividade nas brincadeiras. A diversidade nas vivências brincantes mantém o interesse e o engajamento da criança e também a expõe a diferentes contextos e desafios, que a ajudam a expandir suas capacidades adaptativas e seu conhecimento sobre os objetos, o ambiente e as pessoas.

Não obstante, brincadeiras físicas representam um papel vital na vida das pessoas, uma vez que socializar tem a ver com se locomover e se expressar. Além disso, essas brincadeiras frequentemente envolvem cooperação, turnos e comunicação não verbal, aspectos essenciais para o desenvolvimento de habilidades sociais. Participar de jogos em grupo, como esconde-esconde, pega-pega ou brincadeiras de faz de conta, ensina à criança a importância de seguir regras, negociar e resolver conflitos. Essas interações fortalecem a compreensão das normas sociais e promovem empatia, respeito e colaboração. Através do movimento e da ação conjunta, as crianças aprendem a expressar emoções, ler pistas sociais e construir relações significativas com seus pares.

Ao engajar-se em brincadeiras que envolvem todo o corpo, a criança se diverte, mas também constrói uma base sólida para seu desenvolvimento físico, cognitivo, afetivo e social. Dessa forma, é possível manter um ambiente de desenvolvimento positivo, em que as capacidades da criança podem ser cultivadas enquanto ela se envolve na dança do relacionamento.

3.6.10 Jogando com a ludicidade

A ludicidade pode ser confundida como mera diversão, passatempo ou momentos superficiais de interação, no entanto, ela é dotada de diversos elementos fundamentais que não só auxiliam desenvolvimento, como também caracterizam a natureza da criança, como a imaginação, a criatividade e a espontaneidade.

O lúdico abrange os conceitos de brincadeira, jogo e brinquedo, resumidamente assim definidos por Dallabona e Mendes (2004, p. 108):

> Brincadeira basicamente se refere à ação de brincar, ao comportamento espontâneo que resulta de uma atividade não-estruturada; Jogo é compreendido como uma brincadeira que envolve regras; Brinquedo é utilizado para designar o sentido de objeto de brincar; já a Atividade Lúdica abrange, de forma mais ampla, os conceitos anteriores.

Davis, Isaacson e Harwel (2014, s/p., tradução nossa)[94] afirmam que "[...] devemos nos tornar fluentes no jogo", pois o jogo tem uma propriedade poderosa de conectar, motivar e engajar os indivíduos, tornando-os mais abertos ao aprendizado. Nos tornar fluentes no jogo evoca a necessidade de jamais nos esquecermos o que o *Floortime* estabelece como objetivo: adentrar no mundo da criança para conquistá-la para o mundo compartilhado.

Nos tornar fluentes no jogo requer reconhecer e validar que para a criança a brincadeira é a sua forma de vida. Como mencionam as autoras citadas, para a criança brincar é uma necessidade vital, é o meio pela qual ela mantém o equilíbrio com o mundo, pelo qual expressa, representa seu mundo interno, revive e compreende suas experiências, constrói, destrói, desorganiza, ordena e reflete o mundo. Para a criança, brincar é viver.

Nos tornar fluentes no jogo é compreender a criança como sujeito brincante, e não como um adulto em miniatura como historicamente já foi enxergada. Também é compreender o brinquedo como um meio importante através do qual ela vai desenvolver sua curiosidade, explorar sua linguagem, suas habilidades motoras, e também desenvolver sua afetividade, pois o brinquedo é importante objeto entre a relação da criança com o meio e com os as pessoas.

A brincadeira compartilhada estabelece o vínculo, amadurece o vínculo, fortalece o vínculo e pelo vínculo é que se expande a brincadeira, os desafios e se consegue saltar nos degraus do desenvolvimento com alegria, surpresa, motivação e envolvimento.

---

[94] "[...] *we must become fluent in play*" (DAVIS; ISAACSON; HARWELL, 2014, s/p.).

Jogar com a ludicidade é adotar uma postura afetiva, portanto, ao invés de ser exigente, seja atraente. Ao invés de ser diretivo, seja interativo. Ao invés de ser objetivo, seja expansivo. Ao invés de ser comedido, seja brincante. Ao invés de ser desinteressante, aprenda a ser envolvente. Mas acima de qualquer coisa, seja afetivo. O afeto construirá todas outras qualidades.

3.6.11 Fingindo de bobo (*Play Dumb*)

Para além da característica de divertir e entreter, brincar de fingir é uma potente ferramenta estimuladora da criatividade, da iniciação, do pensamento abstrato, da resolução de problemas e da compreensão emocional por parte da criança (DAVIS; ISAACSON; HARWELL, 2014).

Quando fingimos que não sabemos, motivamos a criança a se achar mais esperta do que ela pensava, a estimulando assim, a desempenhar seu importante papel de "sabe tudo". Ou então, ao fingir de bobo, abrem-se mais oportunidades e motivações para que a criança de fato queira ser a grande detetive e assim, crie hipóteses, procure por pistas, explore possíveis causas do problema, procure por ferramentas ou itens que possam a ajudar a, por exemplo, alcançar um "dinossauro em apuros".

Ao fingir, podemos imprimir uma diversidade de camadas emocionais, explorando o *high affect* para exprimir curiosidade ("O que será que tem nesta caixa?"), desespero ("Socorro, socorro! Quem poderá me ajudar?), medo ("Ai! Que medo. Vai você ou eu?"), surpresa ("Oh, meu Deus! Estava bem aqui!"), confiança ("Uhul! Você conseguiu, eu sabia que só você iria dar conta!"), empatia ("Oh, está tudo bem se não for dessa vez, mas se quiser tentar, eu vou te apoiar, você confia em mim?"), tristeza ("Poxa! Estou me sentindo triste porque não consegui encontrar"), alegria ("Parabéns!!! Conseguimos! Conseguimos! Conseguimos!"), dentre outros.

À medida que o jogo de faz de conta evolui para níveis mais complexos, ele possibilita a integração de ideias com sentimentos, proporcionando à criança uma compreensão mais sofisticada de si mesma e do mundo ao seu redor. Esse processo é essencial para o desenvolvimento da inteligência emocional, pois permite à criança explorar e compreender suas próprias emoções, assim como as emoções dos outros.

O brincar de fingir é uma atividade multifacetada que vai muito além da simples diversão. Ele é um indutor para o desenvolvimento integral, estimulando a mente, promovendo a expressão emocional e preparando as crianças para enfrentar desafios complexos ao longo de suas vidas. Portanto, reconhecer e apoiar a importância do faz de conta é fundamental para nutrir a criatividade e a capacidade de enfrentar os desafios do mundo.

3.6.12 Jogando com o corpo

A minha formação em Artes Cênicas me faz debruçar sobre a temática do corpo em um contexto de interação baseado no modelo DIR/*Floortime*, refletindo acerca de camadas mais aprofundadas e potentes deste que considero o principal recurso no processo de desenvolvimento de crianças e adolescentes.

O corpo é o veículo de qualidades de presença que podem ou não conectar a criança com você. Tenho enfatizado uma "qualidade de presença" específica em formações e discussões por meio do workshop "Jogos expressivos e *Affect*: interações envolventes no DIR/*Floortime*", ajudando a muitos profissionais, cuidadores e educadores a alcançarem uma qualidade corporal envolvente para suas interações, mediante vivências teóricas, práticas lúdicas e trocas em grupo. Defendo a ideia de que *affect* e *high affect* se aprende, e esses recursos fundamentais para o DIR/*Floortime* estão intimamente associados a uma qualidade de presença.

Em uma abordagem em que se estabelece a relação (R) como um de seus pilares na intervenção para pessoas neurodivergentes, terapeutas, educadores e cuidadores precisam alcançar um estado corporal afetivo e brincante, pois isso fará com que a criança se conecte e se engaje, afinal, nossas expressões devem levar a criança à sensação de prazer, acomodação e confiança para interagir.

A qualidade de presença deve conectar a criança respeitando suas diferenças individuais e suas capacidades do desenvolvimento. É importante sublinhar que o corpo brincante que procuro defender no contexto do DIR/*Floortime* não é aquele que se esforça ao extremo, que exagera, que desancora, que é o tempo todo expansivo, mas trata-se de um corpo que se ajusta à presença do outro para então regular seus níveis de *affect* e *high affect*.

Existem dois termos das Artes Cênicas que frequentemente associo a essa qualidade de presença (e que pretendo aprofundar em pesquisas futuras): O "corpo decidido", de Eugênio Barba, e o "corpo disponível", de

Sônia Azevedo. A interação é um acontecimento em que estamos expostos a uma série de imprevisibilidades, principalmente quando tratamos de uma abordagem em que a criança é o líder. Nesse aspecto, o corpo decidido diz respeito a um corpo que não vai ainda decidir o que vai fazer, ele já está decidido, pronto para a ação, quando toda a energia corporal, psíquica e emocional necessária para o acontecimento ou para a ação já está presentificada, impregnada no corpo.

Já o corpo disponível é um corpo permissivo aos atravessamentos da experiência, é um corpo responsivo a tudo que nos acontece. Como nos ensina Azevedo (2002), não é um corpo que se isola do fluxo dos acontecimentos ao redor de si, mas que se envolve com os estímulos advindos do ambiente, da relação interna e individual, mas também da relação com o grupo, com o outro. "O corpo disponível é aquele capaz das respostas espontâneas e novas que somente a ausência de preconceitos e defesas maiores contra o mundo podem assegurar" (AZEVEDO, 2002, p. 192). Para a autora, o contrário de corpo disponível é um corpo encouraçado, restrito por preconceitos, defesas emocionais ou barreiras psicológicas. Logo, podemos considerar que o trabalho corporal para se chegar a uma qualidade de presença no *Floortime* pode ser muito mais complexo do que se imagina.

Gostaria de importar uma reflexão acerca do corpo e do estado de presença que desenvolvi durante os estudos e pesquisas no teatro, que não só descreve "que corpo é este" que defendo na relação, mas suscita algumas provocações:

> [...] o corpo que não se enrijece, que se alimenta de materiais e procedimentos para criar formas, mas que também se dilui para desfazer as formas; um corpo que guarda registros, que se deixa levar pelas tessituras, que faz uso da memória corporal, que arrisca silhuetas incompreensíveis, que rasura a visualidade no cenário, que propõe a indiscernibilidade do desenho; um corpo que se abre às metamorfoses gente--gente, ator-personagem, animal-ator, personagem-animal; um corpo que se abre às identidades múltiplas, às multifaces, às multiformas; um corpo metamórfico, monstro, animalesco, mesmo que sua expressão seja um silêncio ruidoso no corpo, ao mesmo tempo em que grita por meio dele, sem se denunciar (ARAUJO, 2016, s/p.)[95].

---

[95] Disponível em: https://intrateatro.blogspot.com/search?q=corpo+dispon%C3%ADvel. Acesso em: 1 nov. 2023.

Gosto de pensar o corpo a partir das muitas perspectivas das Artes Cênicas porque elas imprimem um estado de inteireza. É de corpo inteiro e verdadeiramente interessado na vida dos sentimentos emergentes na relação que há conexão e desenvolvimento. Permitir-se no exercício de se deixar atravessar pelo que nos acontece é uma experiência de corpo presente. Precisamos ser responsivos, fluentes no jogo da interação e dinâmicos na dança do relacionamento.

3.6.13 Estimulando a iniciação por meio de problemas

Criar situações que demandam resolução de problemas pode tornar a interação muito divertida, cheia de trocas afetivas e comunicativas, em que a criança, pelo prazer de estar compartilhando com você, poderá se desafiar para resolver mistérios e desafios.

Nessa estratégia, é muito importante que nós, terapeutas, educadores ou cuidadores possamos dar o tempo necessário para que a criança pense nas possíveis soluções para um determinado problema e que consiga, de igual modo, iniciar suas ideias. Cada vez que ela se envolver em situações como essas, irá desenvolver habilidades cada vez mais robustas e o pensamento lógico para esse fim.

Dar ênfase na iniciação da criança, auxiliá-la e motivá-la poderá contribuir significativamente para suas interações com pares e com o mundo. A iniciação gera reciprocidade na interação, dessa forma, a criança conseguirá fazer novas amizades e construir relacionamentos significativos. A iniciação também auxilia a criança autista a expressar seus desejos, interesses e necessidades, pois facilita a comunicação. A iniciação ensina habilidades de autonomia, principalmente quando suas iniciações são validadas com respeito e afeto. A iniciação pode reduzir os riscos de isolamento social, pois a criança poderá realizar mais trocas afetivas nos ambientes que estiver. A iniciação desenvolve habilidades importantes para a vida adulta, pois facilitará sua participação em ambientes de trabalho e no convívio social.

Estimule a iniciação da criança sendo curioso, levantando perguntas com complexidade adequada ao perfil sensório-afetivo-motor, presumindo competências, não resolvendo o problema, mas estimulando e se fazendo presente. Estimule o levantamento de sugestões e hipóteses acerca dos problemas e finja não saber, abrindo cada vez mais o espaço para que ela encontre a solução.

3.6.14 Ampliando as ideias

A habilidade de elaborar ideias não apenas facilita a criatividade, mas também estimula a capacidade de expressão e comunicação das crianças. À medida que praticam a elaboração de pensamentos, desenvolvem uma linguagem mais rica e são capazes de articular suas ideias de maneira mais fluida. Ao ampliar ou expandir ideias junto à criança, estamos a ajudando a aprimorar seu pensamento lógico e abstrato, partindo de ideias simples para níveis mais complexos e aprofundados (DAVIS; ISAACSON; HARWELL, 2014).

As trocas interativas são oportunidades privilegiadas para que nós ajudemos as crianças a expandirem mais suas ideias. Nossa atuação é comparável à função de garimpagem, cujo elemento de valor que queremos extrair é a conexão e expansão do pensamento. Gosto de elaborar interconexões com o termo "garimpagem", porque a interação baseada no *Floortime* é cheia de melindres, especificidades e processos sutis que atuam ininterruptamente na relação. Não obstante, a garimpagem trata-se de uma procura atenta e meticulosa por algo valioso, e em uma interação há muitos elementos reluzentes que desejamos encontrar em cada etapa do desenvolvimento.

Davis, Isaacson e Harwel (2014) nos dão excelentes exemplos de como podemos enriquecer as ideias da criança: apoiar e estender, mas respeitar sua liderança; emprestar nosso entusiasmo a fim de que ela amplie seu pensamento; propor problemas durante a interação para que ela os resolva; adicionar complexidade, reviravoltas e drama ao jogo; e jogar uma "chave-inglesa" nas conversas. Este último é uma sugestão peculiar, mas se trata de uma metáfora que significa introduzir um elemento inesperado, muitas vezes disruptivo ou complicador, em uma conversa ou situação. É como se alguém estivesse adicionando uma variável desconhecida ou inusitada que pode alterar o curso da discussão ou tornar as coisas mais complicadas.

Essa expressão é frequentemente usada para descrever a introdução de uma informação, ideia ou evento que muda o rumo da conversa, muitas vezes de maneira imprevista. Em contextos informais, pode ser usada para expressar surpresa ou desaprovação quando alguém traz algo inesperado para a discussão.

3.6.15 Se romper o fio da relação, use a reparação

É possível — e pode ser muito comum — que o fio da relação se rompa durante a interação, mas podemos recorrer à estratégia de reparação para buscar reativar o interesse da criança, trazê-la de volta para o mundo compartilhado e reestabelecer a sintonia.

Podemos refletir: o que envolveu a criança no início da interação? Ou, o que pode despertar novamente o interesse dela? Após isso, reduzir os estímulos do ambiente pode contribuir para o reestabelecimento da conexão. A criança também pode precisar de tempo e mais espaço para processar os estímulos das experiências, seus pensamentos e emoções, então, precisamos respeitar suas necessidades, sem pressioná-la a interagir e sem tentar integrá-la sem perceber sinais favoráveis a isso. É preciso validar as emoções da criança, mostrar empatia e compreensão para que ela reconquiste a confiança da relação e assim tentar reconectar aos poucos e de maneira suave. Gradualmente e de forma respeitosa, podemos inserir elementos de interesse mútuo e retomar a brincadeira.

A estratégia de reparação requer acolhimento para promover, de novo, o envolvimento. Trata-se, também, de uma oportunidade para demonstrarmos sensibilidade frente às necessidades da criança, fortalecendo uma relação de confiança, segurança e respeito.

3.6.16 Observe, Espere e Pondere (*Watch, Wait and Wonder*)

"*Watch, Wait and Wonder*" é uma abordagem terapêutica que usa como ponto de partida a espontaneidade da criança para orientar o processo terapêutico, incentivando os pais a produzirem respostas a partir dos sinais que ela produz ou emite. A abordagem dos 3 W's defende que essa terapêutica traz benefícios significativos para as crianças incluindo o desenvolvimento de confiança na relação e a capacidade de regular suas respostas emocionais. Para os pais, terapeutas e cuidadores, a abordagem os auxilia a descobrirem uma nova maneira de se envolverem com as crianças a partir de suas próprias dinâmicas pessoais, e visa, sobretudo, "[...] evitar uma repetição da transmissão intergeracional de padrões de apego inseguros" (COHEN et al., 2006, p. 1, tradução nossa)[96].

---

[96] "[...] *prevent a repetition of intergenerational transmission of insecure attachment patterns*" (COHEN et al., 2006, p. 1).

A tradução literal da expressão *"Watch, Wait and Wonder"* pode evocar várias interpretações, especialmente em relação ao último termo (*Wonder*), podendo ser entendida como "Observe, espere e pergunte-se" ou "Observe, espere e imagine". Porém, no Brasil, a expressão mais comum é "Observe, Espere e Pondere", e é nessa perspectiva que iremos, suscintamente, nos debruçar aqui.

Primeiramente se faz importante reconhecer que a prática dos 3 W's abrange todas as maneiras de compreensão mencionadas anteriormente. Levamos em conta que "ponderar" significa refletir cuidadosamente sobre algo, considerando diferentes aspectos antes de tomar uma decisão, conclusão ou, no contexto terapêutico, antes de realizar uma ação. Semelhantemente, "imaginar" pode se referir a um processo de visualização mental de algo que não está presente, criando representações mentais ou concebendo possibilidades de uma ação no contexto terapêutico. Não obstante, "perguntar-se" envolve fazer questionamentos internos, buscar respostas ou insights através da reflexão e da autoindagação.

Portanto, "ponderar" envolve analisar cuidadosamente os aspectos de uma situação, "imaginar" está relacionado à criação de novas ideias ou cenários, enquanto "perguntar-se" está ligado a buscar compreensão ou insights pessoais. Todos esses processos podem contribuir para um entendimento mais completo e afetivo no contexto terapêutico do *Floortime*.

A utilização do "Observe, Espere e Pondere" nesse contexto pode ser uma excelente estratégia para compreender o que as crianças sentem ou desejam e para validar sua intencionalidade, uma vez que algumas delas ainda não desenvolveram todas as capacidades necessárias que dão suporte, principalmente, à comunicação social ou então possuem desafios sensório-afetivo-motores e de linguagem para tal.

É comum os adultos se perguntarem em que momento utilizar os 3 W's, ou então de que maneira essa estratégia deve ser utilizada. Mas a pergunta ideal deveria ser "para quem", uma vez que esse recurso pode trazer excelentes respostas às crianças que ainda não desenvolveram de forma robusta as três primeiras capacidades (autorregulação, engajamento e comunicação recíproca), por exemplo.

Uma criança cujo perfil ainda está em desenvolvimento nessas capacidades poderá ter uma qualidade de atenção reduzida, apresentando comportamentos de pouco interesse, pouco tempo de espera, pouco envolvimento e trocas com o outro. Os três W's auxiliam o mediador a compreender essa criança, observar seus interesses principais, manter uma postura disponível e não ameaçadora para que a criança se sinta à vontade e confortável para explorar o ambiente e quem sabe trocar com ele, iniciando uma interação.

Observando seus interesses, suas ações e validando sua intencionalidade, o mediador tem a oportunidade de acessar o mundo emocional da criança e começar a construir a partir do que ela propõe. Antes de o mediador começar a agir, é importante que ele se certifique de que observou o suficiente, esperou o necessário e assim, levantou informações relevantes para considerar em sua ponderação, como por exemplo, as diferenças individuais e as capacidades do desenvolvimento em que a criança se encontra.

Os três W's nos orientam a seguir sua liderança e ficar atento aos seus sinais espontâneos, construindo, assim, uma relação de intimidade e confiança, o que será fator *sine qua non* para o ciclo de desenvolvimento que está sendo impactado pelos desafios biológicos, emocionais e sociais.

Inspirado em um trabalho[97] que encontrei durante minhas pesquisas, proponho no quadro a seguir uma caracterização do "Observe, Espere e Pondere", não como uma proposta de esgotamento do tema, nem tampouco de simplificação, mas como um outra alternativa para visualizar e explorar essa estratégia tão importante na prática *Floortime*.

---

[97] Ver mais em: https://teis-ei.com/wp-content/uploads/2020/04/Wait-watch-wonder.pdf. Acesso em: 25 fev. 2024.

Quadro 4 – Caracterizando os três W's

OBSERVAR	ESPERAR	PONDERAR
Estar atento e consciente das ações, expressões e comportamentos da criança de forma ativa e cuidadosa. Prestar atenção aos detalhes, como linguagem corporal, expressões faciais, sons e interações, buscando compreender as necessidades, interesses e emoções da criança, principalmente sua intencionalidade. Permitir que a criança explore o ambiente, os brinquedos ou outros elementos da sala sem adotar uma postura diretiva e nem iniciar por ela.	Dar tempo para que a criança se expresse e guie o processo, sem pressa ou pressão para que ela responda imediatamente. Esperar envolve paciência e confiança no ritmo natural da criança, permitindo que ela se sinta confortável e segura para compartilhar suas experiências e emoções no seu próprio tempo. A criança é o líder, sua intencionalidade é o elemento central dessa estratégia. O tempo em qualidade de envolvimento é mais importante que tudo.	Refletir cuidadosamente sobre as observações feitas e as respostas da criança, considerando diferentes perspectivas, possibilidades e consequências antes de agir. Ponderar envolve avaliar as informações construídas durante a observação e a espera, buscando compreender o significado subjacente dos sinais da criança e planejando uma resposta terapêutica apropriada, sensível às suas necessidades e compatível com suas diferenças individuais e com suas capacidades do desenvolvimento.

Fonte: elaborado pelo autor (2024)

A abordagem dos três W's representa uma consistente contribuição para o DIR/*Floortime* enquanto estratégia de intervenção. A ideia central é se concentrar na capacidade de resposta e sinais emocionais das crianças, adotando uma postura não intrusiva e nem diretiva durante o tempo no chão. É indicado que o adulto não inicie nenhuma atividade para e com a criança e que ele esteja atento para responder qualquer sinal que represente uma intencionalidade da criança, sem assumir o controle (COHEN; LOJKASEK; MUIR, 2006).

É importante salientar que ajudar os indivíduos a serem sujeitos intencionais é um dos objetivos centrais do modelo DIR/Floortime, portanto, é imperativo que a atuação dos cuidadores e profissionais abra espaço para que essa competência se manifeste, floresça e seja estimulada através da validação, do *affect*, da comunicação respeitosa e de uma relação envolvente. O exercício dos três W's não está desconectado do perfil único da criança, ele não é uma ação isolada no momento da intervenção, ele deve se articular ao todo, afinal, estamos lidando com um modelo marcado pelo aspecto abrangente e integral de compreensão do ser humano, e um caráter transdisciplinar dos programas de intervenção. No DIR/*Floortime* nenhuma ação terapêutica está dissociada do todo.

Certamente, a estratégia dos três W's é uma das mais relevantes no processo formativo do terapeuta DIR/*Floortime*, e também uma das mais desafiadoras habilidades a serem apreendidas pelos envolvidos no processo terapêutico da criança. A maior dificuldade concentra-se em romper com a lógica diretiva com a qual grande parte de nossa sociedade é educada, impactando diretamente no componente "esperar". Há um fator de dificuldade relativo ao componente "observar", porque também é preciso romper com a lógica do produto ou do "estar fazendo". É preciso considerar que a observação consciente e atenta é parte do processo e também se configura como um fazer terapêutico. E, por fim, há o desafio do "ponderar", ou seja, pensar nas possibilidades antes de agir, quando a tendência é que ajamos impensadamente conforme a lógica imediatista contemporânea.

Para os terapeutas, pais, educadores que se deparam com os desafios do "Observe, Espere e Pondere", é essencial lembrar que esses componentes não são apenas técnicas a serem dominadas, mas sim princípios fundamentais que requerem uma mudança de mentalidade e uma abordagem terapêutica centrada na criança. Romper com a lógica diretiva, o culto à produtividade e *à* impulsividade requer prática constante, autorreflexão e compromisso com o processo.

É através da paciência, da consciência e da reflexão cuidadosa que o terapeuta pode verdadeiramente se conectar com a criança, compreender seu perfil único e promover um ambiente terapêutico seguro e enriquecedor. Ao abraçar os princípios do "Observe, Espere e Pondere" com humildade e dedicação, o terapeuta está no caminho ideal para oferecer um apoio afetivo, respeitoso e transformador às crianças e a suas famílias.

3.6.17 Autorrefletindo na relação

A prática reflexiva é uma característica muito presente no DIR/*Floortime*, desde o início de nossa formação profissional na abordagem até nossa atuação no dia a dia.

A reflexão é vista como uma maneira de entender e usar os sentimentos no contexto profissional. Devemos nos debruçar sobre a autorreflexão, a exploração e a compreensão de nossas emoções, pensamentos e comportamentos, procurando reconhecer a complexidade de nossa jornada enquanto pessoas responsáveis pelo desenvolvimento de outras pessoas.

A autorreflexão é um elemento fundamental na atuação com processos de desenvolvimento de crianças, porque é por meio dela que iremos pensar sobre nós mesmos, nossas práticas, nosso envolvimento com o caso, e se estamos contribuindo de fato, onde podem estar as faltas, quais as possíveis falhas, se há algum conteúdo que tem prejudicado a relação, de onde vem esse conteúdo, se da criança, se da família, se é apenas nosso mesmo, nosso passado, nossas dores, nossos silêncios... A autorreflexão leva ao autofortalecimento, auxiliando-nos a estarmos mais presentes e inteiros nas trocas afetivas que envolvem gamas e variáveis emocionais.

Em uma experiência própria, tive a oportunidade de autoavaliar meus processos interventivos com uma criança. Percebi que cada vez mais ela vinha se desconectando, mais tarde, começou a se recusar a entrar em meus atendimentos, mais adiante começou a fugir para o colo da mãe quando eu me aproximava, e esses comportamentos moveram muitos sentimentos relacionados à minha autoestima, colocando em xeque minha competência profissional.

Passei algum tempo tentando fazer o possível para atrai-la novamente, mas foram tentativas infelizes, até que me dei conta de que eu deveria, de fato, parar e autorrefletir. Recorri a alguns colegas de profissão, relatei como estava me sentindo, como estavam sendo nossos encontros, e percebi que, cada vez que eu trocava com as pessoas, eu descobria algo novo para ser mais bem pensado.

Concluí após um tempo que a melhor estratégia era parar tudo que eu estava fazendo e voltar, como se fosse a primeira vez. Refazer o vínculo, costurar uma nova relação, retornar aos gostos e interesses mais primários da criança, explorar brincadeiras com menos etapas, de causa e efeito, e conquistar de novo a sua confiança. Reuni-me com a mãe e relatei todo o meu processo de autorreflexão, minhas conclusões e apresentei meu novo plano de ação. Ela acreditou no processo, apoiou as novas estratégias e hoje celebramos uma nova relação, que cada vez mais se expande. Não fosse a autorreflexão, eu estava pronto para desistir. Mas descobri que ainda havia algo a ser feito.

Autorrefletir é avaliar nossos objetivos com a criança, ponderar o que foi ou não alcançado, é pensar nas estratégias que têm funcionado, nas que precisam ser melhoradas e nas que podem ser substituídas. É saber quando é necessário voltar, quando é preciso avançar, e quando é fundamental sair. Autorrefletir é, sobretudo, descortinar-se para trazer à consciência aspectos que podem impactar a nós mesmos e como inevitável consequência, nossa relação com as crianças. Uma postura autorreflexiva é uma conduta responsável e, sobretudo, é uma conduta afetiva e respeitosa para com o outro.

3.6.18 Considerações sobre as estratégias *Floortime*

As estratégias *Floortime* são sensíveis e adaptáveis às diferenças individuais de cada criança, exigindo flexibilidade e criatividade do terapeuta. É essencial que elas sejam personalizadas para atender às necessidades específicas da criança, levando em consideração sua capacidade de desenvolvimento funcional e emocional. O *Floortime* reconhece que cada indivíduo tem seu próprio ritmo de crescimento e aprendizagem, e, portanto, as estratégias devem ser implementadas com cautela, respeitando seus limites, habilidades, interesses e perfil únicos.

À medida que a criança progride em seu desenvolvimento, as estratégias *Floortime* podem ser gradualmente ajustadas e expandidas para desafiar e estimular o próximo degrau de capacidades. No entanto, é importante que esse progresso seja realizado de forma respeitosa e gradual, levando em consideração a individualidade da criança e evitando sobrecarregar ou pressionar além de seus limites.

Ao articular as estratégias do *Floortime* com as diferenças individuais, é possível proporcionar um ambiente de apoio e crescimento que estimule seu pleno potencial. Isso significa estar atento às necessidades específicas da criança, reconhecendo seus pontos fortes e desafios, adaptando as atividades e, sobretudo, validando sua intencionalidade. Dessa forma, o *Floortime* se torna uma abordagem altamente eficaz para o desenvolvimento da criança, respeitando sua individualidade e promovendo um progresso significativo em suas habilidades emocionais, sociais e cognitivas.

4

ESTRATÉGIAS MUSICAIS

> *[...] a música é uma maneira de conhecer a vida do sentimento.*
> (SWANWICK, 2014, s/p.)

Este capítulo tem o objetivo de discorrer sobre os conceitos que sustentam a nossa ideia de música, seus desdobramentos, implicações e tensões. É de fundamental importância delinear qual é a música que soa neste trabalho e, para tanto, também é preciso refletir sobre a musicalidade que soa em um espaço "entre" de uma coisa e outra.

O que denominamos como música, no contexto desta pesquisa, borra algumas compreensões sobre a Educação Musical e, embora se trate de um trabalho que se utilize da música em contexto terapêutico, também não se caracteriza como musicoterapia. Concluímos, portanto, que há um "entre" a ser discorrido onde se opera uma musicalidade outra.

Se há uma fissura, uma zona fronteiriça, um hiato por onde possa ressoar musicalidades, talvez, abissais, é nesse lugar que este trabalho musical, desenvolvido com crianças autistas, se sustenta. Sustenta-se em um jogo de tensões no qual as oposições são preservadas, gerando um novo elemento.

Queremos, com isso, dizer que a música a ser defendida aqui está sujeita a borrar enquadramentos, empilhando uma diversidade de materiais e elementos musicais e extramusicais com vistas à experiência, ao encontro, ao sensível, ao afeto e ao desarranjo.

Interessa-nos, com isso, a música enquanto uma linguagem de relação com o sujeito autista, por meio da qual este possa se conectar, se engajar e se expressar. Não obstante, nos interessa, outrossim, o jogo de musicar experiências, improvisar acontecimentos, compor relações afetivamente significativas.

Para tanto, faz-se necessário compreender com mais profundidade qual é a nossa música e quais os nossos delineamentos e zonas fronteiriças. Neste capítulo, queremos defender uma perspectiva musical do jogo no qual se brinca de compor relacionamentos afetivos.

4.1 QUAL A NOSSA MÚSICA?

Essa questão será respondida à medida que os delineamentos forem se constituindo, conectando conceitos e tecendo as escolhas que melhor caracterizam este trabalho.

O primeiro delineamento que propomos é considerar que a perspectiva de música é desenvolvida pelo indivíduo conforme sua experiência e seu envolvimento pessoal com essa linguagem (BRUSCIA, 2016, p. 37). O músico, o artista, o profissional, e toda pessoa que realiza algum trabalho utilizando-se da música, pode escolher ou então desenvolver, conforme sua vivência, o que é musicalmente essencial ou determinante para a sua atuação.

Apoiamo-nos em Penna (2018, p. 52) para propor uma desconstrução sobre o que é "ser músico" ou "saber música". Não se trata de ser capaz de ler partitura. A autora observa que essa concepção é muito presente em diversos espaços sociais, o que desvaloriza ou deslegitima o saber musical alcançado pelo viés da experiência, da vivência cotidiana das pessoas que não se basearam ou foram direcionadas dentro de uma estrutura formal de ensino, ou mesmo que não se articulam em um sistema de notação. Para Brito (2019, p. 66),

> [...] a Música é entendida como um jogo que relaciona sons e silêncios, no continuum tempo-espaço. Que se atualiza em formas musicais diversas, as quais podem lidar com o tempo pulsado e o tempo liso, livre e que, dinamicamente, amplia os materiais e as possibilidades de realização. Especialmente, Um jogo chamado Música[98] enfatiza a criação como ferramenta que favorece o desenvolvimento integral de cada ser [...].

A criação no contexto musical — e até artístico — é um meio de o indivíduo (re)produzir-se enquanto sujeito, não enquanto mera reprodução, mas enquanto construção e elaboração de seus afetos e seu modo de estar no mundo. Penna (2018, p. 20) nos convida a, antes de conceituar o que é música, refletir sobre o que é arte.

> A arte de modo geral — e a música aí compreendida — é uma atividade essencialmente humana, através da qual o homem

---

[98] Título de seu livro de onde foi extraída a citação.

> constrói significações na sua relação com o mundo. O fazer arte é uma atividade intencional, uma atividade criativa, uma construção — construção de formas significativas. E aqui o termo "forma" tem um sentido amplo: construção de formas sonoras, no caso da música; de formas visuais, nas artes plásticas; e daí por diante.

A relação do homem com o mundo, com o outro, sua interação com o ambiente e com o meio o levam a criar formas que refletem sua objetivação no aqui-agora, incorporando-se no meio social em que vive por meio das significações que produz.

Concordamos com Penna (2018, p. 34) ao afirmar que "a música só existe concretamente sob a forma de expressões culturais diferenciadas, que refletem — não de modo mecânico, vale lembrar — modos de vida e concepções de mundo". Musicar experiências de vida é um meio de objetivar-se enquanto sujeito no mundo. Brito (2019, p.65-66) levanta questões sobre: o que, afinal, seria a música?

> Seriam Músicas apenas as produções sonoras orientadas pela ordenação precisa das notas musicais ou também aquelas que primam pela produção de sonoridades, sem a presença de uma melodia e um ritmo definidos? Música das notas musicais? Música das sonoridades? Ambas? O que mais?

Swanwick (2014, p. 174) afirma que a música não está subordinada a habilidades de notação e instrução instrumental. O que impera durante as vivências musicais é, sim, o desenvolvimento da imaginação musical, fazendo referência ao trabalho de Carl Orff nos anos 50 (SWANWICK, 2014).

As concepções acerca da música são inúmeras, justamente porque por meio da vivência de cada um se forjam modos diferentes de experimentá-la e, portanto, apreendê-la. "Um compositor encara a música e a experiência musical de forma diferente de um performer e improvisador, e este as vê de forma diferente do ouvinte, e o historiador diferente do crítico ou do professor" (BRUSCIA, 2016, p. 37).

Nesse sentido, dentro de nosso recorte bibliográfico, encontramos conceitos diversos para a questão. Shafer (1932 *apud* BRITO, 2019, p. 34) afirmou que "Música é sons à nossa volta [...]", Brito (2019, p. 66) aponta que a "Música é entendida como um jogo que relaciona sons e silêncios, no continuum tempo-espaço". Penna (2018, p. 19) descreve a música como "uma forma de arte que tem como material básico o som". Em Swanwick (2003, p. 18) vemos que "A música é uma forma de *discurso* tão antiga quanto a raça humana, um meio no qual as ideias acerca de nós mesmos e dos outros são articuladas em formas sonoras" (grifo do autor).

São muitas as compreensões acerca do conceito de música. A verdade é que "[...] não existe uma única ideia de música, mas, sim, ideias de música. Ideias que se movem, ainda que lentamente, segundo a percepção de alguns" (BRITO, 2019, p. 65).

Por essa razão é que propomos como um primeiro delineamento buscar responder, afinal, "qual a nossa música?". A nossa música se trata de toda musicalidade que surge da experiência, da troca e da interação. A musicalidade é um aspecto da natureza humana que possibilita o desenvolvimento por meio do fazer musical, é o "que nos torna capazes de produzir, apreciar e nos desenvolvermos por meio da música" (QUEIROZ, 2003, p. 13 *apud* LOURO, 2017, p. 35. A musicalidade também pode ser definida como a

> Capacidade de percepção, identificação, classificação de sons diferentes, de nuances de intensidades, direção, andamento, tons e melodias, ritmo, frequência, agrupamentos sonoros, timbres e estilos, além de envolver as diversas formas envolvidas no "fazer música", tais como execução, canto, movimento e representações inventadas (ILARI, 2013, p. 12 *apud* LOURO, 2017, p. 34).

É possível identificar, explorar e brincar com musicalidades durante as interações. É essa música que nos importa. Dialogamos com a concepção de que "A música é uma experiência humana. Não deriva das propriedades físicas do som como tais, mas sim da relação do homem com o som" (ARONOFF, 1974, p. 34 *apud* PENNA, 2018, p. 29).

A nossa música, portanto, é toda produção sonora que emerge da relação entre dois ou mais sujeitos, nesse caso, os sujeitos são crianças autistas. Nesse sentido, a nossa música se harmoniza ao "[...]contato entre a realização acústica de um enunciado musical e seu receptor, seja este alguém que cante, componha, dance ou simplesmente ouça" (FERRAZ, 1994, p. 18 *apud* BRITO, 2019, p. 34). A nossa música opera na instância do contato, da troca com o outro.

A nossa música opera "[...] jogos de relações entre sons e silêncios, os quais integram corpo e mente, escuta e gesto, afetos, pensamentos, sensações..." (BRITO, 2019, p. 65). Consideramos música as explorações, experimentações, pesquisas, produções, improvisações, composições, brincadeiras, expressões e espontaneidades que insurgem, emergem e acontecem em uma interação em que o som é tematizado.

4.2 EDUCAÇÃO MUSICAL OU MUSICALIZAÇÃO?

Compreendido o primeiro delineamento sobre qual perspectiva de música acreditamos para este trabalho, outro delineamento faz-se preciso: onde habita essa nossa música?

Existem diferentes conceitos acerca de trabalhos envolvendo música, por exemplo, a musicalização e a educação musical. A diferença conceitual entre as duas nomenclaturas não representa um consenso na bibliografia. Para Penna (2018) e Louro (2003), ambas se referindo a Gainza (1988), musicalizar se refere a um processo de sensibilização musical do indivíduo, de sorte que este se desenvolva integralmente.

Campelo (2011, p. 48-49) diferencia os dois termos, referindo-se à educação musical como processo de aprendizagem mais técnica, e à musicalização como uma proposta mais ampla e sociocultural:

> A educação musical é mais específica do ponto de vista musical, pois abrange a escrita musical, o domínio do código, que é a maior dificuldade para a maioria das pessoas que pretendem estudar música. Por outro lado, a musicalização tem uma proposta mais abrangente, em que o aluno deve conhecer e definir as diversas manifestações musicais e culturais, ingressando assim em seu contexto sociocultural.

Penna (2018) esclarece que a musicalização é uma forma de educação musical, mas, diferentemente de Campelo, ela sustenta que a educação musical é que pode se tornar mais ampla à medida que a pessoa avança etapas de um determinado processo de musicalização.

Ou seja, a autora reconhece a musicalização como um momento da educação musical (PENNA, 2018, p. 49), e ainda acrescenta:

> [...] concebemos a musicalização como um processo educacional orientado que, visando promover uma participação

> mais ampla na cultura socialmente produzida, efetua o desenvolvimento dos esquemas de percepção, expressão e pensamento necessários à apreensão da linguagem musical, de modo que o indivíduo se torne capaz de apropriar-se criticamente das várias manifestações musicais disponíveis em seu ambiente — o que vale dizer: inserir-se em seu meio sociocultural de modo crítico e participante. Esse é o objetivo final da musicalização, na qual a música é o material para um processo educativo e formativo mais amplo, dirigido para o pleno desenvolvimento do indivíduo, como sujeito social.

Alguns autores compreendem a musicalização como uma etapa da educação musical. Louro (2017, p. 48), por exemplo, sinaliza que, ao ter feito aulas de música quando criança, a pessoa passou, então, por um processo de musicalização. A autora também diferencia educação musical e musicalização:

> A educação musical foca seus princípios no desenvolvimento de habilidades cognitivas a partir de atividades sensório-motoras, baseadas nos parâmetros sonoros (altura, duração, intensidade e timbre) (MATEIRO, 2011). Esses parâmetros, expandidos, levam à uma consciência musical ampla, atingindo os conceitos de melodia, ritmo, harmonia e análise musical, arquitetando assim, uma linguagem musical profunda. Dentro da musicalização (o ensino musical para crianças), essas questões são trabalhadas através do corpo, com atividades lúdicas específicas, que associam gestos e movimentos a conceitos musicais mais abstratos, criando um link entre corpo, linguagem e abstração (LOURO, 2017, p. 65).

De acordo com a autora, a educação musical atuaria sob competências e habilidades mais complexas e estruturantes da aprendizagem musical, ao passo que a musicalização, destinada a crianças, atuaria sob estratégias pedagógicas mais inclinadas ao lúdico, processo pelo qual se internalizaria conceitos prévios para um futuro desenvolvimento musical. Em contrapartida, Penna (2018, p. 43) não compreende

> [...] a musicalização apenas como um procedimento da pedagogia musical, um conjunto de técnicas que se justificam em si mesmas, por sua função imediata como etapa preparatória para um estudo de música mais amplo

> e aprofundado, de caráter técnico ou profissionalizante. Não cabe tomar a musicalização, portanto, como um trabalho "pré-musical", uma preparação para um aprendizado nos moldes tradicionais (o estudo de "teoria musical", de um instrumento etc.). Tampouco a entendemos como dirigida somente a crianças (o que é uma visão bastante comum). [...] concebemos a musicalização como um processo educacional orientado que se destina a todos [...].

Ela defende ainda que

> [...] o processo de musicalização deve adotar um conceito de música aberto e abrangente, que abrigue as diversas manifestações sonoras potencialmente disponíveis atualmente: desde as músicas de outras culturas até a que resulta das experimentações do próprio aluno (PENNA, 2018, p. 48).

Essa discussão acerca desses conceitos é importante porque exprime um aspecto basilar de nosso trabalho envolvendo a música que, embora não se trate nem de musicalização e nem de educação musical, consiste, de igual forma, em validar as musicalidades que soam a partir da livre experimentação e criação da criança.

Para Swanwick (2014, p. 174), "A música não é simplesmente um espelho que reflete sistemas culturais e redes de crenças e tradições, mas pode ser uma janela que abre novas possibilidades". Possibilidades inventivas, criativas, brincantes e expressivas que podem refletir no desenvolvimento sensível do sujeito.

O processo de conscientização dos afetos, emoções e pensamentos se dá por meio do corpo, "O corpo é o brinquedo predileto da criança" (MADUREIRA, 2012, p. 4), nesse sentido, a criança é sujeito atuante em processos que envolvem a música. Ela é pesquisadora, exploradora, brincante e propositora.

Gainza (1988, p. 34) assinala que

> A participação ativa do sujeito no ato de musicalização não mobiliza apenas os aspectos mentais conscientes que condizem a uma apreciação objetiva da música, mas também a uma gama ampla e difusa de sentimentos e tendências pessoais. Por esse motivo a música é, para as pessoas, além de objeto sonoro, concreto, específico e autônomo, também aquilo que simboliza, representa ou evoca.

Nesse sentido, as estratégias musicais ampliam as possibilidades de acesso, externalização e transbordamento pessoal da criança. A música no contexto deste trabalho está relacionada ao desenvolvimento humano, para além da sensibilidade musical no que concerne aos aspectos perceptivos[99], mas também na compreensão de si e de seu universo pessoal de interesses, escolhas e inclinações. A ideia do trabalho musical deste estudo deseja, portanto, desenvolver, expandir e criar, musicando a realidade de cada um, seu cotidiano e seu eu.

Embora não se haja um consenso acerca dos conceitos acerca da educação musical e da musicalização, o que importa para este trabalho são as ideias que podemos agregar em torno do conceito de música, portanto as características encontradas no recorte teórico vão de encontro ao trabalho pedagógico e terapêutico a que esta pesquisa se propõe. Aproximam-se dos aspectos sensoriais, sensíveis, expressivos, brincantes, lúdicos, criativos e expressivos do trabalho com sujeitos autistas baseado no modelo DIR/*Floortime*.

4.3 MÚSICA "COMO" TERAPIA E MÚSICA "NA" TERAPIA

O terceiro delineamento é basilar e determinante, colaborando significativamente para a compreensão quanto ao espaço "entre" no qual nossa música opera neste estudo.

Primeiramente precisamos discorrer sobre a definição de "terapia", sublinhando, porém, que, tão difícil quanto definir música, é encontrar uma definição para esse termo.

> Os componentes da terapia, como os elementos da música, são bem numerosos e justapostos, e as experiências quanto à terapia, como as experiências musicais, são variadas e estratificadas. E como acontece nas dificuldades de se separar a música das artes, é difícil distinguir terapia de educação, desenvolvimento, crescimento, cura e uma série de outros fenômenos comumente associados à "saúde". Simplificando, estabelecer critérios para o que é e o que não é terapia é tão difícil quanto decidir o que é música e o que não é (BRUSCIA, 2016, p. 38).

---

[99] Iremos discorrer mais adiante em *Música e os sentidos*.

Uma distinção entre terapia e educação musical está em suas ênfases: na primeira, a ênfase está na saúde do indivíduo, enquanto na segunda o foco está na aprendizagem de habilidades musicais (LOURO, 2003, p. 63).

No entanto, é importante considerar que mesmo as experiências com objetivos no processo de ensino-aprendizagem da música podem ser benéficas, transformadoras e até mesmo "terapêuticas", mesmo não sendo, necessariamente, terapia. Apesar das semelhanças, um processo musicoterapêutico, por exemplo, se difere de experiências terapêuticas a partir da linguagem musical (LOURO, 2003, p. 60).

Em Bruscia (2016) encontramos uma importante distinção quanto ao emprego da música em contextos terapêuticos, um se refere ao uso da música "como" terapia, enquanto o segundo aborda o uso da música "na" terapia.

A música como terapia é utilizada como meio central da experiência terapêutica, é entendida como "agente primário para a interação e transformação terapêutica", ou seja, está em primeiro plano em relação a outras artes, modalidades terapêuticas e elementos utilizados na sessão (BRUSCIA, 2016, p. 63).

Já a música na terapia pode ser utilizada para favorecer a relação terapeuta-atendido na sessão e também pelas suas propriedades terapêuticas. Na terapia, a música não é o principal ou o agente central de transformação, ela está no pano de fundo da experiência enquanto outros elementos ou modalidades estão em primeiro plano (BRUSCIA, 2016). Em uma sessão de Arteterapia, por exemplo, podemos utilizar a música como um dos recursos expressivos facilitadores da produção simbólica. Na sessão de terapia DIR/*Floortime* a música pode ser utilizada como um dos recursos para favorecer o desenvolvimento de crianças autistas.

Em suma,

> Quando usada como terapia, a música assume um papel primário na intervenção e o terapeuta é secundário; quando usada na terapia, o terapeuta assume um papel primário e a música é secundária. Quando a música é usada sem terapeuta, o processo não é qualificado como terapia (LOURO, 2003, p. 61).

A música pode proporcionar diversas possibilidades de experiências emocionais, que não pertencem única e exclusivamente a um campo do saber ou a uma área de atuação. Um psicólogo, por exemplo, pode se utilizar da música com objetivos de relaxamento do paciente, ou para auxiliá-lo a dizer ou manifestar algo, ou seja, a música é utilizada como parte de um processo que não está necessariamente ligado à música (LOURO, 2003, p. 61-62). Para Bruscia (2016, p. 37),

> Existem muitas instâncias no contexto terapêutico onde a música deve ser definida de forma diferenciada. Por vezes esta será menos completa ou organizada do que os parâmetros convencionais exigem. Algumas vezes o processo não parece artístico ou criativo. Algumas vezes a experiência não é auditiva. Algumas vezes elementos não-musicais e outras artes são adicionados de modo que a experiência ultrapassa o que é convencionalmente definido como música. Algumas vezes padrões estéticos são irrelevantes ou pouco importantes, e a música não atinge critérios estéticos estabelecidos em definições convencionais.

É válido refletir sobre as concepções de música e suas múltiplas e diversas manifestações, seus ecos e reverberações que fogem de um determinado enquadramento, ou seja, borram o que se diz musicalmente convencional. É preciso considerar que

> Os estudos e as pesquisas relacionados à música se desenvolvem em várias áreas (Musicologia, Teoria, Filosofia, Análise, Semiótica, Sociologia, Sonologia, Psicologia, Educação, Musicoterapia, Ciências Cognitivas...), refletindo modos de perceber, de pensar e também de significar a atividade musical em cada contexto [...] (BRITO, 2019, p. 64).

Em um contexto pedagógico-terapêutico como o desta pesquisa, há uma certa nebulosidade ao buscar definições sobre o lugar que a música ocupa e opera, o que nos convida a pensar sobre o espaço "entre", a inexatidão, o indeterminado, o não convencional e, ao mesmo tempo, o dialógico, o dialético, a musicalidade que soa entre a saúde, a educação e a arte.

4.4 ESTRATÉGIAS MUSICAIS: COMPOSIÇÃO, APRECIAÇÃO E PERFORMANCE

Composição, apreciação e performance, de acordo com França e Swanwick (2002), são processos fundamentais da música que permitem explorar sua natureza, relevância e significado. Cada um desses processos envolve abordagens e resultados distintos, oferecendo insights valiosos sobre o funcionamento das ideias musicais.

Composição

A composição é o ato de criar música, expressando-se por meio da criação de novas melodias, harmonias, ritmos e estruturas musicais. É um processo criativo que permite ao indivíduo experimentar, explorar, tomar decisões e materializar suas próprias ideias musicais. Por meio da composição, é possível descobrir novos sons, combinações e possibilidades musicais, proporcionando uma expressão única e pessoal.

> [...] a composição (invenção) oferece uma grande oportunidade para escolher não somente *como, mas o que* tocar ou cantar, e em que ordem temporal. Uma vez que a composição permite mais tomadas de decisão ao participante, proporciona mais abertura para a escolha cultural. A composição é, portanto uma necessidade educacional, não uma atividade opcional para ser desenvolvida quando o tempo permite. Ela dá ao aluno uma oportunidade para trazer suas próprias idéias à microcultura da sala de aula, fundindo a educação formal com a "música de fora" (SWANWICK, 2003, p. 68, grifos do autor).

A composição, como proposta por Swanwick, envolve a criação musical como forma de expressão pessoal. Ao explorar a composição, as crianças têm a oportunidade de desenvolver sua criatividade e expressar suas próprias ideias e emoções por meio da linguagem musical. A composição proporciona uma experiência empoderadora, permitindo que as crianças se tornem ativas na construção de sua própria música e estimulando a descoberta de sua identidade musical.

A composição é um processo essencial da música devido à sua própria natureza: qualquer que seja o nível de complexidade, estilo ou contexto, é o processo pelo qual toda e qualquer obra musical é gerada (FRANÇA; SWANWICK, 2002, p. 8).

A composição musical ocorre sempre que se organizam ideias musicais para criar uma peça musical. França e Swanwick (2002) contam que esse processo pode acontecer de diferentes formas e níveis de complexidade, desde uma improvisação livre e espontânea feita por uma criança ao tocar um xilofone, até a criação de uma obra musical seguindo regras e princípios estilísticos.

A improvisação musical é uma forma de composição instantânea, em que o músico cria espontaneamente sons, melodias e ritmos, explorando sua criatividade e expressividade (SWANWICK, 2003, 2014; FRANÇA; SWANWICK, 2002). Nesse caso, não há uma estrutura musical predeterminada, e o foco está na liberdade de criação e na expressão individual.

Por outro lado, a composição musical também pode envolver a criação de uma peça musical em determinadas regras e princípios estilísticos. Isso pode incluir o uso de escalas, harmonias, formas musicais específicas, entre outros elementos musicais estabelecidos por uma tradição musical ou estilo particular. Nesse contexto, o compositor utiliza sua habilidade técnica e conhecimento musical para criar uma obra coerente e expressiva, respeitando as convenções estilísticas escolhidas (FRANÇA; SWANWICK, 2002).

Em ambos os casos, a composição musical é um processo criativo que envolve a seleção e organização de elementos musicais, como melodias, harmonias, ritmos e texturas, para criar uma peça musical. É uma forma de expressão artística que permite ao compositor transmitir emoções, ideias e experiências por meio da linguagem musical.

A composição musical não se limita apenas a músicos profissionais ou experientes. As crianças também podem se envolver na composição musical desde cedo, explorando sons, experimentando combinações musicais e expressando suas próprias ideias musicais. Por meio da composição, elas desenvolvem sua criatividade, habilidades musicais e capacidade de comunicação expressiva (SWANWICK, 2003).

Assim, a composição musical oferece uma oportunidade única de expressão pessoal e criativa, permitindo que os indivíduos explorem sua musicalidade, desenvolvam sua identidade artística e compartilhem sua visão musical com o mundo.

Compor é uma forma de se envolver com os elementos do discurso musical de maneira crítica e construtiva, a partir da tomada de decisões e julgamentos. Ao compor, o indivíduo não apenas utiliza os elementos musicais disponíveis, mas também os analisa, interpreta e os molda de acordo com sua intenção artística (FRANÇA; SWANWICK, 2002).

Nesse processo, o compositor assume o papel ativo de construtor musical, explorando diferentes possibilidades, experimentando combinações e estruturas, e tomando decisões conscientes sobre como organizar e expressar suas ideias musicais. Cada escolha realizada pelo compositor — seja na seleção de uma determinada sonoridade, na construção de uma melodia cativante, na utilização de harmonias inovadoras ou na criação de uma estrutura musical única — contribui para a criação de uma peça musical original e pessoal.

Ao compor, o indivíduo também desenvolve habilidades críticas, pois é necessário avaliar o resultado de suas escolhas musicais, identificar o impacto emocional e estético que elas produzem e tomar decisões sobre como ajustar e aprimorar sua composição. Esse processo de reflexão e autocrítica ajuda o compositor a aprofundar sua compreensão sobre o discurso musical e a expandir sua capacidade de expressão artística.

Compor de forma crítica e construtiva implica em questionar as convenções musicais existentes, explorar novas abordagens e possibilidades, e buscar uma expressão autêntica e original. Isso permite ao compositor se inserir na tradição musical, além de contribuir para sua evolução, trazendo novas perspectivas e ideias (FRANÇA; SWANWICK, 2002; SWANWICK, 2014).

França e Swanwick (2002, p. 10) citam Paynter (1997, p. 18) quando este diz que a composição "é a maneira mais certa para os alunos desenvolverem o julgamento musical e compreenderem a noção do 'pensar' musicalmente".

Os autores ainda defendem ser de extrema importância que as crianças tenham um ambiente musical estimulante que as encoraje a experimentar, explorar e expressar-se livremente. Para eles, o trabalho com música deve valorizar o instinto de curiosidade, imaginação e fantasia presente nas crianças, proporcionando um espaço em que elas possam descobrir e desenvolver suas habilidades musicais de forma autêntica e prazerosa (FRANÇA; SWANWICK, 2002).

A ideia de "composição" pode ser muito ampla, incluindo as primeiras expressões vocais, assim como a invenção mais permanente. A composição tem lugar quando há alguma liberdade de escolher a ordenação da música, com ou sem notação, ou outras formas de instrução detalhada para execução. Outros podem preferir, às vezes, empregar os termos improvisação, invenção ou "música criativa". Todos eles entram nessa abrangente definição de "composição", o ato de montar música (SWANWICK, 2014, p. 158-159).

Ao oferecer instrumentos musicais, objetos sonoros e a oportunidade de utilizar suas próprias vozes, as crianças são convidadas a explorar as possibilidades sonoras, experimentar diferentes timbres, ritmos e melodias, e criar suas próprias composições musicais. Essa liberdade de expressão e experimentação promove a descoberta pessoal e a construção do conhecimento musical de maneira significativa (FRANÇA; SWANWICK, 2002).

A composição musical, portanto, proporciona um espaço de liberdade criativa e expressiva, em que os indivíduos podem se engajar ativamente com os elementos musicais, expressar suas visões e emoções, e contribuir para o enriquecimento do repertório musical.

Performance

Swanwick (2003, p. 68) defende que "Tanto a composição quanto a performance, tomadas como atividades educacionais isoladas, nos limitam àquilo que podemos tocar ou cantar [...]", nesse sentido faz-se importante não restringir o trabalho envolvendo a música apenas ao aspecto técnico e mecânico. Se nos concentrarmos apenas em aprender a tocar um instrumento ou a cantar, estamos limitando nosso envolvimento com a música apenas à reprodução de algo já existente. Isso nos impede de explorar a música de forma mais ampla e criativa.

Como nos ensina Swanwick (2003), a composição musical e a performance são atividades complementares e interconectadas. Quando essas duas atividades são integradas no processo educacional, há uma expansão das possibilidades de envolvimento com a música. Não estamos mais limitados apenas ao que podemos reproduzir fisicamente, mas somos incentivados a explorar novas ideias, experimentar diferentes sonoridades e expressar nossa própria visão musical.

Swanwick continua a defender a articulação da performance com a composição ao afirmar que "Ligar a atividade de composição (definida muito amplamente e incluindo improvisação) com a performance e a apreciação também permite que diferentes alunos se sobressaiam de formas diferentes" (SWANWICK, 2003, p. 68).

Esse excerto do autor ressalta a importância de conectar a composição, a performance e a apreciação musical, reconhecendo que cada pessoa tem habilidades, interesses e maneiras únicos de se envolver com a música. Ao proporcionar oportunidades nessas três áreas, estamos abrindo espaço para que elas se destaquem e se expressem de maneiras diversas e únicas.

Mas a performance tem seus objetivos próprios, que para França e Swanwick (2002, p. 13) é "promover um fazer musical ativo e criativo, e não priorizar um alto nível de destreza técnica". Ou seja, o objetivo da performance está centrado no fazer musical ativo e criativo, em vez de enfatizar exclusivamente um alto nível de competências técnicas. Os autores reconhecem que o valor da performance musical vai além da mera habilidade técnica e se concentra na expressão artística e na participação ativa dos alunos na criação musical.

Ao priorizar um fazer musical ativo e criativo, a performance se torna um espaço de experimentação, exploração e expressão individual. Nesse contexto, a performance não é apenas sobre reproduzir uma música de forma precisa, mas também sobre interpretá-la de maneira pessoal e envolvente. A performance procura valorizar a originalidade e a expressividade individual, encorajando os alunos a desenvolverem uma conexão pessoal com a música que estão tocando ou cantando. Ao fazê-lo, eles podem explorar diferentes possibilidades interpretativas, experimentar variações na dinâmica, no ritmo ou na articulação, e expressar suas próprias emoções e perspectivas musicais (FRANÇA; SWANWICK, 2002).

Ao não priorizar única e exclusivamente o alto nível de destreza técnica, a performance musical se torna mais inclusiva e acessível a uma ampla gama de alunos. Isso permite que todos e todas, independentemente de seu nível de habilidade técnica e necessidades específicas, se envolvam ativamente no processo de performance e experimentem a alegria de criar música e se conectar com os outros por meio da expressão musical (SWANWICK, 2003).

Swanwick (1994 *apud* FRANÇA; SWANWICK, 2002, p.14) considera que a "Performance musical abrange todo e qualquer comportamento musical observável, desde o acompanhar de uma canção com palmas à apresentação formal de uma obra musical para uma platéia". Assim, os autores reconhecem que a expressão musical pode se manifestar de várias maneiras e em diferentes contextos, permitindo que as pessoas expressem sua conexão com a música de maneira simples e acessível, criando um senso de comunidade e prazer compartilhado.

Ao abranger todo e qualquer comportamento musical observável, a definição ampla de performance musical valoriza tanto as manifestações informais quanto as formais. Isso significa que todas as formas de expressão musical são consideradas válidas e significativas, independentemente do contexto em que ocorrem. Cada manifestação musical contribui para a riqueza e diversidade da experiência musical. Os autores sustentam ainda que

> A performance em sala de aula pode acontecer através de uma gama de possibilidades, incluindo o canto — um meio altamente expressivo e acessível — instrumentos de percussão, fontes sonoras diversas ou instrumentos tradicionais (FRANÇA; SWANWICK, 2002, p. 14).

Nesse sentido, a sala de aula se torna um espaço democrático onde todos e todas têm a oportunidade de participar e se expressar. Os autores mostram que a performance não é exclusiva para os alunos mais avançados ou habilidosos, mas sim uma forma de envolvimento musical que pode ser adaptada às diferentes capacidades e aos interesses de cada aluno.

Apreciação

A apreciação musical envolve a escuta atenta e reflexiva da música. É o processo de ouvir, analisar e interpretar obras musicais, compreendendo sua estrutura, estilo, emoções transmitidas e contexto cultural. Ela nos permite desenvolver um olhar crítico e estético, reconhecendo e valorizando os elementos e significados presentes na música. Ao nos envolvermos na apreciação, podemos apreender e interpretar as intenções e mensagens do compositor, ampliando nossa compreensão e conexão com a música (FRANÇA; SWANWICK, 2002).

Para França e Swanwick (2002), a apreciação musical é o processo de envolvimento ativo com a música por meio da audição. Envolve não apenas ouvir passivamente, mas compreender, interpretar e refletir sobre a música que está sendo ouvida.

O status da apreciação enquanto "atividade" pode ser questionado: como ela não implica necessariamente um comportamento externalizável, é frequentemente considerada a mais passiva das atividades musicais. No entanto, a aparência de uma atitude receptiva não deve mascarar o ativo processo perceptivo que acontece, uma vez que a mente e o espírito do ouvinte são mobilizados (FRANÇA; SWANWICK, 2002, p. 12).

A apreciação musical permite que os ouvintes desenvolvam uma compreensão mais profunda da música, identificando e analisando seus elementos. Além disso, envolve a exploração das emoções, imagens e histórias que a música evoca.

Por meio da apreciação, os ouvintes são incentivados a desenvolver um senso crítico e estético, podendo avaliar e comparar diferentes performances e interpretações musicais. Eles são encorajados a formar suas próprias opiniões e preferências musicais, contribuindo para o desenvolvimento de seu gosto musical e identidade como ouvintes[100].

A apreciação é uma forma legítima e imprescindível de engajamento com a música. A partir dela podemos expandir nossos horizontes musicais e nossa compreensão. Ela é a atividade musical mais facilmente acessível e aquela com a qual a maioria das pessoas vai se envolver durante suas vidas (FRANÇA; SWANWICK, 2002, p. 12).

É por meio da apreciação que podemos desenvolver nossa compreensão e conexão com a música. Além disso, a apreciação é uma atividade musical acessível a todos, independentemente de habilidades musicais específicas. É uma maneira pela qual a maioria das pessoas se envolve com a música ao longo de suas vidas, proporcionando prazer, emoção e enriquecimento cultural. Mediante essa experiência musical, podemos descobrir novos estilos musicais, compreender a expressividade e as intenções dos artistas e desenvolver um processo de ouvir crítico e sensível da música em suas diversas formas.

Cada um desses processos musicais — composição, apreciação e performance — oferece diferentes perspectivas e abordagens para nos envolvermos com a música. Eles nos permitem experimentar a música de maneiras distintas, proporcionando insights e compreensões únicas sobre suas características e significados. Ao explorarmos a composição, apreciação e performance, ampliamos nossa conexão com a música, enriquecendo nossa experiência e compreensão desse fenômeno artístico (FRANÇA; SWANWICK, 2002; SWANWICK, 2014).

---

[100] Swanwick (2003) menciona oito critérios de avaliação para a apreciação musical. Ver mais em sua obra *Ensinando Música Musicalmente*.

> Como vimos, composição, apreciação e performance são as formas fundamentais de envolvimento com a música. Cada modalidade tem sua própria natureza, procedimentos e produtos, sendo, portanto, facetas essenciais de uma educação musical abrangente. Através da participação ativa nessas modalidades, os alunos podem desenvolver sua compreensão e comunicar seu pensamento musical (FRANÇA; SWANWICK, 2002, p. 15).

Uma última observação de Swanwick que corresponde intimamente com a proposta musical deste trabalho nos diz que "Acima de tudo, a música é uma arte social, em que tocar com outros e ouvir outros tocarem é a motivação, a experiência e o processo de aprendizado. Isso é educação musical pelo encontro" (SWANWICK, 2014, p. 327). Embora este estudo não se trate de um trabalho voltado para a educação musical, o princípio norteador da prática aqui desenvolvida é mesmo o encontro, ou, como vemos em Carpente (2022), é a estética do relacionamento.

5

EDUCAÇÃO INFANTIL E DIR/*FLOORTIME*: HUMANIZAR E INCLUIR

Já agora ninguém educa ninguém, como tampouco ninguém se educa a si mesmo: os homens se educam em comunhão, mediatizados pelo mundo.

(FREIRE, 1987, p. 79)

5.1 CARACTERIZAÇÃO E FUNDAMENTOS DA EDUCAÇÃO INFANTIL

Atualmente, a educação infantil no Brasil é constituída de creche (para crianças até 3 anos de idade) e pré-escola (de 4 a 5 anos) (OLIVEIRA, Z de M. R. de, 2013). É considerada a primeira etapa da educação básica, e tem como finalidade o desenvolvimento integral da criança "em seus aspectos físico, psicológico, intelectual e social, complementando a ação da família e da comunidade" (BRASIL, 1996, s/p.).

Caracteriza-se como espaços institucionais não domésticos, públicos ou privados, de jornada integral ou parcial, regulados e supervisionados por instâncias superiores do sistema de ensino ao qual se inserem e submetidos a controle social. É dever do Estado garantir a oferta dessa etapa de ensino de maneira pública, gratuita, de qualidade e sem requisito de seleção (BRASIL, 2010, p. 12).

Como proposta pedagógica, a educação infantil deve primar pelo respeito a princípios éticos (autonomia, responsabilidade, respeito ao bem comum, ao meio ambiente, à diversidade e às singularidades), políticos (o direito à cidadania, o exercício da criticidade e respeito à democracia) e estéticos (sensibilidade, criatividade, ludicidade e liberdade de expressão nas diferentes manifestações artísticas e culturais) (BRASIL, 2010, p. 16).

A criança, de acordo com as Diretrizes Curriculares Nacionais para a Educação Infantil (DCNEI), é enxergada como um

> Sujeito histórico e de direitos que, nas interações, relações e práticas cotidianas que vivencia, constrói sua identidade pessoal e coletiva, brinca, imagina, fantasia, deseja, aprende, observa, experimenta, narra, questiona e constrói sentidos sobre a natureza e a sociedade, produzindo cultura (BRASIL, 2010, p. 12).

A compreensão da infância passou por diversos paradigmas resultantes de um processo histórico e cultural, que refletiu também nos modelos educacionais pensados para esse grupo. Historicamente, registra-se que as crianças eram concebidas como um miniadulto cuja educação era realizada com as pessoas mais velhas, uma vez que com eles poderiam aprender o necessário para o trabalho e a vida em sociedade (LEAL, 2018, p. 148-149).

Os espaços destinados ao trabalho com crianças desempenhavam práticas de cuidados pessoais e assistencialistas, advindos de um modelo inicial familiar/materno, no qual competências maternais orientavam a prática com grupos de crianças, sem uma proposta pedagógica sistematizada. Nesse cenário, a mulher foi se inserindo cada vez mais no mundo do trabalho e ocupando espaços sociais e políticos por meio de suas reivindicações e movimentos, que provocaram mudanças nas organizações familiares e influenciaram novas configurações da educação infantil (LEAL, 2018, p. 148).

Kramer (2006, p. 800 *apud* MOTA, 2020, p. 76) afere que as crianças foram submetidas a uma situação social desigual, em que foram expropriadas de direitos básicos como o reconhecimento de suas diferenças individuais, como sujeitos pertencentes a um grupo social, com suas especificidades e uma cultura, cuidados e educação próprios.

Oliveira (2013) discorre acerca da discussão em torno da escolaridade obrigatória no período da revolução industrial (séculos XVIII e XIX), enfatizando a educação para o desenvolvimento social, momento no qual a criança — mais precisamente as que pertenciam à elite — se torna o centro do interesse dos adultos, passando a ser vista como "sujeito de necessidades e objeto de expectativas cuidados". Em contrapartida,

> Alguns setores das elites políticas dos países europeus sustentavam que não seria correto para a sociedade como um todo que se educassem as crianças pobres, para as quais era proposto apenas o aprendizado de uma ocupação e da piedade (OLIVEIRA, 2013, s/p.).

Tal pensamento não era consensual. Para alguns reformadores e protestantes, a educação deveria ser um direito universal, divergência essa que influenciou as concepções educacionais dos pioneiros da educação pré-escolar, como Comênio, Rousseau, Pestalozzi, Decroly, Froebel e Montessori, que defenderam, sobretudo, a criança como o centro do processo de ensino-aprendizagem (OLIVEIRA, 2013).

Não iremos nos aprofundar nas concepções educacionais apreendidas ao longo da história, mas discorreremos sobre características que ainda inspiram as concepções educacionais contemporâneas, como o valor da brincadeira para o desenvolvimento infantil, o cultivo dos sentidos e da imaginação, as experiências sensoriais, a exploração do mundo pelo brincar (Comênio, 1592-1670); como a educação contra o autoritarismo e o preconceito, com valor em si mesma (e não só como preparação para a vida adulta), como liberdade, curiosidade e livre expressão, com atividades práticas e de observação, reconhecendo a emoção sobre a razão (Rousseau, 1712-1778); como a educação que questiona o intelectualismo excessivo da educação tradicional, pautada na bondade, no amor e na família, a defesa de ambientes educacionais mais naturais possíveis, primando pelos sentidos, pela percepção e pela intuição das crianças (Pestalozzi, 1746-1827); ou então uma educação que defenda um clima de amor, simpatia e encorajamento, com liberdade para as crianças aprenderem sobre si mesmas e sobre o mundo, com atividades de cooperação e jogo, a valorização também da intuição, da espontaneidade, das sensações, das emoções, da música e dos gestos (Froebel, 1782-1852); não obstante, a concepção de educação mais voltada para o intelecto e para o uso de elementos mais concretos com vista ao desenvolvimento das habilidades de análise e síntese (Decroly, 1871-1932) ou, por fim, a exploração sensorial, o uso de materiais e brinquedos conforme objetivo educacional, a adaptação da mobília para a estatura da criança (Montessori, 1879-1952) (OLIVEIRA, 2013).

Esses pensamentos culminaram no movimento da Escola Nova, o qual refutava as ideias adultocêntricas[101] de que a concepção de escola deveria ser uma preparação para a vida, que a aprendizagem se daria pelo depósito passivo de conteúdos (OLIVEIRA, 2013), o que Freire (1987) chamou de "educação bancária".

---

[101] De "adultocentrismo", a prática social que superestima o adulto em detrimento dos demais grupos etários.

Com o passar dos anos, e impulsionada pelas reflexões e propostas de pensadores como os supracitados, a educação foi carecendo de uma estruturação mais sistematizada na qual se organizaria a práxis pedagógica. Com advento da Lei 9394/96, em que se estabeleceu as Diretrizes e Bases da Educação Nacional (LDBEN), as creches e pré-escolas foram integradas aos sistemas de ensino, ampliando, assim, o debate acerca da elaboração de uma proposta pedagógica específica para esse grupo de estudantes (LEAL, 2018, p. 150; OLIVEIRA, 2013).

O ambiente ideal para a educação das crianças, inicialmente, era sob o seio familiar, assegurando suporte emocional, satisfação de suas necessidades e cuidados de sobrevivência, em um caráter assistencialista (OLIVEIRA, 2013). A inserção dos aspectos pedagógicos ao trabalho com as crianças e o reconhecimento desse trabalho como etapa inicial da educação básica legitimaram dois eixos para a prática da educação infantil: o cuidar e o educar, considerados indissociáveis nessa etapa (LEAL, 2018).

Oliveira (2013) aponta que a influência da história higienista, assistencialista, que priorizava cuidados de saúde no trabalho com crianças, sobretudo, com objetivos de auxiliar a população em risco social da época, reflete ainda hoje em uma oscilação das creches e pré-escolas acerca do cuidar e do educar, provocando dificuldades de integração entre os dois eixos.

Leal (2018) sublinha a necessidade de equilíbrio entre a prática do cuidar e do educar, de maneira que o processo educativo possibilite "verdadeiramente o desenvolvimento da criança, a construção de sua identidade e processos integrados com o contexto sociocultural e não apenas a repetição de práticas mecânicas" (p. 150). Assentando o exposto, Oliveira (2013, s/p.) afiança que

> Os cuidados ministrados na creche e na pré-escola não se reduzem ao atendimento de necessidades físicas das crianças, deixando-as confortáveis em relação ao sono, à fome, à sede e à higiene. Incluem a criação de um ambiente que garanta a segurança física e psicológica delas, que lhes assegure oportunidades de exploração e de construção de sentidos pessoais, que se preocupe com a forma pela qual elas estão se percebendo como sujeitos. Nesses ambientes de educação, a criança se sente cuidada. Sente que há uma preocupação com o seu bem-estar, com seus sentimentos, com suas produções, com sua autoestima. Educar e cuidar são formas de acolher.

A criança é também um agente de transformação do mundo, e sua ação no mundo não só o transforma como transforma a si mesma. Ao interagir com o mundo, a criança também produz significados e dá sentido às coisas. Mota (2020, p. 77) emprega que

> A infância é o momento em que a interação com as pessoas e o mundo vai levando as crianças a atribuir significados àquilo que as cerca. Essa participação na experiência cultural não ocorre isolada, fora de um ambiente de cuidados, de uma experiência de vida afetiva e de um contexto material que lhes dá suporte. Esse processo de constituição dos sujeitos no mundo da cultura é o modo pelo qual o sujeito passa não apenas a absorver a cultura do seu grupo, mas também a produzi-la e a ativamente transformá-la. Isso ocorre porque o modo pelo qual compreendemos o mundo e atribuímos significado aos objetos que dele fazem parte é dinâmico e se faz por meio de intensas trocas entre os sujeitos. Portanto, a educação não se constitui como um processo de transmissão cultural, mas de produção de sentidos e de criação de significados. A preocupação da/do professora/professor deve ser garantir às crianças oportunidades de interação com os pares, dado que elas aprendem enquanto interagem.

A maneira pela qual a criança interage com o mundo é a brincadeira (OLIVEIRA, 2013), portanto, compreendemos que sua natureza brincante deve nortear as propostas pedagógicas pensadas para o seu desenvolvimento. É pela brincadeira e na interação com o outro e com os elementos do meio no qual está inserida que a criança irá constituir-se enquanto sujeito. Nas experiências e experimentações promovidas pelas interações é que ela irá construir sua individualidade, elaborar suas questões pessoais sobre o mundo que a cerca e construir seu caráter, identificar seus gostos e preferências, e fruir na sua existência única.

5.2 BREVE PERCURSO DA INCLUSÃO

O papel da escola no processo de constituição do ser mais é promover uma prática educativo-crítica a qual possibilite aos educandos, na relação entre si e com os professores e professoras, a experiência de "assumir-se como ser social e histórico" na "outridade" do "não eu" (FREIRE, 1996, p. 22).

A Declaração de Jontiem[102] (UNICEF, 1990) é um documento internacional que apresenta as implicações da exclusão e seus impactos sociais, tal como chama atenção para a necessidade de universalizar a educação e promover a equidade. A Declaração de Salamanca (1994), também internacional, aborda "Regras e Padrões sobre Equalização de Oportunidades para Pessoas com Deficiência", ambas influenciaram a construção das bases filosóficas e pedagógicas do cenário educacional no Brasil.

A Lei nº 9.394, que estabelece as Diretrizes e Bases da Educacional Nacional (1996), assegura aos educandos com deficiência direitos como adaptação dos currículos, métodos e técnicas, atendimento especializado e outros benefícios. Em seguida, a Resolução CNE/CEB nº 2/2001 veio tonificar as especificidades dos estudantes que apresentavam necessidades educacionais específicas, um importante marco para a educação inclusiva no Brasil.

Outros avanços importantíssimos continuaram acontecendo. Em 2008, reuniram-se 161 países na Convenção da ONU sobre os Direitos das Pessoas com Deficiência, cujo propósito foi proteger e assegurar o exercício pleno e equitativo de todos os direitos humanos e liberdades fundamentais para as pessoas com deficiência.

Nesse mesmo ano foi apresentada pelo Ministério da Educação a Política Nacional de Educação Especial na Perspectiva da Educação Inclusiva (2008), documento que visou alinhar as políticas educacionais de educação especial do Brasil às novas orientações da Convenção supracitada.

Em 2012, é sancionada a histórica Lei nº 12.764, que ficou conhecida como Lei Berenice Piana, que representa um divisor de águas para a luta da comunidade autística. Ela institui a Política Nacional de Proteção dos Direitos da Pessoa com Transtorno do Espectro Autista, e tem como principal ação considerar esses sujeitos como pessoas com deficiência para todos os efeitos legais, concedendo direitos a todas as políticas de inclusão do país.

Outra política pública muito importante para a história das pessoas com deficiência no Brasil é a Lei Brasileira de Inclusão de nº 13.146/15, cujo principal marco refere-se à atualização do conceito de deficiência para considerar como pessoas com deficiência aquelas que têm

---

[102] Também chamada de Declaração Mundial sobre Educação para Todos: Satisfação das Necessidades Básicas de Aprendizagem.

> [...] impedimento de longo prazo de natureza física, mental, intelectual ou sensorial, o qual, em interação com uma ou mais barreiras, pode obstruir sua participação plena e efetiva na sociedade em igualdade de condições com as demais pessoas (BRASIL, 2015, s/p.).

É possível observar, a partir das leis, decretos e documentos oficiais aqui expostos, um crescente avanço e mudança de paradigmas relacionados às pessoas com deficiência, modificando conceitos, orientando adaptação de espaços e estruturas, incentivando formações de profissionais e promovendo alterações metodológicas, técnicas e estruturais em vários âmbitos e espaços sociais, assegurando a esses sujeitos os direitos básicos da Constituição.

A nova Base Nacional Comum Curricular (BNCC) (2018) traz o princípio da equidade como principal foco no trabalho dos sistemas e redes de ensino, procurando, portanto, reconhecer que "as necessidades dos estudantes são diferentes" (BRASIL, 2018, p. 15). Agir equitativamente significa analisar as diferenças individuais de cada sujeito e reconhecer suas necessidades específicas para então regular as práticas sociais, os métodos e técnicas educacionais e até mesmo a forma com que nos relacionamos e interagimos uns com os outros.

A igualdade é universalizante, pensa os mesmos direitos a todas as pessoas e suas aplicações de maneira igualitária. Ao considerar que cada pessoa tem necessidades diferentes, a efetivação dos direitos se torna mais democrática.

De acordo com Referencial Curricular Nacional para a Educação Infantil (RCNEI) (1998), o exercício da cidadania para as crianças é pautado nas "especificidades afetivas, emocionais, sociais e cognitivas", trazendo como princípios o respeito às diferenças individuais, o direito de brincar como forma de expressão, pensamento, interação e comunicação, o acesso aos bens socioculturais, a socialização sem discriminação e atendimento aos cuidados essenciais. No entanto, esse documento representava apenas orientações não obrigatórias e a criança ainda era vista como responsiva aos estímulos dados pelos adultos, nesse caso, pela escola e pelos professores.

No DCNEI, Diretrizes Curriculares Nacionais para a Educação Infantil (2010), algumas concepções mudam, a criança passa a estar no centro do processo, e as interações sociais são consideradas como condições essenciais ao aprendizado, no entanto, baseia-se no princípio da igualdade e não da equidade, o que vai mudar com a Base Nacional Curricular Comum (BNCC) (2018), cujo DCNEI serviu como fundamento teórico para as elaborações concernentes à Educação Infantil.

A inclusão escolar se inicia na Educação Infantil, etapa em que a criança desenvolve seus aspectos globais, sociais, pessoais, estéticos etc. São nas relações, nas interações e práticas cotidianas que a criança desenvolve sua identidade pessoal e coletiva, e, o mais importante, a brincadeira é o meio comum pelo qual a criança experiencia o mundo, e na interação com ele se constitui enquanto sujeito ao passo em que também transforma o mundo.

Mota (2020) menciona que o processo pelo qual o sujeito se constitui no mundo não se trata de um processo passivo no qual ele apenas absorve a cultura, pelo contrário, ele também a produz e ativamente a transforma. A autora sustenta ainda que, a partir das intensas trocas entre os sujeitos, damos significados aos objetos, e, portanto, produzindo sentidos e criando significados. Para Piaget, estamos em constante produção de esquemas e, relembrando Paulo Freire, o fazemos na outridade do não eu. Constituir-se, portanto, é experienciar-se.

5.3 EDUCAÇÃO INFANTIL: INCLUIR E HUMANIZAR PARA O SER MAIS

> *Minha presença no mundo não é a de quem a ele se adapta, mas a de quem nele se insere (FREIRE, 1996, s/p.).*

Inserir, em nossa percepção, carece de articulações da sociedade de sorte que todos e todas tenham a possibilidade de exercer sua vocação ontológica para o ser mais. O ser mais, em Paulo Freire, é parte do processo de humanização, que, por sua vez, trata-se da constante procura do sujeito pelo conhecimento de si mesmo, do mundo e da conquista de sua liberdade, revelando que a natureza humana se projeta em ser mais, e não está "determinada por estruturas ou princípios inatos" (ZITKOSKI, 2010, s/p. *apud* REDIN; STRECK; ZITKOSKI, 2010).

"A inclusão escolar tem início na educação infantil", e abrange todos os níveis, etapas e modalidades de ensino (BRASIL, 2008). A partir da Lei Brasileira de Inclusão[103], é possível compreender que incluir é eliminar ou superar barreiras de natureza arquitetônica, urbanística, comunicacional e atitudinal, que impeçam a participação plena da pessoa com deficiência

---

[103] Lei nº 13.146/15.

na vida social, ou limitem sua livre expressão, comunicação, mobilidade, acesso à informação e qualidade de vida (BRASIL, 2015).

Pereira (2019) sustenta que as barreiras podem ser superadas por meio da acessibilidade

> [...] sendo elas de caráter **arquitetônico** — sem barreiras físicas, **comunicacional** — sem barreiras na comunicação; **metodológica** — sem barreiras nos métodos e técnicas de lazer, trabalho e educação; **instrumental** — sem barreiras na utilização de ferramentas, utensílios; **programática** — sem barreiras nas políticas, legislações; **atitudinal** — sem preconceitos, estereótipos, discriminação (SASSAKI, 2009 *apud* PEREIRA, 2019, p. 33, grifos da autora).

As barreiras e suas múltiplas formas de limitação do outro se estabelecem como elementos impeditivos para que a pessoa com deficiência reconheça a sua própria presença no mundo. Nossa Presença no mundo se concretiza com o mundo e com o outro (FREIRE, 1996, p. 11), e para que se estabeleça a efetividade do "com" e "no" (mundo/outro) as barreiras precisam ser supridas para que o sujeito com deficiência, mais precisamente o sujeito autista, pessoa desta pesquisa, acesse esse mundo e esse outro, e o mundo e o outro também acesse a pessoa autista, e reconheçam, um a Presença do outro.

Podemos nos perguntar "afinal, de que Presença estamos divagando?". Trata-se da "Presença que se pensa a si mesma, que se sabe presença, que intervém, que transforma, que fala do que faz, mas também do que sonha, que constata, compara, avalia, valora, que decide, que rompe" (FREIRE, 1996, s/p.).

As presenças se interagem, se afetam, se tencionam, se friccionam, se trocam, se tocam, se embatem, se relacionam, refletem, brincam, se irrompem, interrompem e se corrompem, se olham, se sentem, se escutam, se veem, se cheiram. A Presença corresponde à essência omnilateral dos sujeitos, o homem total, o ser integral, que se relaciona com o mundo com "todos os órgãos de sua individualidade", descritos por Marx (2004) como "ver, ouvir, cheirar, degustar, sentir, pensar, intuir, perceber, ser ativo, amar [...]".

> A formação omnilateral objetiva um homem pleno no gozo de suas faculdades, apropriando-se das produções humanas em sua diversidade: vendo, ouvindo, cheirando, degustando, movimentando-se. Todavia, para se alcançar essa plenitude,

> é preciso reconhecer que os sentidos extrapolam a condição dada pela natureza, portanto são históricos, aguçados a partir das relações com os objetos sociais. Desse modo, eles precisam ser educados. É necessária uma educação estética para que um ouvido não musical se torne humano e frua da linguagem musical (SIQUARA, 2015, p. 52).

É necessário, portanto, se pensar uma educação dos sentidos, isso quer dizer humanizar os sentidos, e, ainda mais, emancipá-los, porque é com todos os sentidos que o homem se afirma no mundo objetivo, de maneira omnilateral (MARX, 2004), e não em uma subsistência unilateral, como também desacredita Freire (1987).

A questão dos sentidos representa um fator determinante na compreensão do autismo atualmente. Caminha (2008) sustenta que de acordo com alguns pesquisadores, o autismo não se trata de uma disfunção social, mas de uma desordem dos sentidos. A autora explica ainda que

> [...] cada sentido opera de forma isolada e o cérebro não consegue organizar os estímulos de forma a obter um significado. (Hatch-Rasmussen, 1995). Ou seja, não acontece o que Ayres (2005) chama de integração sensorial, processo pelo qual a experiência sensorial é integrada e percebida como um todo, de forma a criar respostas adaptativas (CAMINHA, 2008, p. 11).

A função básica dos sentidos é receber as informações sensoriais do ambiente por meio dos órgãos receptores sensoriais e transmitir para o cérebro para que este processe, organize e interprete os *inputs*[104] (CAMINHA, 2008, p. 16). A autora ainda cita um relato de uma pessoa autista de alto funcionamento, Jim Sinclair, que pode elucidar com mais precisão como opera o nosso aparato sensorial:

> Habilidades básicas como reconhecer as pessoas e coisas pressupõe habilidades ainda mais simples como aprender a atribuir significado a um estímulo visual.
>
> Compreender a fala requer aprender a processar sons, o que requer primeiramente reconhecer sons como coisas que podem ser processadas, e reconhecer o processamento

---

[104] Termo bastante utilizado no contexto do DIR/*Floortime*, referindo-se a entradas ou estímulos sensoriais aos quais os atendidos são expostos.

> como uma forma de extrair ordem do caos (SINCLAIR, 1992, p. 295 *apud* CAMINHA, 2008, p. 16).

É por meio do aparato sensorial que é possível nos orientar socialmente, estabelecer relações afetivas (CAMINHA, 2008, p. 27), logo, se uma pessoa autista não se desenvolve sensorialmente, de que forma ela poderá desenvolver-se socialmente e exercer sua busca pelo ser mais?

Freire (1987, p. 43) sustenta que a "busca do ser mais [...] não pode realizar-se no isolamento, no individualismo, mas na comunhão". Para o autor, não somos apenas um ser no mundo, mas somos uma presença que se reconhece no mundo, com o mundo e na presença do outro, num movimento dialético em que o "não-eu" se reconhece como "si-próprio" (FREIRE, 1996, p. 11).

Oliveira (2013) afirma que muito embora a Lei Berenice Piana, já mencionada anteriormente, considere o autismo como uma deficiência (BRASIL, 2012), esse transtorno do neurodesenvolvimento também pode ser compreendido como uma diferença, que se manifesta em um "modo distinto de ser no mundo" (SANER, 2007, *apud* OLIVEIRA, 2013). É preciso validar e incluir todas as existências humanas, suas manifestações individuais e expressões de vida.

> A inclusão celebra a diversidade como algo positivo, buscando eliminar – ou ao menos minimizar – a padronização, a estigmatização e a rotulação de pessoas, considerando que as diferenças de raça, crença, orientação sexual, modos de vestir e as deficiências são características do ser humano (LOURO, 2009, p. 8).

Leal (2018, p. 157) ratifica que "incluir não é apenas matricular ou colocar junto das demais crianças". Esta última expressão nos remete ao conceito de integração, que ocorreria pela "inserção pura e simples" das pessoas com deficiência, que, por meio de seus próprios esforços, méritos e condições, conseguiriam usufruir dos espaços (MATTOS, 2002), ou seja, não há nenhuma adaptação específica ou superação de barreiras por parte da sociedade que promova acessibilidade da pessoa com deficiência, pelo contrário, a pessoa com deficiência é que se adaptaria ao que está pronto e acabado.

Na educação infantil, como citado anteriormente, há integração de duas práticas: o cuidar e o educar, no entanto, Leal (2018) chama atenção ao fato de que o preconceito em relação ao público da educação inclusiva pode levar o trabalho desenvolvido unicamente à ênfase de cuidado, provocando, assim, a negligência às práticas educativas, que também são direito dos estudantes que apresentam necessidades educacionais especiais.

Esses direitos são garantidos em diversas leis, resoluções e diretrizes que norteiam a prática pedagógica nacional. Como o constante na Resolução CNE/CEB de nº 02/2001, artigo 1º, parágrafo único, aludindo que

> O atendimento escolar desses alunos [que apresentam necessidades educacionais especiais] terá início na educação infantil, nas creches e pré-escolas, assegurando-lhes os serviços de educação especial sempre que se evidencie, mediante avaliação e interação com a família e a comunidade, a necessidade de atendimento educacional especializado (BRASIL, 2001, s/p.).

Ou o que é assegurado pelo DCNEI: "A acessibilidade de espaços, materiais, objetos, brinquedos e instruções para as crianças com deficiência, transtornos globais de desenvolvimento e altas habilidades/superdotação" (BRASIL, 2010, p. 21).

Também o que afirma na Lei de Inclusão, já mencionada, no artigo 4º, parágrafo único, que "Toda pessoa com deficiência tem direito à igualdade de oportunidades com as demais pessoas e não sofrerá nenhuma espécie de discriminação" (BRASIL, 2015, s/p.). A igualdade de oportunidades se reflete, na mesma lei, também por meio da

> [...] acessibilidade: possibilidade e condição de alcance para utilização, com segurança e autonomia, de espaços, mobiliários, equipamentos urbanos, edificações, transportes, informação e comunicação, inclusive seus sistemas e tecnologias, bem como de outros serviços e instalações abertos ao público, de uso público ou privados de uso coletivo, tanto na zona urbana como na rural, por pessoa com deficiência ou com mobilidade reduzida (BRASIL, 2015, s/p.).

Não obstante, a Política Nacional de Educação Especial: Equitativa, Inclusiva e com Aprendizado ao Longo da Vida acentua como uma das responsabilidades dos sistemas de ensino

> [...] promover a organização e o funcionamento dos serviços da educação especial de maneira acessível, flexível, multifuncional, equitativa, inclusiva e com foco no aprendizado ao longo da vida, comprometidos com o sucesso acadêmico de todos os educandos, com respeito e valorização tanto da singularidade quanto da diversidade na escola (BRASIL, 2020, p. 88).

É importante compreender que os direitos garantidos aos sujeitos autistas e a todos e todas pertencentes ao grupo de pessoas com deficiência subsidiam o exercício do ser mais, porque valorizam e reconhecem todas as pessoas e suas individualidades como parte do mundo, os retiram da invisibilidade provocada pela exclusão e pela segregação.

O ser-mais é a "consciência da minha presença no mundo" com vista à superação de determinantes ou estigmas de ordem genética, biológica, cultural ou social aos quais estamos submetidos. A essa tomada de consciência inclui-se o reconhecimento de nossa situação de oprimidos, ou seja, de condicionados, mas não de seres determinados (FREIRE, 1996).

Podemos encontrar sustentação para os pressupostos do ser-mais na Constituição Federal de 1988 quando cita "a dignidade da pessoa humana"[105] como um dos fundamentos do Estado Democrático (BRASIL, 1988). Ou quando insere como um dos objetivos fundamentais "construir uma sociedade livre, justa e solidária". Freire clamava por liberdade, a liberdade de humanizarmo-nos, num processo natural humano de vir-a-ser, que se realiza na interação com o mundo e com os semelhantes (HENZ, 2010, s/p. *apud* REDIN; STRECK; ZITKOSKI, 2010).

Nossos semelhantes são todos e todas. A constituição também traz como objetivo fundamental "promover o bem de todos, sem preconceito de origem, raça, sexo, cor, idade e *quaisquer outras formas de discriminação*"[106] (BRASIL, 1988, s/p., grifo nosso). Uma sociedade livre e consciente de si, justa porque se constitui com e no outro, evoca a solidariedade dos existires, que representa uma das condições para a busca do ser mais, uma vez que refuta toda e qualquer relação opressor-oprimido. Interagindo, assim, objetividades e consequentemente subjetividades, existências e individualidades, isto é, o eu e outro, a totalidade do eu constituída no e com o outro.

---

[105] Art. 1º, inciso III.
[106] Art. 2º, incisos I e IV, respectivamente. Discriminação pela condição neurodiversa, como no TEA, por exemplo.

6
METODOLOGIA

6.1 QUESTÃO

Estratégias musicais articuladas ao modelo DIR/*Floortime* podem contribuir para o desenvolvimento de crianças autistas? De que forma?

6.2 HIPÓTESE

É possível estabelecer relações entre estratégias musicais como a composição, apreciação e performance e o modelo DIR/*Floortime* de maneira a favorecer o desenvolvimento da atenção, interação e comunicação de crianças autistas.

6.3 OBJETIVO GERAL

Compreender como/se estratégias musicais articuladas ao modelo DIR/*Floortime* podem contribuir para o desenvolvimento da atenção, interação e comunicação de crianças diagnosticadas com o Transtorno do Espectro do Autismo inseridas no contexto escolar.

6.4 OBJETIVOS ESPECÍFICOS

- Compreender as individualidades dos participantes da pesquisa a partir da Avaliação Global do Desenvolvimento;
- Analisar o desenvolvimento da atenção, interação e comunicação de cinco crianças autistas de um Centro Municipal de Educação Infantil (CMEI);
- Relacionar a interface Música, Autismo e DIR/*Floortime* na literatura;

- Refletir sobre o desenvolvimento de crianças autistas e o conceito de "ser mais" em Paulo Freire;
- Sistematizar um produto educativo denominado "Balabamúsica", composto de cartões musicais com músicas criadas durante a intervenção.

6.5 MÉTODO

Este trabalho trata-se de uma pesquisa qualitativa, com base metodológica na pesquisa-intervenção (ROCHA; AGUIAR, 2003) para a coleta de dados, e no método comparativo (FACHIN, 2006) para a análise deles.

A pesquisa qualitativa possibilita ao pesquisador desenvolver um problema e formular questões que refletem seu interesse pessoal, prima pela totalidade da experiência e a partir disso busca por significados e essências dessa experiência, levantando dados que se configuram como elementos imperativos para compreender o comportamento humano (MOUSTAKAS, 1994 *apud* SZYMANSKI; CURY, 2004, p. 356-358).

Optamos pela pesquisa-intervenção para fundamentar a intervenção clínica desenvolvida neste estudo. A pesquisa-intervenção se caracteriza como uma tendência de pesquisa que "busca investigar a vida de coletividades na sua diversidade qualitativa" (ROCHA; AGUIAR, 2003, p. 66). Ela propõe rompimentos quanto ao paradigma da neutralidade e da objetividade, sublinhando uma relação dinâmica entre o pesquisador e o sujeito/objeto pesquisado, caracterizando a pesquisa como uma "produção de grupo envolvido", a ação do pesquisador modifica o objeto estudado (ROCHA; AGUIAR, 2004, p. 72 e 65).

A análise de dados se deu por meio do método comparativo. Esse método permite suscitar semelhanças e divergências entre dados concretos e, por meio da comparação, buscar compreender o comportamento humano em seus grupos e subgrupos sociais (FACHIN, 2006, p. 40-41).

A primeira etapa metodológica consistiu na produção de dados por meio da aplicação da AGD — Avaliação Global do Desenvolvimento —, uma escala desenvolvida pelo Centro de Desenvolvimento Infantil, instituição pioneira no modelo DIR/*Floortime* no Brasil. Para melhor se articular ao objetivo geral desta pesquisa, optamos em não utilizar a escala em sua integralidade, para tanto, propomos uma adaptação a dividindo em duas seções: seção A — Diferenças Individuais — e seção B — Capacidades 1 a

3 do Desenvolvimento Funcional e Emocional. A "seção A" foi utilizada para atender ao objetivo específico de compreender as individualidades dos participantes, os aspectos sensório-motores e perfil de linguagem, essenciais para se pensar os encontros com cada criança. A "seção B" diz respeito ao nosso objeto de análise, por meio desse recorte aplicamos o método comparativo, em que analisamos o desenvolvimento das capacidades 1, 2 e 3 (atenção, interação e comunicação).

Essa escala foi aplicada por meio observacional, em que interagimos com o indivíduo espontaneamente por meio de brincadeiras durante alguns encontros para levantar dados suficientes para responder às questões presentes na avaliação. Foram reservados quatro encontros para a aplicação da AGD antes das intervenções iniciarem.

A segunda etapa consistiu na intervenção propriamente dita, utilizando-se de estratégias musicais aplicadas ao modelo DIR/*Floortime*, durante quatro vezes por semana, em um período de aproximadamente dois meses.

A terceira etapa se deu após o período de intervenção, em que foi aplicada novamente a seção B da AGD a fim de se levantar dados para a comparação. A ênfase da análise se concentrou em possíveis alterações nas três primeiras capacidades do desenvolvimento funcional e emocional (atenção, interação e comunicação).

A análise dos dados por meio do método comparativo foi composta de dois momentos: (1) analógico, no qual visamos identificar, primeiramente, as semelhanças dos dados antes e depois da intervenção, e (2) contrastivo, no qual buscamos analisar as possíveis diferenças provocadas antes e depois das intervenções (SCHNEIDER; SCHIMITT, 1998).

Para a interpretação dos dados, utilizamos a triangulação entre as análises qualitativas, as descrições presentes no diário de pesquisa, os dados presentes no Questionário Final aos Profissionais, no Questionário Final aos Responsáveis, colhidos por meio de questionário on-line, discussões e conclusões.

6.6 SUJEITOS DA PESQUISA

Foram selecionadas cinco crianças conforme os seguintes critérios de inclusão: (1) diagnóstico de autismo; (2) idade entre 2 e 5 anos; (3) estudantes da educação infantil; (4) ausência de experiência anterior com o modelo DIR/*Floortime*.

As crianças foram selecionadas pela equipe de profissionais da escola: gestora escolar, coordenadora pedagógica, professora responsável pela turma e pela profissional responsável pelo Atendimento Educacional Especializado (AEE).

Também participaram da pesquisa familiares, professores e acompanhantes das crianças por meio de entrevistas estruturadas. Os familiares responderam ao "Questionário Final aos Responsáveis" e os professores e acompanhantes/mediadores responderam ao "Questionário Final aos Profissionais". As respostas foram utilizadas como dados para a triangulação das informações para a análise de dados, discussão e conclusão.

Adiante apresentamos as crianças participantes desta pesquisa. As informações foram elaboradas por meio da entrevista inicial com os familiares, das observações no dia a dia, da Avaliação Global do Desenvolvimento e do diário de pesquisa. Propomos títulos que pudessem informar poética e afetivamente as características únicas de cada criança.

6.6.1 Dan: da euforia do afeto à calma do brincar

No período da pesquisa, Dan[107] tinha 3 anos de idade, fazia parte do Grupo 3 na escola, turma em que a professora Gina era a responsável. Uma criança divertida, empolgada e bastante comunicativa. A marca afetiva de Dan era sua alegria ao entrar na biblioteca para a intervenção. Já saía de sua sala de aula correndo na frente, abrindo a porta da biblioteca e, em quase todos os encontros, dava um super salto no almofadão de *lycra*[108], procurava por livros e queria que tudo começasse logo.

Dan era um pequeno grande experienciador dos afetos positivos, expressando alegria intensa e entusiasmo. Seus sorrisos radiantes, risadas contagiantes, pulos de alegria, abraços afetuosos e até mesmo seu correr e pular de maneira animada desenhavam o que chamamos de "euforia do afeto".

Via-se em Dan a capacidade inata de se maravilhar com as coisas simples da vida. O mesmo acontecia em suas pequenas conquistas, quando aprendia algo novo, quando conseguia brincar com os amigos, quando

---

[107] Os nomes de todas as pessoas participantes desta pesquisa são fictícios atendendo às exigências do comitê de ética ao qual este estudo foi submetido.
[108] Recurso de acomodação sensorial.

realizava atividades que lhe traziam prazer, e também ao receber elogios e demonstrações de amor e carinho.

Dan se sentia em um ambiente seguro e estimulante para expressar sua vitalidade e bem-estar emocional, e assim, durante a pesquisa, fomos criando memórias positivas e afetivas, quer seja com os muitos momentos felizes, quer seja com os momentos em que precisávamos conversar sobre suas emoções mais desafiadoras.

As emoções mais desafiadoras para Dan estavam associadas às frustrações. Por ser uma criança que inicia muitas ideias e desejante por explorar mundo e as novidades, Dan experimentava frequentes episódios de frustração, pois precisava de mediação sobre o tempo das coisas, quando começam, quando precisam terminar, quando era o momento ideal para brincar e quais as maneiras mais saudáveis de brincar e compartilhar a brincadeira.

Seu interesse pelo mundo, expressado por meio de sua curiosidade e necessidade de explorar o ambiente associado à sua constante movimentação, desenhava não apenas a beleza de uma euforia do afeto por estar em um ambiente prazeroso e acolhedor, desenhava também as primeiras características acerca do perfil sensório-afetivo-motor de Dan, que seria norteador para uma intervenção pensada sob medida respeitando sua individualidade e seus interesses.

Diferenças Individuais de Dan

Em relação ao domínio sensorial de Dan, identificamos maior responsividade nos sistemas sensoriais auditivo e tátil e baixa resposta associada à procura sensorial em relação aos sistemas visual e vestibular, interesse em atividades que envolviam estímulos proprioceptivos, o que contribuía para sua autorregulação. Em relação aos sistemas gustativo e olfativo não foi possível observar o tipo de resposta. Quanto ao sistema interoceptivo[109], Dan conseguia perceber seus estados internos como fome, sede, dor, necessidades fisiológicas, dentre outros fatores.

Diante do exposto, nota-se que o perfil sensorial predominante de Dan é o de baixa resposta com comportamentos de procura sensorial, isso quer dizer que ele apresentou no período da pesquisa uma constante

---

[109] Um dos sistemas sensoriais do corpo humano responsável por monitorar e transmitir informações sobre as sensações internas do organismo.

necessidade de obter informações sensoriais do ambiente, isto é, uma busca por sensações diversas que pudessem satisfazer suas necessidades sensoriais.

Dan poderia ser facilmente confundido com "uma criança que não para", afinal, o baixo registro associado a comportamentos de procura sensorial impacta a estabilidade de atenção, concentração e outras capacidades basilares do desenvolvimento funcional e emocional (SERRANO, 2016; GREENSPAN; WIEDER, 2006a).

Serrano (2016) assevera que os comportamentos de procura sensorial podem impactar a interação social, uma vez que leva o indivíduo a, muitas vezes, não respeitar os limites físicos do outro e a ser invasivo. Esse comportamento se manifestava no cotidiano de Dan. Segundo relato da professora, ele apresentava dificuldade para se integrar à turma durante as brincadeiras, preferia brincar sozinho, tinha dificuldade para compartilhar os brinquedos e poderia se desregular emocionalmente com facilidade.

Crianças com procura sensorial podem ter respostas variáveis, principalmente se suas necessidades sensoriais não forem atendidas, elas podem parecer exageradas e exigentes em suas manifestações emocionais (SERRANO, 2016). Dan apresentava uma expressiva dificuldade em administrar suas emoções frente a frustrações e principalmente em trocas de turno e transições. Tais evidências mostraram o quanto um trabalho de base afetiva e voltado para o desenvolvimento das três primeiras capacidades poderia ajudá-lo em suas questões.

Dan apresentou um bom planejamento motor durante a pesquisa. Ele conseguia realizar ações físicas simples e também complexas para indicar e realizar seus desejos, como olhar e criar um meio de alcançar o que queria. Imitava e também espelhava gestos, o que provavelmente contribuiu para ampliar seu repertório corporal e para o seu desenvolvimento motor.

O desafio em relação a essa área se articulava ao seu perfil de baixo registro com procura sensorial, o que impactava quanto à força e à intensidade afetiva que poderia imprimir ao brincar, levando a comportamentos como jogar brinquedos, quebrá-los, desmontar com muita pressa podendo oferecer riscos, o que impactava também a sua interação com os colegas de turma. Tais comportamentos, como podemos observar, têm fundamentos em seu perfil sensorial.

ESTRATÉGIAS MUSICAIS E DIR/*FLOORTIME*

Quanto ao processamento receptivo auditivo e verbal, Dan demonstrou muitas habilidades, como perceber a fonte auditiva no ambiente, as diferentes tonalidades e timbres vocais, o que auxiliava na brincadeira com personagens em interações verbais e musicais. Também respondia às palavras-chave, compreendia questões envolvendo "quem, como, o que, onde e se" apresentando excelentes habilidades e repertório de linguagem amplo, podendo, inclusive, se engajar em conversações envolvendo ideias abstratas. Dan deu vida a muitos personagens por meio dos quais nos envolveu em diálogos longos e divertidos, operando capacidades mais elevadas como "fazer ponte entre ideias (capacidade 6)".

Os maiores desafios de Dan nessa área estavam relacionados a seguir comandos e também em compreender episódios e outros elementos quando exposto ao estresse. O seu perfil sensorial poderia levá-lo a muitos lugares, em contato com muitos objetos e estímulos ao mesmo tempo, provocando ainda mais um nível de alerta elevado, considerando que os *inputs*[110] têm efeito cumulativo para o sistema nervoso (SERRANO, 2016). Comandos como escolher apenas alguns instrumentos, negociações e transições poderiam levar Dan à desregulação.

Assim como na área de planejamento motor, Dan se destacou em relação ao processamento expressivo auditivo e verbal, se mostrando uma criança cheia de energia e expressividade, utilizando seu repertório corporal e vocal com intenção comunicativa, também utilizava de tons e sons afetivos com intencionalidade, tal como usava frases com sentido em fluxo recíproco para demonstrar seus desejos, relatar seu cotidiano, demonstrar suas ações, e, no decorrer do projeto, também para conversar sobre suas emoções.

Em relação ao processamento espaço-visual, Dan conseguia focar no objeto desejado, procurar objetos que eram escondidos e persistir nessa procura e também conseguia seguir o olhar do outro ao indicar onde o objeto poderia estar. Seu baixo registro visual com procura sensorial o levava a ter dificuldade de diferenciar o estímulo visual saliente do plano de fundo. Dan se enquadraria na característica de "ver a floresta" e não a árvore, isto é, observar cada item presente em um ambiente, ao ponto de ter dificuldade para encontrar um determinado objeto.

No que diz respeito à práxis (conceber, organizar e realizar ações, de acordo com Serrano, 2016), Dan apresentava, inicialmente, um desafio

---

[110] É comum o uso do termo importado *input* para se referir às entradas sensoriais do ambiente.

para sequenciar sua ação em relação ao objeto. Anteriormente descrevemos que ele apresentava um bom planejamento motor, mas a habilidade de práxis ainda era um desafio, nesse sentido, levantamos uma hipótese: planejar uma ação isoladamente pode ser mais fácil para Dan, mas quando a ação envolve a operação simultânea da tríade ideação, planejamento motor e execução — práxis —, torna-se mais complexo, portanto, com maior grau de desafio para ele.

Sua dificuldade com a práxis associada ao seu perfil predominante de baixo registro com procura sensorial poderiam ser motivações importantes para o comportamento de lançar brinquedos ao longe. Era bastante presente o comportamento de Dan em querer determinados instrumentos e/ou objetos, mas ter dificuldade no que fazer com eles ou como brincar com eles, o que o levava a brincadeiras nem sempre típicas, por exemplo, ao invés de tocar os instrumentos, Dan se interessava mais em construir coisas com eles. Aqui entramos em outra questão, porque a ideação de Dan poderia consistir em exatamente construir coisas com os instrumentos musicais considerando as múltiplas formas, tamanhos e variedades de elementos.

Mas a hipótese é de que, quando ele se sobrecarregava sensorialmente e não dava conta de sua euforia, a habilidade de ideação era afetada, não conseguindo acessar as etapas seguintes (sequenciar e executar), levando a comportamentos como lançar os objetos ou então escondê-los.

6.6.2 O desabrochar de Dora: as emoções dançam, falam e criam

Dora tinha 4 anos no período da pesquisa, era estudante do Grupo 4, sob a responsabilidade da professora Ela, também professora de outras duas crianças participantes da pesquisa, Vitor e Nico.

Dora tinha um brilho especial nos seus olhinhos claros e pequenos que demonstravam bastante timidez, mas, ao mesmo tempo, curiosidade para saber o que de bom poderia aguardá-la na sala da biblioteca com um "tio" completamente diferente segurando um violão. Sua desconfiança se externava em seus curtos passos ao se deslocar de sua sala de aula, atendendo ao pedido de sua professora e contando com o acompanhamento de um AADEE.

Assim que entrou na divertida e colorida biblioteca, Dora já ia retirando suas sandálias e imediatamente se deitando no grande almofadão fofinho que acolhia todo seu corpo, oferecendo a acomodação perfeita para seu perfil sensório-afetivo-motor. Aparentemente, aquilo era só o que ela precisava. Deitava-se feito quem observava as formas das nuvens no céu, nenhuma palavra, apenas um olhar presente e imaginativo e um corpo que se interessava por mais tato profundo, como um alimento sensorial indispensável.

Dora tinha seu próprio tempo até se sentir confortável e confiante para interagir nas intervenções. Ela se enquadrava no que comumente denominamos de "criança de vínculo", isso quer dizer que, ao passo em que criar vínculos poderia ser um grande desafio emocional, somente por meio de um vínculo robusto e bem estabelecido é que Dora conseguiria expandir as suas capacidades.

Seguir a liderança é um dos princípios do DIR/*Floortime*, e para Dora essa característica foi a mais imprescindível do que todas as outras, porque ela se sentia respeitada e acolhida, podendo, aos poucos, desabrochar suas capacidades com segurança.

Inicialmente, Dora apresentou um comportamento mais reservado, se deitava no almofadão e passava muitos minutos observando a sala, os itens, os livros, os instrumentos e as pessoas presentes. Não parecia um olhar vazio, que via objetivamente os elementos concretos, mas se tratava de um olhar imaginativo também, como se estivesse procurando novas ideias para brincar. Esse dado será importante para compreendermos o salto criativo, expressivo e comunicativo que Dora dá no desenrolar dos encontros.

Seu tempo era respeitado e seus sinais corporais também eram acolhidos, porque para um modelo baseado no afeto, na relação e nos aspectos sensório-motores, "o corpo fala". As expressões corporais, os gestos, a postura e movimentos de Dora transmitiam informações e comunicavam mensagens a respeito de suas necessidades sensório-afetivo-motoras.

No início dos encontros, quando ela ainda não explorava sua linguagem verbal, até mesmo sua maneira de comunicar desejos era por meio de sua linguagem corporal. As reações das crianças frente a alguns estímulos (baixo registro ou muita reatividade) e suas procuras sensoriais no ambiente sinalizam aspectos inerentes às suas diferenças individuais que devem ser respeitadas não apenas pelo bem-estar da criança, mas porque aquele será o caminho pelo qual ela poderá demonstrar e expandir suas capacidades, uma vez que contará com estímulos que favorecerão e acomodarão seu perfil individual único. Veremos mais adiante que após passarmos os minutos iniciais dos encontros realizando brincadeiras e *inputs* no almofadão e se envolvendo em trocas emocionais por meio de estratégias musicais, Dora devolvia respostas cada vez mais ativas e complexas, explorando diversas linguagens.

Diferenças Individuais de Dora

Em se tratando dos domínios sensoriais, Dora apresentou durante a pesquisa maior reatividade a estímulos sonoros, mais precisamente os ruidosos e inesperados. Apresentou baixo registro com procura sensorial quanto aos sistemas tátil e vestibular, e se regulava bastante no almofadão com o tato profundo. Em relação aos sistemas visual e interoceptivo, não apresentou nenhuma alteração. Sobre aos sistemas gustativo e olfativo, não foi possível observar alterações.

Com perfil de planejamento motor semelhante ao de Dan, Dora conseguia realizar pequenas e também complexas ações físicas para indicar seus desejos. Espelhava gestos, realizava imitações com frequência, imitava ações com sentido e conseguia se movimentar no espaço para explorar o ambiente, embora retornasse para o almofadão para se reorganizar sensorialmente. Fazia uso intencional dos brinquedos, livros e instrumentos musicais, mas também conseguia expandir sua forma de brincar de maneira simbólica.

Dora mostrou-se bastante expressiva corporalmente durante a pesquisa. Nos primeiros dias mostrava-se tímida e pouco expressiva, mas à medida que íamos amadurecendo o vínculo, muitos avanços começaram a acontecer, além de ela se sentir à vontade e em um ambiente afetivo e seguro para explorar suas habilidades.

Acerca do processamento receptivo auditivo e verbal, Dora demostrou muitas habilidades. Sua reatividade auditiva estava muito mais relacionada a sons de intensidade elevada, sons desconhecidos e ruídos inesperados. Antecipando o *input* auditivo, Dora conseguia se organizar frente ao estímulo. Inicialmente, Dora demonstrava pouca ou quase nenhuma habilidade de fala, o que às vezes gerava dúvidas quanto ao seu grau de compreensão das informações recebidas. Constatamos, juntamente à família e aos profissionais da escola, que de fato Dora procurava se comunicar pouco ou quase nada socialmente, aspecto sobre o qual iremos nos debruçar na análise dos resultados.

Dora conseguia perceber a fonte auditiva do ambiente, tinha um interesse especial por música, o que se expandiu com as interações ao nível de composição, juntamente às habilidades de processamento expressivo e das capacidades do desenvolvimento. Também percebia diferentes tons de voz, respondia aos gestos na interação e conseguia mudar a atenção auditiva entre ela e o outro. Inicialmente não conseguia se engajar em um diálogo bidirecional em fluxo recíproco, e menos ainda em conversações com ideias abstratas.

Quanto a seguir comandos, a família relatou durante as entrevistas que Dora sempre os seguia sem questionar, o que para eles era uma questão a ser melhorada, pois gostariam que sua filha manifestasse mais seus desejos, escolhas e principalmente discordâncias e insatisfações. Com o passar das intervenções, Dora começou a expressar suas objeções ou a comunicar, por exemplo, quando não queria participar do encontro porque queria brincar com os amigos. Discorreremos sobre esse episódio mais adiante.

Em relação ao processamento expressivo auditivo e verbal, Dora chegou aos atendimentos demonstrando-se mais autoabsorvida e tímida. Logo nos primeiros dias ficou evidente que Dora era uma criança "de vínculo", ou seja, sem desenvolver um vínculo afetivo primeiro, as experiências poderiam ser pouco proveitosas e as trocas emocionais reduzidas. Dora parecia gostar de estar no ambiente da intervenção, principalmente devido ao almofadão de *lycra* onde se deitava por minutos a fio e buscava se apertar, se contorcer, abraçar e pressionar-se contra àquele "pedacinho de nuvem", como ela mesma já descreveu. Porém, se expressava pouco, não usava uma só palavra, no melhor dos dias iniciais, realizava vocalizações como grunhidos e murmúrios, externando seu prazer nas interações.

Aos poucos Dora soltava algumas palavras-chave, e aproximadamente na metade do período de intervenção é que Dora consegue se engajar em comunicação complexa, abrindo e fechando círculos e expandindo sua expressividade para o corpo e também para composição de músicas. Iremos nos debruçar mais adiante sobre esses aspectos.

Sobre o processamento espaço-visual, Dora consegue focar no objeto desejado, alternar o olhar com o outro, seguir o olhar do outro indicando um objeto, mas apresentava dificuldade para diferenciar o estímulo visual saliente do plano de fundo. Procurava por objetos quando escondidos e explorava as áreas do ambiente em brincadeiras de se esconder.

Acerca da práxis, inicialmente Dora apresentou uma dificuldade acentuada na iniciação das interações e na ideação. Contudo, com o passar do tempo, foi conseguindo melhorar nesses aspectos e consequentemente sugeriu temas, propôs brincadeiras, estórias e músicas, desenvolvendo as etapas da sequência e organizando seus sentidos para desenvolver o plano.

6.6.3 Lia: entre o afeto que acolhe e a fantasia do sentir

Lia, uma menina de 2 anos de idade no período da pesquisa, era uma criança que sentia muito os estímulos do mundo. Ela fazia parte do Grupo 2 na escola, sob o comando da professora Ani, e tinha consigo uma AADEE que a acompanhou em todos os seus atendimentos, demonstrando ser um excelente suporte emocional, a tia Enna.

Podemos dizer que Lia apresentou como aspectos marcantes sensibilidade, comunicação e criatividade. Comunicativa, Lia conseguia se expressar por meio da linguagem verbal e não verbal, expressava suas necessidades, era transparente com seus pensamentos, mas comunicar ou lidar com suas emoções era demasiadamente complexo. Nas interações, com brincadeiras espontâneas, musicais e simbólicas, Lia explorava gestos, sinais, imagens, palavras e outros meios de expressão de maneira fluida e engajada, mas suas habilidades comunicacionais ainda não eram suficientes para alcançar suas próprias emoções, o que a levava a constantes episódios de desregulação.

Lia tinha uma imaginação vívida, mostrava-se envolvida em atividades artísticas, inventando estórias, improvisando músicas, brincando imaginativamente ou demonstrando habilidades criativas em diferentes áreas. Sua criatividade era uma fonte de expressão e empoderamento, por meio da qual ela explorava seu interesse pelo mundo de maneira única e original.

Observamos que nada poderia deixá-la se sentir mais presente do que atividades e interações que envolviam música, corpo e movimento. Sua imaginação era o caminho pelo qual galgaríamos juntos o universo do desenvolvimento funcional e emocional por meio das estratégias musicais.

Sua sensibilidade estava associada ao seu perfil sensorial. Lia parecia ser íntima do universo emocional, com frequência imprimia nas interações sentimentos de alegria e de tristeza, usando tons emocionais e expressões corporais. Esses sentimentos apareciam nas brincadeiras com bonecas, com os livros e também nas músicas quando ela propunha os temas. Mesmo sensível e tendo esse contato com o universo das emoções, Lia tinha uma evidente dificuldade em lidar com suas frustrações emocionais, com transições e com acontecimentos inesperados.

Uma das características predominantes de Lia era o que chamamos de "baixo limiar", ou seja, uma criança que apresenta sensibilidade aumentada a estímulos sensoriais e emocionais. Lia se sentia constantemente sobrecarregada pelos estímulos do ambiente escolar, os muitos eventos, transições, interações e toda dinâmica complexa de uma escola orgânica.

Para ilustrar a ideia de baixo e alto limiar, tomemos o processamento sensorial como um muro que filtra os estímulos do ambiente. Uma criança autista com baixo limiar teria um "muro" mais baixo, o que significa que os estímulos sensoriais passam com mais facilidade e intensidade. Isso pode resultar em uma resposta exagerada ou aversiva a estímulos sensoriais comuns, como barulhos, luzes brilhantes ou texturas desconfortáveis. O muro baixo permite que esses estímulos cheguem rapidamente e em maior intensidade, causando desconforto ou sobrecarga sensorial, como acontecia com Lia.

Mas o contrário também existe, uma criança autista com alto limiar teria um "muro" mais erguido, que dificulta a entrada dos estímulos sensoriais. Essas crianças podem ter dificuldade em perceber ou responder a estímulos sensoriais sutis. Elas podem precisar de estímulos mais intensos para notá-los ou podem parecer menos reativas a estímulos sensoriais que seriam considerados significativos para outras pessoas.

É importante ressaltar que o limiar sensorial pode variar amplamente entre as crianças autistas e mesmo em diferentes modalidades sensoriais. Além disso, algumas crianças autistas podem apresentar uma combinação de limiares sensoriais altos e baixos para diferentes tipos de estímulos.

A compreensão do limiar sensorial de Lia foi essencial para adaptar o ambiente, fornecer suporte adequado e ajudá-la a regular suas respostas sensoriais e suas emoções. Nos diversos episódios em que Lia apresentou o comportamento de desregulação motivado pelo seu baixo limiar, as acomodações sensoriais foram importantes, mas o suporte emocional como o diálogo e o acolhimento foram imprescindíveis. Compreenderemos mais adiante como Lia foi se apropriando mais de suas emoções e aprendendo se autorregular com o passar das semanas.

Diferenças Individuais de Lia

O domínio sensorial de Lia caracterizou-se pelo baixo registro com procura sensorial pelos estímulos auditivos, visuais e táteis, por alto registro no sistema vestibular, e percebemos que ela adorava o tato profundo e também estímulos proprioceptivos como meio de se organizar sensorialmente. Não observamos alterações no sistema interoceptivo. Alterações gustativas não foram observadas durante a pesquisa, e a família informou alterações olfativas: "[...] às vezes se incomoda e pergunta ‹que cheiro é esse?'" (Line, mãe de Lia).

Lia apresentava um médio interesse em atividades que envolviam correr, vez em quando andava pelo pátio, mas logo em seguida precisava se sentar, encostar em algum lugar e por vezes também pedia "colinho". O movimento corporal era mais presente nos membros superiores, Lia levantava os braços, pegava instrumentos, tocava com força, gestos amplos e performance intensa.

Seu perfil de baixo registro com procura sensorial nos sistemas tátil, auditivo e visual, associado ao alto registro sobre o sistema vestibular, a levou a ter preferências por brincadeiras no chão, sempre de posse de brinquedos que pudesse manusear, apertar, montar, modificar e que favorecessem o seu brincar simbólico. Lia era uma criança muito imaginativa e falante, mas via-se pouca interação, trocas e interesses com seus pares.

Em relação ao planejamento motor, Lia realizava ações simples como indicar desejos, olhar o que quer e alcançar desde que não estivesse em locais altos. Espelhava gestos, fazia imitações simples, gostava de dança, mas o fazia mais quando sentada e apoiada pelo almofadão de *lycra*.

Esse apoio sensorial foi um excelente suporte para as interações de Lia, já que a auxiliava a perceber seu corpo, oferecia *input* tátil, contemplando a sua procura por esse estímulo e também a auxiliava a posturar-se melhor durante as intervenções.

Lia demonstrava uma necessidade frequente de estimulação proprioceptiva, buscando ativamente formas de estimular suas articulações, como pressionar objetos, tocar instrumentos musicais com muita força, dobrar-se, dentre outras. Também gostava de pular, mas esse seu interesse era impactado devido a sua insegurança vestibular, postural e equilíbrio.

A respeito do equilíbrio, Serrano (2016, p. 17) nos ensina que

A informação vestibular ajuda-nos a manter o equilíbrio e informa-nos se estamos em movimento ou parados, a que velocidade e em que direção nos movemos. Em conjunto com o sistema visual, registra os movimentos dos objetos à nossa volta. Quando o sistema vestibular está bem regulado, a criança consegue saber quanto se pode balançar sem cair ou até onde pode subir sem se colocar em perigo.

Lia demonstrava bastante medo de altura. A sala de intervenção possuía prateleiras com uma estrutura semelhante a uma escada, com degraus e plataformas horizontais em diferentes níveis, montados por toda a parede. Esses degraus, projetados para acomodar os livros de forma organizada e acessível para as crianças, tinham uma altura de aproximadamente 50 centímetros. É possível que o formato de escadas tenha atraído Lia já nas últimas sessões da intervenção. Sentindo-se em um ambiente seguro e afetivo, ela começou a expandir seu interesse em contar estórias do alto de um "palco", esse palco eram as prateleiras. Embora pequenas e adequadas ao seu tamanho, Lia chegava a tremer de medo, mesmo assim, insistia e se apoiava nas pessoas em que podia confiar naquele momento, esses comportamentos demonstravam uma insegurança gravitacional, aspecto relacionado ao sistema vestibular.

Via-se um "brilho nos olhos" ao chegar no último degrau e ver tudo de cima. O próximo desafio que propôs para si mesma era o de pular do alto até o almofadão de *lycra*. Algumas tentativas foram difíceis demais, mas faziam parte do seu processo de experimentação. Aos poucos, principalmente porque se percebia acolhida e por meio dos suportes afetivos e do ambiente, Lia conseguiu testar o grande salto do alto. Sua sensação de alegria era contagiante, era como se ela estivesse, pela primeira vez, encorajada para voar e ir além de suas limitações sensoriais.

Esse relato é importante porque ele expressa os diferentes tipos de respostas sensoriais interagindo simultaneamente: o desafio vestibular para subir na prateleira, já que possui um baixo registro de seu corpo em relação ao ambiente e à altura; o interesse pelo estímulo proprioceptivo quando queria pular para o almofadão; motivada a subir as escadas, provavelmente pelo perfil de baixo registro tátil e visual associados ao comportamento de busca, para alcançar mais livros e poder alimentar seu sistema visual de um quadro geral do ambiente em que estava diariamente.

Lia demonstrava uma preferência consistente por sentar-se na posição de "W", na qual as pernas ficam dobradas e afastadas, formando um "W" invertido. Essa postura específica era uma maneira de estimular suas articulações e proporcionar uma sensação de estabilidade, conforto e controle postural.

Serrano (2016) informa que crianças com tendência a assumirem posturas inativas podem recorrer ao movimento de sentar-se em "W", o que pode levantar preocupações ergonômicas, uma vez que essa posição pode colocar uma carga excessiva nas articulações e nos músculos das pernas, ocasionando possíveis desequilíbrios musculares e restrições de movimento ao longo do tempo. Para ajudar Lia, nós a encorajávamos a variar suas posições de sentar-se, incentivando a adoção de posturas mais adequadas, como sentar-se com as pernas estendidas. Também ajustávamos o almofadão conforme se movimentava de maneira a oferecer maior suporte postural.

Os estímulos proprioceptivos ajudavam Lia a obter um feedback corporal e a regular seu sistema sensorial, proporcionando uma sensação de calma, consciência corporal e organização sensorial. O interesse pelo estímulo proprioceptivo se caracterizava como uma estratégia de Lia para se autorregular e buscar uma sensação de conforto e equilíbrio.

Ela explorava o ambiente ao entrar na sala de atendimento, procurava pelos objetos de seu interesse entre os livros e instrumentos musicais, mas logo procurava se ancorar. Um brinquedo que fazia Lia sair do almofadão e explorar mais ainda o ambiente corporalmente era a bolha de sabão, brinquedo interessante para seu perfil de baixa resposta visual devido às características de causa e efeito, como bolhas que aparecem, voam e somem; e de baixo registro tátil ao experimentar a sensação das bolhas estourando e molhando sua pele. As bolhas de sabão ativavam seu sistema vestibular e a deixavam superexcitada, momentos em que surgiam suas estereotipias.

Quanto às estereotipias, movimentos e gestos repetitivos, restritos e/ou autoestimulatórios, é importantíssimo sublinhar que, ao contrário de algumas abordagens que buscam eliminar ou suprimir completamente esses comportamentos, o DIR/*Floortime* adota uma perspectiva mais compreensiva. O objetivo é entender o significado subjacente desses comportamentos e como eles podem estar relacionados às necessidades emocionais, sensoriais ou comunicativas da criança.

Nesse sentido, o modelo não considera as estereotipias como "comportamentos inadequados", pelo contrário, o *Floortime* enfatiza a importância de entrar no mundo da criança, seguir sua liderança e estabelecer uma conexão emocional com ela. Greenspan e Wieder (2006a) ensinam que a forma como as crianças experimentam as sensações é a pista de como trabalharmos com elas e que é preciso investigar que tipo de prazer ou sensação o movimento repetitivo, ou o comportamento restritivo, está proporcionando à criança. Se ela procura por autorregulação, se deseja diminuir os estímulos do entorno, se se sente sobrecarregada, dentre outros aspectos, são pistas que podem sinalizar questões sensoriais e motivar-nos, enquanto terapeutas, a adaptar o ambiente, apagar as luzes, oferecer suporte emocional e aos poucos entrar no mundo compartilhado com ela, de forma respeitosa e por meio de seus interesses naturais.

No DIR/*Floortime*, as estereotipias são vistas como uma forma de comunicação e expressão da criança. Pode ser uma maneira de a criança se autorregular, buscar estimulação sensorial, aliviar uma sobrecarga ou comunicar uma necessidade específica. Os terapeutas e cuidadores são encorajados a observar, refletir e interagir com a criança para atender às suas necessidades e integrar as estereotipias no contexto de uma interação afetiva e significativa, não redirecionando, mas simplesmente validando e compreendendo.

Em alguns casos, à medida que a criança se sente mais segura, compreendida e engajada em interações afetivas e estimulantes, as estereotipias podem diminuir naturalmente. O foco principal é fornecer apoio e oportunidades para o desenvolvimento global da criança, levando em consideração suas características individuais e necessidades emocionais (GREENSPAN; WIEDER, 2006a).

Lia também apresentava uma fala ecolálica. De acordo com Mergl e Azoni (2015), a ecolalia se caracteriza pelo discurso repetitivo da fala do outro e pela autorrepetição. As autoras afirmam ainda que esse fenômeno é persistente em crianças autistas que fazem uso predominante da comunicação verbal e "se caracteriza como um distúrbio de linguagem" (MERGL; AZONI, 2015, p. 2073).

A fala ecolálica pode ocorrer imediatamente após ouvir a frase ou até mesmo depois de um intervalo de tempo, também pode ocorrer de diferentes formas, desde a repetição exata de palavras e frases até a repetição de partes de palavras ou de sons específicos. Essa repetição pode ser imediata ou atrasada e pode ocorrer tanto em situações de interação quanto em momentos de brincadeira solitária. Esse distúrbio pode ser categorizado em imediato ou tardio, ou seja, a fala ecolálica pode ser enunciada pouco tempo após a emissão inicial ou após muito tempo da emissão inicial (MERGL; AZONI, 2015).

No caso de Lia, a fala ecolálica se manifestava pela repetição imediata da fala do outro, principalmente quando eram enunciadas frases mais curtas como "Cadê a bateria?", "É um metalofone!", "Vamos brincar de bolhas!", "Que tal uma estória?", "Oh, meu Deus!", dentre outras.

Embora esse fenômeno seja um comportamento comum em crianças autistas, é importante lembrar que nem todas as crianças desse grupo neurodiverso apresentam esse padrão de fala. Além disso, a fala ecolálica não é necessariamente indicativa de falta de compreensão ou habilidades linguísticas limitadas. Pode ser uma forma de a criança processar e explorar a linguagem e de se comunicar e interagir com o ambiente ao seu redor. As autoras supracitadas informam ainda que a ecolalia "muitas vezes, é encontrada no processo normal de aquisição de linguagem", mas alertam que "o que diferencia da patológica é que esta é contínua e persistente" (MERGL; AZONI, 2015, p. 2073).

Quanto às características do processamento receptivo auditivo e verbal no contexto das interações, Lia percebia a fonte auditiva no ambiente, percebia os diferentes tons de voz, diferenciava vozes de personagens e seus tons emocionais (voz de bravo, voz de alegria, voz de medo), respondia às palavras-chave na interação, mas mudava pouco a atenção auditiva enquanto tocava os instrumentos musicais, por exemplo, os tambores. Tocar instrumentos oferecia para ela o *input* necessário para o seu baixo registro auditivo. Quando exposta ao estresse Lia tinha uma dificuldade impactante para compreender e se acalmar, característica na qual mais se obteve avanços de acordo com os resultados da pesquisa que veremos mais adiante.

Lia se engajava em conversas com ideias abstratas, mas ainda estava se desenvolvendo nesse quesito. Seu interesse simbólico era muito presente nas interações, mas ainda não lidava bem com imagens e sons relativos ao medo, mas tinha interesse em estórias sobre monstros, bruxas e vampiros.

A respeito do processamento expressivo auditivo e verbal de Lia, podemos considerar que ela era uma criança bastante expressiva, espelhava gestos e vocalizações com intencionalidade, explorava tons e sons afetivos, usava frases com mais de duas palavras com sentido para expressar suas ideias, contar estórias e criar músicas.

Acerca do processamento espaço-visual, Lia observava e focava no objeto desejado com suporte, o mesmo acontecia sobre a atenção visual conjunta e para seguir olhar do outro para determinar o objeto de sua atenção e apresentava dificuldade para diferenciar o estímulo visual saliente do plano de fundo. Procurava por objetos que via sendo escondidos, mas não persistia na procura, principalmente devido ao seu perfil motor, explorar mais de duas áreas com discriminação visual do espaço e dos elementos, era desafiador.

A práxis de Lia também sofria impactos, principalmente quando necessitava integrar suas percepções sensoriais para desenvolver um plano. Lia iniciava ideias ao brincar, propunha temas, expressava seus interesses, mas queria ser prontamente atendida. Quando não conseguia o que queria, em poucos minutos se desregulava.

Os impactos emocionais de Lia fizeram com que olhássemos com mais atenção e cuidado para o seu alto nível de alerta, carecendo de suporte emocional permanente, adaptação constante do ambiente e uma intervenção ainda mais calma e pausada, com pouco *high affect*, buscando seguir fielmente seus interesses para que pudéssemos evoluir nas capacidades do desenvolvimento funcional e emocional.

Acreditamos que o nível de alerta elevado de Lia devia-se ao acúmulo de estímulos que ela obtinha de um ambiente cheio de informações visuais, diversidade de sons e movimentos, transições e trocas de turno, atividades, diretividade, rotinas e eventos culturais, afinal, estamos falando de um ambiente escolar de educação infantil. Serrano (2016, p. 136) confirma nossa hipótese ao afirmar que "os estímulos têm um efeito cumulativo", podendo levar a comportamentos de desorganização, razão pela qual as ações durante as interações devem ser mais lentas, devendo-se observar as respostas no comportamento.

Mais adiante descreveremos como se deram as intervenções com Lia considerando suas peculiaridades, interesses, desejos e principalmente seu perfil emocional.

6.6.4 Nico: o meteoro de *high affect*

Nico, com 4 anos no período da pesquisa, colega de Vitor e Dora. Também aluno da professora Ela, é uma criança de olhos pretos grandes e sorriso largo. Seus maiores interesses durante a intervenção eram em cores, letras, números e línguas estrangeiras. Ela adorava estar na biblioteca, onde podia mergulhar no universo das estórias, com os mais variados livros, alguns com textos em inglês. Folheava e lia consigo mesmo, muitas vezes traduzia as estórias para a língua inglesa simultaneamente e demonstrava se divertir muito bem sozinho.

Adorava o almofadão de *lycra* onde costumava ficar bem à vontade para realizar as suas leituras, acomodado em um lugar criativo, silencioso e cheio de opções para explorar. Via-se que Nico amava mesmo o universo simbólico, seus olhos brilhavam e suas vocalizações nos diziam sobre o quanto ele poderia dar vida aos personagens que encontrava nos livros.

O seu mundo interno parecia ser mais interessante que o ambiente e as pessoas ao seu redor. O contato visual era raro, demonstrando desinteresse em interações visuais com outras pessoas, afinal, ao olhar para os objetos, os brinquedos, os livros, ele já poderia ter todo o universo colorido e estimulante de que precisava.

Não obstante, a interação social de Nico era comprometida, pois o seu perfil o levava a ter dificuldade em se envolver nas interações sociais típicas, demonstrando pouco ou nenhum interesse em brincar com outras crianças, ou em participar de jogos e brincadeiras compartilhados. Estabelecer vínculos e manter relacionamentos sociais também eram os desafios de maior complexidade para Nico.

Seu interesse restrito por livros e cores era intenso, portanto, ele poderia passar por longos períodos focado neles, ignorando toda e qualquer atividade e pessoa presentes no mesmo ambiente. Seu desenvolvimento emocional também se caracterizava por um perfil de baixo limiar, expressar suas emoções era desafiador, uma vez que sua linguagem (verbal e não verbal) era raramente utilizada em contexto de comunicação intencional e recíproca. Tentar retirá-lo de seu mundo particular e de seus interesses restritivos, definitivamente, não seria o caminho mais afetivo e respeitoso, seria preciso um alto nível de afeto (*high-affect*) associado aos seus interesses para conquistar seu olhar e tentar envolvê-lo em um mundo compartilhado.

O objetivo inicial do trabalho com Nico seria estabelecer e cultivar um vínculo afetivo seguro e positivo, dessa maneira ele poderia, gradualmente, sentir mais segurança emocional estando em um ambiente acolhedor e seguro para as suas emoções e explorações.

O vínculo afetivo também o ajudaria a regular suas emoções, pois teria apoio emocional nos momentos em que experimentasse episódios de frustrações, como quando sua mãe o deixava na escola contra a sua vontade. O vínculo afetivo o ajudaria a explorar com confiança não só o mundo exterior, mas também o mundo interno das emoções.

À medida que Nico se sentisse seguro, ele teria as bases para expandir as suas interações com outros colegas, tornando-se mais propenso a se engajar nas interações e a buscar conexões sociais significativas.

Diferenças individuais de Nico

Nico apresentou um baixo registro com procura sensorial em relação aos sistemas visual e vestibular, maior reatividade tátil em relação a algumas texturas e nenhuma alteração interoceptiva e auditiva. Também identificamos desafios relacionados aos aspectos proprioceptivos, apresentando um quadro de hipotonia, refletida em poucas estratégias para os ajustes posturais, instabilidade do movimento, sentava-se com posição em W, apresentava ações rápidas e imprecisas, além de demonstrar uma discreta ponta de pés ao se locomover, ou então, arrastar os pés no chão ao andar. Não foi possível observar alterações gustativas e olfativas.

As diferenças individuais de Nico desenharam um quadro geral que impactava substancialmente seu interesse pelo mundo, a primeira capacidade do desenvolvimento funcional e emocional, a que destinamos o termo-síntese "atenção". Assim, estamos falando de uma criança que apresentou dificuldade para regular suas emoções, para operar a atenção compartilhada e para se envolver em interações sociais básicas.

Nesse sentido, Nico apresentava dificuldades em manter a atenção conjunta em atividades compartilhadas com os outros, em responder aos estímulos sociais, em manter o olhar, o contato visual, em se envolver na interação e em estabelecer conexões afetivas com os adultos e pares.

Nico também apresentava fixação em determinados objetos e padrões de comportamento rígidos. Ele poderia passar horas a fio lendo livros ou fazendo desenhos no quadro da sala, ou em folhas de papel, associado a movimentos constantes, repetitivos e sem trocas sociais.

Nico apresentava um interesse recente por imitação, mas pouco manifestado durante as intervenções, devido ao seu perfil de baixo tônus, realizar movimentos de coordenação motora ampla, como imitar gestos em uma brincadeira musical, por exemplo, poderia ser desafiador. Obtinha o que desejava quando isso não demandava muitas etapas ou estava em fácil acesso.

Nico explorava o ambiente com seu corpo motivado, principalmente, por sua busca vestibular e visual, mas logo que encontrava um objeto de seu interesse sentava-se geralmente de cócoras ou em uma postura em que seu queixo se apoiava sobre os joelhos, evidenciando um baixo registro motor.

Não fosse sua reatividade tátil, provavelmente Nico se interessaria por pressionar-se no almofadão, mas ele não dava conta desse estímulo. Sua reatividade registrava muitos feedbacks táteis, e embora gostasse de sentar-se no almofadão, pressionar-se contra ele era informação demais para ser processada.

Em relação ao processamento receptivo auditivo e verbal, Nico demonstrava pouco interesse nas interações e emissões sonoras de seus pares e dos adultos, mesmo quando destinadas para si. Não se incomodava com os sons diversos do ambiente, mostrava-se alheio em diversos contextos com muitos *inputs* auditivos, como em momentos da recepção com o "bom dia cultural" ou nos momentos dos intervalos. Mesmo assim, tinha boa percepção auditiva, gostava muito de músicas, preferencialmente as internacionais, em diversos idiomas.

Nico, inicialmente, não respondia a gestos na interação, nem respondia a palavras-chave, também não mudava a atenção auditiva entre ele e o outro, tinha dificuldade para seguir comandos, e de maneira parecida com Lia, aparentava se sobrecarregar com facilidade, apresentando dificuldades para se reorganizar após episódios de estresse causados por frustração. Também não se engajava em conversação de nenhum tipo (com ideias abstratas ou durante as interações). Embora tivesse repertório e linguagem que o permitisse fazê-lo, Nico apresentava pouca intencionalidade e interesse em compartilhar seu mundo, habilidades referentes ao processamento expressivo auditivo e verbal, vistas a seguir.

Nico expressava seu contentamento e satisfação ao estar submerso nos livros, desenhos e brinquedos dos quais gostava, a falta de interesse pelo mundo e de intencionalidade fazia de Nico uma criança com perfil mais autoabsorvido, mas alegre e feliz em seu modo de brincar. A propósito, seu modo de brincar envolvia pronúncias repetidas de frases dos livros que lia ou que traduzia, caracterizando um perfil ecolálico, como vimos em Lia, mas diferentemente dela, cuja ecolalia consistia em repetir imediatamente a fala do outro, a repetição de Nico era mais tardia e sem intenção comunicativa.

Devido a sua pouca ou insuficiente troca social, via-se pouco o espelhamento de gestos ou brincadeiras coletivas de imitação. Também usar gestos para demonstrar intencionalidade, o uso de tons e sons afetivos, o uso de palavras significativas para mostrar intenções e ações, o uso de frases com mais de duas palavras e frases e sentenças mais complexas, todas essas habilidades poderiam ser manifestadas por Nico, mas não em um contexto de troca e compartilhamento recíproco com adultos ou pares. Ele usava, vez ou outra, gestos intencionais para bloquear as pessoas, impedindo de "atrapalharem" sua brincadeira.

Em relação ao processamento espaço-visual, Nico apresentava uma série de desafios em decorrência de seu perfil autoabsorvido. Alternar o olhar para uma ação conjunta, seguir o olhar do outro para indicar um objeto de atenção e trocar a atenção visual entre ele e o outro eram habilidades praticamente ausentes. Nico conseguia focar no objeto de seu interesse e procurar por objetos que via sendo escondidos, desde que fossem seus livros, letras e números. Mas caso demorasse a encontrar, não persistia e logo encontrava novos interesses para brincar.

Em relação às habilidades que compõem a práxis, iniciar ideias ao brincar com objetivos bem definidos era uma característica não presente, tal como a adaptação de planos quando estes sofriam interferências dos outros ou de outras crianças. As características raramente presentes eram persistir nos passos de uma sequência e desenvolver os passos de uma sequência. Quanto a associar percepções sensoriais do corpo para desenvolver um plano, era uma habilidade que Nico desenvolvia de maneira razoável, principalmente quando a motivação era um de seus hiperfocos, um deles era desmontar os brinquedos.

O desafio foi encontrar uma pista que pudesse nos levar ao universo de Nico de modo que este desejasse compartilhá-lo com interesse, intencionalidade e trocas afetivas. O violão foi uma porta de entrada, mas o que nos permitiu mesmo vivenciar trocas emocionais significativas foi a brincadeira que surgiu nas interações com Nico e depois se transformou em música: o "meteoro".

6.6.5 Vitor: o olhar que sente música

Vitor tinha 4 anos no período da pesquisa, pertencia ao Grupo 4, turma da professora Ela, colega de Dora e Nico. Estava sempre acompanhado de seu AADEE, tio Andrey, com quem compartilhava uma relação emocional de confiança e afeto.

Vitor se comunicava por meio dos afetos que conseguia transmitir com seu corpo, uma criança não verbal, cujos gestos se tornaram a sua forma essencial de comunicação, utilizando desde gestos simples, como apontar ou mostrar objetos, a gestos mais complexos para expressar desejos, necessidades e compartilhar informações. No entanto, sua linguagem não verbal impactava interações mais complexas, por vezes se frustrando por não conseguir comunicar, principalmente, suas emoções.

Embora fossem os gestos seu meio de comunicação mais eficaz, Vitor era uma criança muito transparente quanto ao que desejava e sentia, mesmo quando não conseguia se comunicar com o corpo, os seus olhos podiam nos dizer coisas. Sua maneira única de se expressar nos ensinava a desenvolver um olhar mais atento e cirúrgico em relação aos gestos e aos sinais que transmitia. Uma aproximação com a linguagem utilizada por Vitor para se expressar seria um dos caminhos para promover suas capacidades funcionais e emocionais do desenvolvimento.

Outro aspecto importante está relacionado ao seu perfil motor hipotônico, o que impacta respostas como o controle postural, o equilíbrio, as habilidades inerentes à competência visuomotora, à coordenação bilateral, ampla e fina, e, por conseguinte, às habilidades de sequenciação para desenvolver seus planos e objetivos de maneira integrada. Observava-se Vitor em constante movimento, correndo pelo pátio e com a visão geralmente direcionada ao chão. Raramente estava acompanhado de alguma criança. Seu perfil motor e de linguagem impactava substancialmente sua interação com os colegas.

Embora apresentasse um perfil complexo, a mola propulsora de suas ações era o afeto. Quando Vitor se interessava por algo, não era difícil desafiar a si mesmo, seu perfil sensório-afetivo-motor impactante, para alcançar o que desejava. Assim aconteceu com seu interesse pela música, mais precisamente com o violão, referências que, segundo a família, já vinham de casa.

Sua relação com a música era diferente da relação desenvolvida pelas outras crianças. Após entrar em contato com o violão pela primeira vez na escola, a música se tornou um elemento inevitável em nossos encontros. Toda a nossa criação de vínculo e interações tiveram como elemento vital a música. Tornou-se uma necessidade que não podia acabar nunca. Para Vitor, bastaria na vida uma canção que nunca fosse silenciada, porque ele não queria mesmo que acabasse.

Mas a maior beleza desse seu interesse era o quanto ele estava disposto a enfrentar seus desafios motores para fazer a música acontecer. Não importava se os instrumentos estavam escondidos, distantes ou em locais de acesso desafiador (propositalmente), mesmo com suas dificuldades de tônus, controle postural, equilíbrio e força, a sua intencionalidade o conduzia e o levava a enfrentar os desafios biológicos e do ambiente, ou seja, o afeto era força motriz do seu desenvolvimento.

O fato de querer música levava Vitor a se organizar no espaço, a reunir os instrumentos musicais de seu interesse, a me entregar o violão e a mover meus dedos para que eu tocasse alguma coisa. A intencionalidade (que para Greenspan é desejo, e desejo, para ele, é afeto) era o elemento organizador das diferenças individuais de Vitor.

Diferenças Individuais de Vitor

O perfil geral de Vitor desenha um quadro de baixo registro nos sistemas sensoriais vestibular, tátil e interoceptivo. De forma semelhante a Nico, observamos dificuldades nos aspectos proprioceptivos, manifestando-se em um quadro de hipotonia. Isso se reflete na falta de estratégias eficazes para ajustes posturais, carecendo de apoio constante e acomodações para manter-se sentado, na instabilidade dos movimentos e na tendência a sentar-se na posição em W. Além disso, apresenta movimentos imprecisos e mais lentos. Apresentou mais reatividade quanto ao sistema visual. Em relação ao sistema gustativo, a família informou não apresentar alterações e acrescentou que Vitor "come de tudo" (Ana e Fael, pais de Vitor, 2022). Alterações no sistema olfativo não foram observadas durante o período da pesquisa. Em relação ao sistema auditivo, Vitor manifestou um interesse especial em explorar sonoridades, os timbres e as texturas sonoras. Era o sistema por meio do qual ele mais se interessava em receber informações do ambiente. Vitor demonstrava um desejo peculiar em escutar o mundo.

Seu planejamento motor é impactado pelo baixo tônus muscular. Também observamos uma aparência física com musculatura mais flácida e menos tonificada. Seus músculos pareciam ter menos firmeza e resistência, resultando em uma sensação de "moleza" ao toque.

Em momentos de repouso ou de menos atividade física, era possível notar uma postura relaxada e uma tendência a ficar com os membros soltos e pendentes. Algumas vezes carecia de auxílio para se levantar, momento em que sentíamos seu corpo pesado e com dificuldade em sustentar seu próprio peso corporal.

Em termos de habilidades motoras, Vitor apresentava atrasos no desenvolvimento. Quando ficava sentado ou de pé, por exemplo, ele demonstrava dificuldade em manter a estabilidade e equilíbrio, podendo cair com certa frequência. Seus movimentos pareciam descoordenados ou desajeitados, apresentava dificuldade em controlar com precisão os movimentos finos, como pegar pequenos instrumentos musicais. A força muscular também era comprometida, o que afetava sua capacidade de realizar atividades que exigiam força, como atravessar de um ponto a outro com obstáculos e pegar ou empurrar objetos pesados.

Seu baixo registro predominante também se manifestava em suas habilidades para socializar. Segundo Serrano (2016), a falta de consciência dos estímulos pode levar à ausência de iniciação para exploração e sociabilização, ademais, defende que "esta inação não é falta de motivação, mas deve-se à falta de noção das possibilidades da ação" (SERRANO, 2016, p. 63).

Assim sendo, Vitor não conseguia registrar muitas oportunidades de interação com o meio, indicava latência nas respostas e dificuldade em focar sua atenção. Afetivamente poderia parecer desinteressado, com pouca energia para a interação, mas quando aprendemos a enxergar para além do comportamento, entendemos a partir do que exemplificou Serrano (2016), que o cérebro de Vitor não recebia o que precisava para gerar respostas e sua tendência, portanto, era agir de maneira apática, parecendo demonstrar pouca empatia pelos outros.

Seu perfil motor também impactava seus músculos orofaciais. Embora compreendesse o que lhe era dito, Vitor não conseguia pronunciar palavras, além disso, emitir qualquer tipo de som com sua voz era raro. Sua comunicação se dava por meio de sua linguagem corporal. Ele conseguia realizar simples ações físicas para indicar desejos como olhar, apontar e sinalizar de alguma forma.

Fisicamente podia espelhar gestos mesmo com dificuldade, iniciou interesse por imitação em contexto de dança, obtinha o que desejava quando o objeto era de muito interesse, para isso via-se desafiar suas limitações motoras. Isso ocorreu muitas vezes em relação ao interesse pelo violão. Utilizava seu corpo com suporte para exploração, raramente fazia uso intencional de brinquedos, mas conseguia demonstrar intencionalidade com os instrumentos musicais.

Em relação ao processamento receptivo auditivo e verbal no contexto de interações, Vitor sinalizava perceber a fonte auditiva do ambiente, diferentes tons de voz, respondia pouco com gestos nas interações devido ao seu perfil motor, mas notava-se motivação em estar nas interações musicais. Ocasionalmente respondia a palavras-chave, seguia comandos e mudava a atenção auditiva entre ele e o outro. Compreendia questões envolvendo pronomes e advérbios interrogativos tais como "quem" e "o que", mas não as que envolviam "como", "onde" e "e se".

Quanto ao processamento auditivo e verbal no contexto de interações, frequentemente Vitor espelhava gestos nas interações musicais, o mesmo não acontecia em relação às vocalizações com intenção comunicativa, mas fazia uso intencional de gestos para demonstrar seus desejos. Como não utilizava a linguagem verbal e também raramente emitia sons, não pronunciava palavras ou frases para se comunicar.

Vitor observava e focava no objeto desejado. Ele procurava pelo violão e pela bolsa de instrumentos musicais, mesmo se estivessem em lugares escondidos ou com obstáculos, tais aspectos deixavam de ser obstrutivos quando seu desejo era embricado de muito afeto. Vitor parecia ter consciência de sua reatividade visual, muitas vezes após conseguir alcançar os instrumentos, ele parecia se organizar no espaço e dentre essa organização estava o ato de apagar as luzes, como se compreendesse que em meio a tantos estímulos auditivos, as luzes apagadas poderiam deixá-lo mais confortável. Ele se dirigia à sala da intervenção sozinho com frequência e tinha dificuldade para se despedir ao final de cada encontro.

A forma de comunicação mais marcante nas interações com ele era perceber como o seu olhar poderia expressar tanto. Os círculos de comunicação com Vitor aconteciam por meio de gestos simples e olhares que diziam música.

6.7 ENTREVISTA

A entrevista inicial se deu com os pais, a fim de se obter dados relativos ao perfil relacional da família, e características gerais da criança, como gostos, interesses e algumas informações sobre os perfis comportamental, sensorial e motor. A fase de entrevista com os pais aconteceu antes do início da intervenção com as crianças participantes da pesquisa.

6.8 AVALIAÇÃO GLOBAL DO DESENVOLVIMENTO (AGD)

A AGD — Avaliação Global do Desenvolvimento — trata-se de uma escala desenvolvida pelo Centro de Desenvolvimento Infantil (CDI)[111], sua aplicação acontece semestralmente a fim de se avaliar o desenvolvimento dos atendidos na clínica. Para esta pesquisa, optamos em adaptá-la a dividindo em duas seções, de sorte a atender com mais objetividade aos objetivos propostos. Nesse sentido, a AGD conta com as seguintes subdivisões: Seção A: Diferenças Individuais, em que são observados (1) o domínio sensorial, caracterizado pela responsividade dos sentidos (auditivo, visual, tátil, olfativo, gustativo, vestibular, proprioceptivo e interoceptivo), as características do (2) planejamento motor, (3) do processamento auditivo/verbal (em interações), (4) do processamento expressivo auditivo/verbal (em interações), (5) do processamento espaço-visual, e (6) da práxis — função executiva —, e a seção B: Capacidades 1 a 3 do Desenvolvimento Funcional e Emocional, são elas (Capacidade 1) Regulação e interesse pelo mundo (atenção[112]), (Capacidade 2) Relacionamento e engajamento (interação[113]), (Capacidade 3) Círculos de comunicação (comunicação[114]).

6.9 A INTERVENÇÃO

A produção de dados, caracterizada pela pesquisa-intervenção, aconteceu no Centro Municipal de Educação Infantil "Paulo Rosas". A intervenção foi estruturada em encontros individuais (criança e AADEE) baseados no modelo DIR/*Floortime* associados às seguintes estratégias

---

[111] Clínica baseada no modelo DIR/*Floortime*, na qual atuo como terapeuta.
[112] Termo-síntese que propomos para simplificação e uma melhor compreensão dos significados das capacidades.
[113] *Idem.*
[114] *Idem.*

pedagógicas musicais: (1) composição, (2) apreciação e (3) performance (SWANWICK, 2003, 2014).

A intervenção aconteceu no período de dois meses letivos, sendo quatro encontros semanais com cada participante, totalizando 103 sessões, com duração entre 45 e 50 minutos. A seguir elencamos os itens utilizados na realização da produção de dados.

Quadro 5 – Itens para a intervenção

ITENS A SEREM UTILIZADOS NA INTERVENÇÃO		
Instrumentos musicais	**Acomodações sensoriais**	**Acessórios e itens extramusicais**
Cordofones: violão, ukulele. **Aerofones:** acordeom infantil. **Membranofones:** 2 pandeiros, 1 tambor do oceano, 3 tambores (agudo, médio e grave), 1 tambor cilíndrico, 1 atabaque. **Idiofones:** 1 chocalho xamânico, blocos sonoros, 1 pin, 2 pares de palminhas, 2 maracas, 3 ganzá-ovo, 1 ganzá-bambu, 1 reco-reco.	**Para o sistema auditivo:** bloqueador de ruído. **Para o sistema tátil:** lenços de chiffon, *lycra*, massageador, massinha, geleca, pop-it. **Para o sistema visual:** lâmpadas coloridas, luzes de led, brinquedos que piscam, lenço de chiffon, bolhas de sabão. **Para o sistema vestibular:** rede de *lycra*, bola de silicone, plataforma meia-lua. **Para o sistema proprioceptivo:** almofadão de *lycra*, túnel de *lycra*, bolsa de *lycra*, massinha, massageador.	Livros de estórias, ilustrações, máscaras, fantoches, *story cubes*, fantasias e perucas, caixa de som.

Fonte: elaborado pelo autor (2023)

Os encontros foram desenvolvidos em etapas, especificadas no início dos encontros para cada participante em forma de rotina. A rotina tinha a função de ajudar na previsibilidade das crianças autistas, que muitas vezes carecem de antecipação dos eventos para que se sintam mais seguras e menos ameaçadas por acontecimentos que, talvez, possam impactar sua regulação. Investir em rotinas estruturadas, regras mais claras e pensar nas estratégias do ambiente para torná-lo mais organizado e previsível pode beneficiar essas crianças (OLIVEIRA, 2020, p. 25). Não obstante, posicionar bem os brinquedos e utilizar-se de apoios visuais pode ter o mesmo efeito positivo (LAMPREIA, 2007). Dessa forma, elencamos cinco etapas estruturantes de cada encontro, que podiam ser organizadas em fichas de apoio visual para auxiliar melhor a criança durante a aula.

Quadro 6 – Etapas dos encontros

ETAPAS DOS ENCONTROS	
1ª Etapa	**Recepção:** recepcionar a criança com *affect*, acomodá-la conforme perfil sensorial, apresentar a rotina do dia e vivenciar uma música de boas-vindas.
2ª Etapa	**Aquecimento:** exercícios lúdicos de aquecimento corporal ou vocal a depender da proposta do dia.
3ª Etapa	**Vivência musical:** desenvolver atividades musicais de acordo com as técnicas mencionadas supra, considerando as diferenças individuais e procurando seguir a liderança da criança (seus interesses, suas iniciações e propostas).
4ª Etapa	**Organizar o ambiente:** diminuindo os *inputs* sensoriais, antecipar que o encontro está chegando ao fim e que precisamos começar a guardar os materiais e se preparar para o relaxamento. Se for preciso, cantar músicas com a temática dessa etapa: guardar, organizar.
5ª Etapa	**Relaxamento:** reduzir os *inputs* sensoriais, diminuir tom de voz, a movimentação, e, quando necessário, usar itens como massageadores ou fazer massagens, ou estímulos calmantes com o auxílio de itens de acomodação sensorial como o almofadão de *lycra*, o chiffon, as luzes, uma música calma de fundo etc.

Fonte: elaborado pelo autor (2023)

Considerando a ênfase deste trabalho nas três primeiras Capacidades do Desenvolvimento Funcional e Emocional (atenção, interação e comunicação), dividimos os encontros em três ênfases, conforme quadro a seguir:

Quadro 7 – Ênfase dos encontros

ÊNFASE DOS ENCONTROS	
Aulas de 1 a 4	Avaliação Global do Desenvolvimento.
Aulas de 5 a 27	Intervenção baseada no modelo DIR/*Floortime* com ênfase no desenvolvimento da atenção, interação e comunicação por meio de atividades musicais.
Aulas de 28 a 31	Avaliação Global do Desenvolvimento.

Fonte: elaborado pelo autor (2023)

Considerando o exposto, elencamos o percurso em que este trabalho foi realizado:

1ª etapa: entrevista inicial com os pais e cuidadores, realizada em dias diferentes dos da intervenção com as crianças;

2ª etapa: execução dos encontros semanais, iniciando com a Avaliação Global do Desenvolvimento e em seguida realizando a intervenção proposta;

3ª etapa: nova aplicação da Avaliação Global do Desenvolvimento após a intervenção.

As sessões foram filmadas para auxiliar a análise de dados e perceber ganhos e avanços das crianças. Além disso, as videogravações tiveram a importante função de registrar as músicas que surgiram nos encontros, facilitando o processo de transcrição e posterior produção do produto educacional proposto.

6.10 CONSIDERAÇÕES INICIAIS

Sobre os objetivos da pesquisa

O principal objetivo estabelecido foi compreender como/se estratégias musicais articuladas ao modelo DIR/*Floortime* podem contribuir para o desenvolvimento da atenção, interação e comunicação de crianças diagnosticadas com o Transtorno do Espectro do Autismo inseridas no contexto escolar.

Mencionamos anteriormente que a tríade atenção, interação e comunicação seria tratada nesta pesquisa como termos-síntese para se referir às três primeiras Capacidades do Desenvolvimento Funcionais e Emocionais desenvolvidas por Greenspan e Wieder (2006a), conforme quadro a seguir:

Quadro 8 – Termos-síntese das capacidades

CAPACIDADES	TERMO-SÍNTESE
Capacidade 1: Autorregulação, interesse pelo mundo e atenção compartilhada	Atenção
Capacidade 2: Engajamento e relacionamento	Interação
Capacidade 3: Comunicação intencional bidirecional	Comunicação

Fonte: elaborado pelo autor (2023)

A partir do objetivo geral, então, foram estabelecidos os seguintes objetivos específicos: 1) Compreender as individualidades dos participantes da pesquisa a partir da Avaliação Global do Desenvolvimento; 2) Realizar uma intervenção terapêutica baseada no modelo DIR/*Floortime* em um Centro Municipal de Educação Infantil (CMEI) para crianças de 2 a 5 anos diagnosticadas com o Transtorno do Espectro do Autismo; 3) Relacionar a interface Música, Autismo e DIR/*Floortime* na literatura; 4) Sistematizar um produto educativo denominado "Balabamúsica", cartões musicais de músicas criadas durante a intervenção; e 5) Refletir sobre o desenvolvimento de crianças autistas e o processo de humanização em Paulo Freire.

Sobre a metodologia da pesquisa

Considerando os aspectos supracitados, gostaríamos de relembrar que optamos por um método de natureza qualitativa por meio da pesquisa-intervenção para a produção dos dados e do método comparativo para a análise deles. Como aponta Minayo (1994), a pesquisa qualitativa

> [...] trabalha com o universo de significados, motivos, aspirações, crenças, valores e atitudes, o que corresponde a um espaço mais profundo das relações, dos processos e dos fenômenos que não podem ser reduzidos à operacionalização de variáveis (MINAYO, 1994, p. 21).

A pesquisa intervenção é cara para este estudo, uma vez que não se trata de apenas obter conhecimento teórico acerca do fenômeno, mas também procura-se intervir e promover mudanças no contexto estudado, rompendo com paradigmas da neutralidade e da objetividade do pesquisador e sobrelevando a relação entre o pesquisador e o sujeito (ROCHA; AGUIAR, 2003).

É importante ressaltar que o modelo DIR/*Floortime* é uma abordagem que prima pelas relações afetivas e interações emocionais e significativas e que, de acordo com seus criadores, são esses relacionamentos que promovem o desenvolvimento, sustentando uma das características da pesquisa-intervenção: quando a ação do pesquisador promove modificações no objeto ou sujeito estudado (ROCHA; AGUIAR, 2003), nesse caso, a ação baseada no afeto.

Para a análise dos dados produzidos, optamos pelo método comparativo, visando comparar e analisar semelhanças e diferenças dos sujeitos antes e depois das intervenções. Esse método nos permitiu explorar as relações e variações existentes em cada sujeito e suas respectivas diferenças individuais e os impactos que as intervenções promoveram em seu desenvolvimento, dessa maneira, contribuindo para o entendimento mais profundo dos fenômenos.

Nessa etapa da pesquisa optamos em elaborar gráficos para auxiliar na análise e também na comunicação dos resultados. Dessa forma, foram desenvolvidos dois tipos de gráficos para auxiliar no processo de comparação do desenvolvimento da atenção, interação e comunicação antes e depois da intervenção de cada criança participante: o gráfico de colunas e o gráfico radar.

No gráfico de colunas a ser apresentado, o eixo vertical (eixo y) representa a escala dos valores, enquanto o eixo horizontal (eixo x) indica as diferentes categorias aqui analisadas. A ideia para utilizar esse gráfico é a de identificar mais facilmente a categoria com o maior ou menor valor, comparar a magnitude das diferentes categorias e identificar padrões, semelhanças ou tendências nos dados.

Já o gráfico radar, também conhecido como gráfico de teia ou gráfico polar, é uma forma de visualização de dados utilizado para exibir informações multivariadas em um formato circular. Consideramos que sua importância neste estudo se dá pelo fato de que desejamos comparar múltiplas variáveis simultaneamente e identificar padrões ou tendências.

O gráfico radar é composto por um eixo central a partir do qual raios se estendem em várias direções, cada um representando uma variável. As variáveis são dispostas em torno do círculo sendo conectadas por linhas ou áreas, formando um polígono fechado que representa os valores dos dados.

Cada variável é representada por um eixo radial e possui sua própria escala. Os valores dos dados são plotados ao longo desses eixos, e a distância do centro do gráfico até o ponto plotado representa o valor da variável. Assim, é possível comparar visualmente as características das diferentes categorias em relação às variáveis representadas.

Ao interpretar um gráfico radar, é importante observar a forma geral do polígono, os padrões das linhas ou áreas, bem como as distâncias relativas das variáveis em relação ao centro do gráfico. Essas informações podem ajudar a identificar pontos fortes, pontos fracos, similaridades ou discrepâncias entre as categorias analisadas.

Produção de dados em entrevista estruturada

Antes de iniciarmos a intervenção, realizamos uma entrevista inicial com os pais e/ou responsáveis pelas crianças participantes da pesquisa. Buscamos com essa entrevista auxiliar nosso olhar ao construir o perfil individual da criança e considerar as impressões da família acerca de alguns aspectos das três primeiras capacidades, além de levantar o perfil relacional da família com a criança. Essa entrevista consistiu em um caráter informativo para nortear nosso olhar inicial.

Após a intervenção, utilizamos outra entrevista, dessa vez com professores, acompanhantes terapêuticos, funcionários da escola que desejaram participar voluntariamente da pesquisa e com os pais ou genitores das crianças participantes.

Ao observar os participantes da pesquisa supramencionados, podemos constatar que se trata de grupos diferentes de pessoas e que tiveram diferentes tipos de participação no processo de pesquisa. Apenas os AADEE participaram ativamente do processo, auxiliando as crianças, já os demais funcionários da escola participaram de maneira indireta, observando de forma imparcial alguns procedimentos, as relações entre pesquisador e sujeitos pesquisados, e os pais observaram as crianças apenas no contexto de casa, em ambientes sociais fora da escola, e compartilharam relatos com as professoras.

Considerando tal diversidade de participantes, optamos pela entrevista estruturada de sorte que todos respondessem às mesmas questões e imprimissem seus diferentes lugares de participação ao escreverem suas percepções. Acreditamos que, dessa forma, evitou-se introduzir vieses, produzindo dados mais consistentes frente à diversidade de participantes, favorecendo o olhar mais direcionado ao desenvolvimento da criança sob diferentes perspectivas.

A entrevista estruturada favorece a pesquisa quando evidencia e foca em fenômenos específicos de interesse do pesquisador, que define antecipadamente quais possíveis fenômenos, comportamentos ou dados ele deseja investigar, colocando tais informações em alguma perspectiva ou então evidenciando sua ausência (TRIVIÑOS, 1987, p. 137-138).

Para Bauer e Gaskell (2002), há uma forte tendência de pesquisadores sociais subestimarem os materiais textuais como dados, no entanto eles ainda asseveram que "os textos, do mesmo modo que as falas, referem-se aos pensamentos, sentimentos, memórias, planos e discussões das pessoas, e algumas vezes nos dizem mais do que seus autores imaginam" (BAUER; GASKELL, 2002, p. 189). As entrevistas estruturadas foram disponibilizadas pós-intervenção de maneira on-line por meio da ferramenta de pesquisa Google Forms[115], através da qual os participantes puderam responder textualmente às perguntas elencadas.

Produção de dados em vídeo

Foi utilizado como parte da produção de dados o recurso da videogravação, que permite a captura de interações sociais, comportamentos

---

[115] O Google Forms é uma ferramenta de pesquisa on-line fornecida pelo Google. Trata-se de um aplicativo da suíte do Google Drive que permite aos usuários criar questionários, pesquisas, formulários de inscrição e outros tipos de formulários interativos.

verbais e não verbais, padrões de comunicação, expressões faciais e a dinâmica entre pesquisador, pesquisado, recursos e espaço e respectivos fenômenos.

O registro em vídeo possui uma estimada importância "sempre que algum conjunto de ações humanas é complexo e difícil de ser descrito compreensivamente por um único observador, enquanto este se desenrola" (LOIZOS, 2008, p. 149). Considerando que neste estudo eu, enquanto pesquisador, estive em plena relação com as crianças pesquisadas, em interações emocionalmente afetivas e baseadas em estratégias musicais, a videogravação desempenhou um papel significativo ao captar o rico contexto visual e sonoro das intervenções.

Os vídeos foram utilizados, principalmente, para evidenciar aspectos que demonstrassem os avanços ou não das crianças nos critérios preestabelecidos para as três capacidades analisadas (atenção, interação e comunicação). Não obstante, esses registros audiovisuais se fizeram muito importantes, principalmente quando capturaram cenas irrepetíveis ou acontecimentos fugazes que passaram despercebidos.

Produção de dados por meio do diário de pesquisa

Para auxiliar nos registros dos dados produzidos, foi criado o diário de pesquisa on-line por meio da ferramenta Google Docs[116]. O objetivo de se elaborar o diário de pesquisa foi o de auxiliar na organização dos pensamentos e ideias, permitindo o acompanhamento da evolução das crianças ao longo da intervenção e facilitando a reflexão crítica sobre os dados produzidos. Borges e Silva (2020) apontam que os diários de pesquisa (em seus diferentes tipos e natureza)

> [...] possuem o potencial de produzir reflexão sobre a própria prática, na medida em que o ato de escrever possibilita um processo analítico daquilo que foi vivido, permitindo o registro dos não ditos com o objetivo de refletir sobre a não neutralidade do pesquisador no processo de pesquisa (BORGES; SILVA, 2020, p. 2).

Nesse sentido, o diário de pesquisa desenvolvido para este estudo apresenta descrições honestas e também afetivas acerca dos sucessos e

---

[116] O Google Docs é um recurso que permite criar, editar e compartilhar documentos de texto on-line. Os documentos criados nesse formato são salvos automaticamente na nuvem do Google Docs.

dos desafios encontrados durante o percurso do estudo, abrindo espaço para que o pesquisador também se torne "[...] 'sujeito do processo de escrita', pois ao escrevermos, inscrevemos nossas subjetividades" (JESUS; PEZZATO; ABRAHÃO, 2013, p. 206 *apud* BORGES; SILVA, 2020, p. 2).

Os conteúdos do diário de pesquisa foram do tipo anotações sobre eventos observados, detalhes dos encontros, descrições do contexto, de interferências ou acontecimentos inesperados, reflexões pessoais, sentimentos, dúvidas, hipóteses, ideias e insights emergentes.

Dessa forma, o diário de pesquisa explicita aproximações e distanciamentos em relação às crianças participantes e à pesquisa em si, expondo, portanto, experiências cotidianas, fragilidades e dificuldades concretas vivenciadas durante o processo de intervenção (BORGES; SILVA, 2020).

Sobre as capacidades analisadas

Embora o modelo DIR/*Floortime* apresente seis Capacidades básicas do Desenvolvimento Funcionais e Emocionais e capacidades superiores, conforme mencionado anteriormente, optamos em analisar as três primeiras (atenção, interação e comunicação) partindo do pressuposto de que elas representam habilidades fundamentais para que a criança construa uma base sólida para alcançar as capacidades posteriores. Greenspan e Wieder (2006a) afirmam que a "A educação começa com o desenvolvimento básico de atenção, relacionamento, comunicação e pensamento" (GREENSPAN; WIEDER, 2006a, p. 269, tradução nossa)[117].

Considerando a já mencionada adaptação da AGD para esta pesquisa, a disponibilizamos a seguir:

---

[117] "*Education begins with the developmental basics of attending, relating, communicating, and thinking*" (GREENSPAN; WIEDER, 2006a, p. 269).

Quadro 9 – Avaliação Global do Desenvolvimento (adaptada)

AVALIAÇÃO GLOBAL DO DESENVOLVIMENTO – AGD (ADAPTADA)				
Seção B: Capacidades do Desenvolvimento Funcional e Emocional – (capacidade 1 a capacidade 3)			ESTUDANTE	
CAPACIDADE 1: Regulação e interesse pelo mundo (Nomenclatura-síntese*: Atenção)			Antes (0 a 6)	Depois (0 a 6)
P1	Demonstra interesse por sensações diferentes? (Tocar pessoas, objetos e também ser tocada)				
P2	Compartilha o olhar ou mantém a atenção compartilhada na interação				
P3	Se interessa de forma calma e prazerosa pelas brincadeiras				
P4	Permanece calmo e conectado por mais de 5 minutos na mesma brincadeira?				
P5	Interesse por brinquedos e/ou objetos?				
P6	Interesse por crianças ou pares?				
P7	Interesse nas pessoas e não apenas nos objetos?				
P8	Recupera-se da desorganização em 20 minutos sem suporte?				
P9	Interesse em movimentos como balançar, dançar, ser levada ao ar?				
CAPACIDADE 2: Relacionamento e Engajamento (Nomenclatura-síntese*: Interação)			Antes (0 a 6)	Depois (0 a 6)
P10	Responde às iniciativas das pessoas falando, brincando, fazendo sons, gestos e vocalizações?				
P11	Responde às propostas com curiosidade e interesse?				
P12	Demonstra interesse pela pessoa preferida? (Troca sorrisos e olhares, faz gestos como alcançar, tomar ou dar)				
P13	Mostra proximidade física à pessoa preferida?				
P14	Demonstra-se estar atento				
P15	Expressa referências sociais (pai, mãe, irmão, terapeuta)				

		Antes (0 a 6)	Depois (0 a 6)
P16	Engaja/comunica em espaços amplos		
P17	Mostra-se desconfortável se o cuidador não responde de forma apropriada		
P18	Recupera-se da desorganização em até 15 minutos com sua ajuda		
	CAPACIDADE 3: Círculos de Comunicação (Nomenclatura-síntese*: Comunicação)	**Antes** (0 a 6)	**Depois** (0 a 6)
P19	Inicia ações intencionais		
P20	Responde às suas ações com gestos intencionais demonstrando que compreende as suas ações? (ex.: estende a mão em resposta aos seus braços estendidos, retorna sua vocalização, olha com uma cara engraçada de volta, olha para algo que você apontou, para de fazer algo quando você sinaliza um "não!", sorri ou faz coisas quando você consente com um "sim!")		
P21	Inicia interações comunicando ou expressando seu desejo e/ou interesse?		
P22	Abre e fecha círculos de comunicação?		
P23	Usa linguagem corporal, gestual ou verbal, demonstrando um amplo repertório de sinalizações emocionais?		
P24	Experimenta ou explora ações de causa e efeito? (Faz "coisas acontecerem", percebe que suas habilidades provocam efeitos)		
P25	Demonstra Intimidade (ex.: abraçando quando abraçado, estendendo a mão para ser pego)		
P26	Demonstra prazer e excitação		
P27	Demonstra curiosidade		
P28	Demonstra raiva		
P29	Demonstra medo		
P30	Recupera-se de desorganização em 10 minutos após envolver-se em interação		
P31	Responde de forma adequada (Nem de mais, nem de menos)		

LEGENDA DE RESPOSTAS

1 – Não presente – não atingiu essa capacidade

2 – Raramente presente – só evidencia essa capacidade

3 – Emergindo com Suporte – precisa de alguma estrutura ou suporte sensório-motor para evidenciar a capacidade; caso contrário, manifesta a capacidade de forma intermitente/inconsistente

4 – Emergindo – tem a capacidade, mas não de acordo com as formas esperadas da idade da capacidade, por exemplo, relaciona-se, mas imaturo

5 – Com constrições – capacidade adequada à idade, mas vulnerável ao estresse e/ou ao alcance restrito de afetos

6 – Dominado – age apropriado em todas as condições e com uma gama completa de estados de afeto

Fonte: adaptado de Piacentini (2022)

Greenspan e Wieder (2006a) sustentam que o desenvolvimento da atenção é um fator básico para que a criança possa se envolver ativamente no processo de aprendizagem, concentrar-se nas informações relevantes e regular seu comportamento. O relacionamento refere-se à capacidade da criança de se conectar emocionalmente e interagir de forma significativa com outras pessoas. O desenvolvimento de relacionamentos saudáveis e seguros é fundamental para o desenvolvimento social e emocional da criança, bem como para a construção de habilidades sociais e a capacidade de colaborar e aprender em um contexto educacional.

A comunicação é a habilidade de se expressar e compreender informações e ideias por meio da linguagem verbal e não verbal. O desenvolvimento da comunicação envolve a capacidade de iniciar e responder a interações, expressar emoções e pensamentos, compreender e seguir instruções, e participar de conversas e atividades de maneira fluida, bidirecional e compartilhada. Já o pensamento refere-se à capacidade da criança de organizar informações, resolver problemas, fazer conexões, raciocinar e aprender conceitos e habilidades mais complexas. O desenvolvimento do pensamento envolve o estímulo ao pensamento crítico, criatividade, resolução de problemas e abordagens flexíveis para enfrentar desafios (GREENPAN; WIEDER, 2006a).

Os autores ainda completam: "Estas são as primeiras competências acadêmicas porque sem elas não pode haver mais progresso acadêmico"

(GREENSPAN; WIEDER, 2006a, p. 269, tradução nossa)[118]. Para os criadores do modelo, o desenvolvimento é como uma árvore cujo tronco, se cresce de maneira saudável, seus galhos, folhas e frutos também crescerão, enfatizando a importância de se nutrir o tronco, ou seja, as fundações da árvore. A cognição, a linguagem e o desenvolvimento socioemocional decorrem do mesmo tronco ou fundação, "[...] Promover as fundações promove o resto" (GREENSPAN; WIEDER, 2006a, p. 271, tradução nossa)[119]. Em casos de pouco ou nenhum progresso, a orientação é ampliar os esforços em promover o básico.

É importante considerar que algumas crianças podem fazer progressos rápidos em todas as áreas de um programa abrangente e intensivo de DIR, outras podem progredir mais lentamente, outras progridem em ritmo constante, outras mais modestamente, e outras podem apresentar um ritmo muito lento no progresso. Os autores advertem ser "essencial manter os olhos nos alicerces e resistir à tentação de criar uma ilusão de progresso" (GREENSPAN; WIEDER, 2006a, p. 272, tradução nossa)[120]. O ritmo de cada indivíduo deve ser respeitado e devemos constantemente trabalhar para melhorar nossas estratégias.

Sobre o campo de investigação

O Centro Municipal de Educação Infantil (CMEI) Professor Paulo Rosas é uma instituição de ensino que nasceu da parceria entre a Prefeitura da Cidade do Recife e a Universidade Federal de Pernambuco (UFPE). O prédio funciona no campus da UFPE, mas a prefeitura da cidade é sua mantenedora. A escola funciona no período diurno, em tempo integral (7h às 19h), atendendo cerca de 90 crianças de 0 a 4 anos.

A instituição tem como equipe a direção escolar, a coordenação pedagógica, equipe de secretaria, o corpo docente composto por professores regentes e itinerantes, este último destinado ao trabalho de educação inclusiva, e também conta com auxiliares de desenvolvimento infantil (ADISs) e os profissionais dos serviços gerais, mantendo a segurança, organização, manutenção e alimentação das crianças.

---

[118] *"These are the first academic skills because without them there can be no further academic progress"* (GREENSPAN; WIEDER, 2006a, p. 269).

[119] *"Fostering the foundations fosters the rest"* (GREENSPAN; WIEDER, 2006a, p. 271).

[120] *"[...] it is essential to keep our eyes on the foundations and resist the temptation to create an illusion of progress"* (GREENSPAN; WIEDER, 2006a, p. 272).

A escola tem como eixos norteadores o desenvolvimento integral da criança, ou seja, contemplando seus aspectos físicos, psicológicos, emocionais, sociais e culturais em diálogo com a família e com a comunidade. Os princípios básicos da prática pedagógica da instituição são: (1) O saber que um grupo constrói em conjunto é superior ao individual em volume e importância, ampliando a aprendizagem; (2) Valorização do processo de busca e descoberta; (3) Considerar a criança como construtora de conhecimento; e (4) Compreender o erro como parte do processo de aprendizagem[121].

Uma das grandes inspirações para o Projeto Político Pedagógico (PPP) da escola é a abordagem pedagógica da educação infantil de Reggio Emilia, vê-se pela escola, portanto, crianças em processo de construção autônoma de seu conhecimento, interagindo com o ambiente, com os adultos e com outras crianças, desempenhando seu protagonismo, tendo seus interesses ouvidos e transformados em projetos e sequências de atividades.

Os espaços da escola também se caracterizam como ambientes de aprendizagem, trazendo a lógica do "ateliê" como parte do processo de ensino-aprendizagem, em consonância com a abordagem de Reggio Emilia, mencionada. Gandini (2019) explica que o termo "ateliê" na educação infantil traz a ideia de que os ambientes da escola são vistos como locais privilegiados para a investigação criativa, valorizando a linguagem expressiva da criança, evocando a ideia de laboratório para diversos tipos de transformações, construções e expressões visuais.

Na Paulo Rosas os ateliês se estruturam em quatro eixos pedagógicos tidos pela proposta pedagógica da instituição como fundamentais para o desenvolvimento das crianças: o movimento, o faz de conta, as artes e as linguagens. Os eixos são destinados a faixas etárias específicas, no entanto, todas as crianças participam do rodízio entre os ateliês de sorte que todas tenham a possibilidade para desenvolver habilidades e competências acerca de cada eixo.

Uma das características da escola que estimula e sustenta o Projeto Político Pedagógico é o investimento na educação continuada da equipe. A escola promove palestras, grupos de estudo e vivências de forma ordinária e contínua. Um dos aspectos que corroboram para isso é a parceria com a

---

[121] Informação extraída do blog da escola. Disponível em: http://cmeiprofessorpaulorosas.blogspot.com/2011/11/retratando-o-cmei-professor-paulo-rosas.html?view=sidebar Acesso em: 17 maio 2023.

UFPE, que faz da escola um campo de estágio, mantendo diálogo com a comunidade acadêmica, resultando em constante formação e avaliação da sua prática por meio das pesquisas.

A escola prima, também, pelo envolvimento dos responsáveis e/ou genitores no processo de desenvolvimento das crianças. A família tem total abertura e diálogo com os professores e gestores, além de encontros ordinários em que a escola e a família se reúnem para um momento de reflexão coletiva, escuta e debates acerca de questões levantadas e interesses comuns.

O principal eixo norteador da escola é o brincar. A coordenadora pedagógica compartilhou que, ainda hoje, é comum perguntas como "aqui é só brincar?", questão também muito presente na abordagem do DIR/*Floortime*, que promove o desenvolvimento das capacidades funcionais e emocionais também por meio do brincar, fazendo jus ao *Floortime*, coração do modelo. Foi a partir do envolvimento da família com a escola que o sentido por trás do "brincar" foi mais bem compreendido como eixo fundante e acolhido pela comunidade. Fontana e Cruz (1997, p. 15) apontam que

> Brincar é sem dúvida uma forma de aprender, mas é muito mais que isso. Brincar é experimentar-se, relacionar-se, imaginar-se, expressar-se, negociar, transformar-se. Na escola, o despeito dos objetivos do professor e do seu controle, a brincadeira não envolve apenas atividade cognitiva da criança. Envolve a criança toda. É prática social, atividade simbólica, forma de interação com o outro. É criação, desejo, emoção, ação voluntária.

Nesse sentido, o brincar contempla a formação integral da criança, perspectiva na qual a escola Paulo Rosas se fundamenta, promovendo o desenvolvimento de habilidades físicas e motoras, o desenvolvimento cognitivo, como resolver problemas, planejar ações, tomar decisões, dentre outras. Também promove o desenvolvimento emocional ao experimentar diferentes papéis, lida com situações complexas por meio do imaginário e do simbólico.

> O corpo tem o poder intrínseco de dar existência humana, expressa na sensibilidade, nas emoções, nos sentimentos, no subjetivo que vão traduzir a intencionalidade que se

encontra na interioridade. Este facto é contrário a uma exterioridade onde o corpo se apresenta como mecânico, objetivo e homogéneo (SILVEIRA; CUNHA, 2014, p. 35-36).

Não obstante, promover o desenvolvimento social por meio das interações com pares e adultos, aprendendo aspectos relacionados à cooperação, à resolução de conflitos emocionais, à comunicação, à empatia, à compreensão de regras sociais e à construção de relacionamentos. Afinal, "[...] o brincar é a linguagem pela qual as crianças estabelecem a comunicação e alimentam seus primeiros vínculos" (SILVEIRA; CUNHA, 2014, p. 10).

Promove também o desenvolvimento criativo e linguístico, pois estimula a imaginação, a flexibilidade, a expressão artística, e nesse processo usa a linguagem para se comunicar, negociar, fazer pedidos, contar estórias, e por conseguinte ampliar seu repertório brincante, oral, sua expressão corporal, e assim por diante. A escola enxerga, portanto, que "brincar, jogar e movimentar-se são expressões de liberdade, criatividade, imaginação, originalidade, estética e arte" (SILVEIRA; CUNHA, 2014, p. 34).

Por fim, podemos apontar diversas semelhanças observáveis no cotidiano da Paulo Rosas que se coadunam com os princípios e fundamentos do modelo DIR/*Floortime*. Em relação ao "D", a escola tem como base o desenvolvimento integral da criança, flerta com perspectivas desenvolvimentistas como em Reggio Emilia e com os estágios do desenvolvimento de Piaget. As semelhanças com o "I" decorrem da preocupação da instituição em investigar e considerar os múltiplos aspectos da criança para pensar a sua prática. Seus interesses são validados, seus aspectos biológicos, físicos, neurológicos também são considerados. A escola apresenta uma dedicação especial ao acolhimento e à inclusão de crianças com deficiências, neurodiversas e também com necessidades específicas.

Acerca das semelhanças com o "R", a escola prima pelo diálogo respeitoso, pela comunicação não violenta e pela relação e envolvimento dos familiares no desenvolvimento das crianças. Enfim, as semelhanças com o "*Floortime*" se desenrolam no dia a dia escolar, quando a escola adota a brincadeira como eixo principal, quando todos os agentes envolvidos no processo de ensino-aprendizagem são orientados a lidar com as crianças de forma afetiva, respeitando suas diferenças, mediando os conflitos dialogicamente, acolhendo os aspectos emocionais e fortalecendo o vínculo afetivo para se garantir uma educação socioemocional de qualidade.

Por tais razões, esta pesquisa encontrou no CMEI "Paulo Rosas" um solo fértil e um seio acolhedor que amplificou a potência deste estudo e impactou positivamente o desenvolvimento dos estudantes participantes da pesquisa.

Os participantes da pesquisa

Participaram deste estudo crianças diagnosticadas com o Transtorno do Espectro do Autismo (TEA) e respectivos profissionais acompanhantes, seus responsáveis e/ou genitores, seus professores e outros funcionários da escola.

A equipe de profissionais da escola (gestora escolar, coordenadora pedagógica, professora responsável pela turma e pela profissional responsável pelo Atendimento Educacional Especializado – AEE) selecionou as cinco crianças participantes da pesquisa, conforme os seguintes critérios: (1) diagnóstico de autismo; (2) idade entre dois e cinco anos; (3) estudantes da educação infantil; (4) ausência de experiência anterior com o modelo DIR/*Floortime*.

Após seleção, a escola entrou em contato com os familiares de cada criança para informar previamente a respeito do projeto e pedir uma autorização prévia de participação para que em seguida executássemos os próximos passos, envolvendo o preenchimento e assinatura dos documentos de autorização em consonância com as normas de Ética em Pesquisa, às quais este estudo foi submetido.

A participação das crianças se deu por meio da intervenção terapêutica baseada no modelo DIR/*Floortime* associada a estratégias musicais, desenvolvidas na escola. Os mediadores das crianças (AADEE e ADI's) participaram como suporte afetivo, oferecendo mais segurança emocional por meio de seu vínculo e também atuaram como auxiliares em atividades quando necessário. Os demais sujeitos da pesquisa (pais, professores e demais funcionários da escola) participaram respondendo à entrevista estruturada (já mencionada anteriormente).

Por se tratar de uma pesquisa com seres humanos[122], são utilizados nomes fictícios a fim de garantir a confidencialidade e proteção da identidade das pessoas participantes deste estudo. No quadro a seguir elencamos

---

[122] Refere-se a um conjunto de estudos e investigações que envolvem a coleta de dados, informações ou materiais biológicos de indivíduos humanos para fins de pesquisa científica. Esse tipo de pesquisa está sujeito a princípios éticos e regulamentações específicas para garantir a proteção dos direitos, bem-estar e privacidade dos participantes envolvidos.

a identidade fictícia dos participantes seguida de informações que julgamos importantes para auxiliar na contextualização da amostra estudada e para fornecer uma visão geral dos sujeitos envolvidos na pesquisa.

Quadro 10 – Participantes da pesquisa

N.º	NOME FICTÍCIO	DESCRIÇÃO	MEIO DE PARTICIPAÇÃO
1	Dan	Crianças participantes	Intervenção terapêutica
2	Dora		
3	Lia		
4	Nico		
5	Vitor		
6	Noel, Pai de Dan	Responsáveis e/ou genitores	Entrevista inicial e questionário final (entrevista estruturada)
7	Linda, Mãe de Dora		
8	Line, Mãe de Lia		
9	Laura, Mãe de Nico		
10	Ana e Fael, pais de Vitor		
11	Ela	Professora de Nico, Dora e Vitor	Entrevista estruturada
12	Ani	Professora de Lia	
13	Gina	Professora Dan	
14	Andrey	Mediador de Vitor	Apoio na intervenção e Entrevista estruturada
15	Enna	Mediadora de Lia	
16	Lidi	Mediadora auxiliar	Entrevista estruturada
17	Cya	Mediadora auxiliar	
18	Alê	Apoio pedagógico	
19	Tina	Professora do AEE	
20	Lita	Coordenadora Pedagógica	

Fonte: elaborado pelo autor (2023)

Sobre os encontros

O local disponível na escola para a realização dos encontros foi a sala da biblioteca, um espaço coringa, versátil e criativo, rodeado por prateleiras pequenas do tipo escada para favorecer o acesso aos livros pelos alunos, e também prateleiras suspensas, nichos e armários.

A biblioteca era um espaço dinâmico e também multifuncional, um ambiente aconchegante e acolhedor, mas não para grupos muito grandes de pessoas ou crianças. Naturalmente, um ambiente estimulante, com centenas de títulos ao livre acesso das crianças, que adoravam o espaço.

Figura 1 – Sala da intervenção

Descrição da imagem: Biblioteca escolar. Sala retangular ampla, com boa iluminação, ar-condicionado instalado acima da janela, que fica ao final da sala. Do lado esquerdo, prateleiras suspensas brancas armazenam livros e ao final há outra prateleira do tipo armário para armazenamento de mais livros. Do lado direito há um armário metálico de portas fechadas, um espaço onde se guarda o suporte de televisão, ao lado outra prateleira do tipo armário em madeira na cor branca, porém, vaza. No chão da sala há três tatames nas cores rosa claro, laranja claro, lilás e azul, respectivamente, depois, duas carteiras infantis vermelhas. Em cima dos tatames estão os itens utilizados na intervenção: chocalho xamânico, triângulo, palminhas, 3 ovinhos percussivos, 3 tambores em formato hexagonal de tamanhos P, M e G, 3 kabuletês nos tamanhos P, M e G, dois pandeiros, 8 blocos sonoros que formam um xilofone, pin, dois chocalhos metálicos, violão e almofadão de lycra na cor preta com enchimento macio dentro.

Fonte: elaborado pelo autor (2023)

Os encontros seguiam religiosamente a estratégia *Floortime* de seguir o exemplo e/ou a liderança da criança e também a tríade "observar, esperar e ponderar", visando partir do seu interesse, estimulando a intencionalidade e procurando expandir as capacidades a partir do tom emocional e das escolhas que cada uma demonstrasse.

Mesmo as necessidades sensoriais e emocionais da criança no dia do encontro eram validadas e consideradas liderança e/ou exemplo a ser seguido. Nesses episódios, por exemplo, a estratégia de apreciação musical associada às acomodações sensoriais poderia promover regulação e suporte emocional. O quadro a seguir apresenta a frequência de participação de cada criança:

Quadro 11 – Frequência

FREQUÊNCIA DAS CRIANÇAS PARTICIPANTES		
Nome	**Frequência**	**Frequência %**
Dan	25	78%
Dora	21	75%
Lia	21	66%
Nico	19	59%
Vitor	17	53%

Fonte: elaborado pelo autor (2023)

Inicialmente, os encontros eram marcados pelo momento de rotina no qual apresentávamos cada etapa do dia (recepção, vivência musical e relaxamento), mas mesmo essa estrutura era adaptável ao perfil da criança, algumas precisavam mais visualizar a rotina com um suporte visual, outras não.

Foram utilizados, além dos instrumentos musicais, recursos de acomodação, como *lycras*, almofadão, caixa da calma e luzes, tornando o ambiente adaptável ao perfil único da criança, contribuindo para que as experiências sensoriais fossem prazerosas, afetivas e divertidas na medida única de cada um.

7

RESULTADOS E DISCUSSÃO

7.1 RESULTADOS

A análise dos resultados logo mais adiante, para além de comparar gráficos, almeja descrever relações pautadas no afeto e no desenvolvimento funcional e emocional. Optamos em tecer as análises e discussões organizando os textos por sujeito e não por itens ou variáveis. Desenvolvemos as análises de maneira individual, discorrendo sobre as características, perfis únicos, tendências, padrões, variações específicas e respectivos impactos na intervenção.

De igual forma, para discorrer especificamente sobre as capacidades analisadas, optamos em selecionar as habilidades que melhor se aproximam do perfil sensório-afetivo-motor da criança, em outras palavras, não nos ocuparemos em discorrer sobre todas as habilidades constituintes de cada uma das capacidades, mas iremos nos ater às que mais se articulam ao perfil da criança e também a seus avanços e desafios. Buscamos explorar as experiências individuais de cada sujeito fornecendo uma visão mais holística do fenômeno estudado.

Procuramos apresentar um breve perfil de cada participante, dados considerados relevantes para a análise dos resultados, perfis únicos dentro da perspectiva do modelo DIR/*Floortime* e por conseguinte, relacionar esses aspectos às respostas das entrevistas estruturadas, às descrições contidas no diário de pesquisa, aos gráficos produzidos e aos objetivos do estudo evocando interlocuções com Paulo Freire.

7.1.1 Intervenção e desenvolvimento de Dan

As diferenças individuais de Dan apontam para uma criança de perfil geral reativo, com sinais de alerta elevado, um baixo limiar sensorial e afetivo e com instabilidade de atenção. Logo, as estratégias para as intervenções com Dan deveriam dar a ele menos estímulos e ajudá-lo a se envolver por mais tempo em uma mesma brincadeira musical.

Para Dan, o mais importante foi utilizar o *affect* visando ganhar seu olhar e levá-lo a observar uma gama de emoções possíveis de serem expressas em uma troca afetiva. Isso também o ajudou a entender que nossos encontros eram um espaço calmo e acolhedor para suas emoções e perfil sensorial, e sobretudo um espaço livre de diretividades, pois a sua liderança é que dava o tom de todos os acontecimentos.

Dan demonstrou uma intensa alegria em estar nas intervenções. Registramos com frequência o seu bom humor nos diferentes dias de encontros: "[...] chegou pulando no almofadão. [...] Chegou animado, já pulando no almofadão como nas outras vezes. [...] Chegou empolgado" (Diário de pesquisa do autor, 2022).

Devido a sua busca natural por estímulos, Dan apresentava dificuldade para sustentar a atenção, o que não apenas impactava sua atenção, mas também o estabelecimento de vínculos afetivos robustos com os pares e com as pessoas. Nesse sentido, nos primeiros encontros priorizamos o estabelecimento de uma conexão emocional sólida, dedicando tempo para interações afetivas e brincadeiras musicais que promoviam vínculo e confiança. Exploramos instrumentos, tocamos músicas, mas nossas interações estavam baseadas em brincar com as sonoridades. Dan adorava explorar os instrumentos e brincar, sobretudo, com as variações de andamento e de intensidade.

Sua relação com a performance era interessantíssima, pois Dan não apenas tocava, mas brincava simbolicamente com as múltiplas possibilidades que objetos de formas geométricas diversas e sonoridades distintas poderiam fornecer.

Considerando o seu perfil sensório-afetivo-motor, o ambiente também era adaptado para as nossas interações, minimizando os estímulos como apagar as luzes, reduzir a quantidade de informações visuais e elementos na sala e incentivá-lo a entrar na *lycra* suspensa ou *swing* de *lycra*. Também deixávamos a postos a caixa da calma, caso Dan apresentasse alguma alteração emocional que carecesse de suporte. Fizemos o seguinte registro logo no primeiro encontro:

> [Dan] apresenta questões vestibulares impactantes, se ativa pelo movimento e pelo auditivo, fica superexcitado,

o que é perceptível também por meio de sua respiração ofegante. Procura por impactos, evidenciando necessidade de melhor integração dos sistemas proprioceptivo e vestibular. Impacto na atenção. Se comunica bem, mas apresenta pouco tempo de espera. Gostou de ficar na *lycra* suspensa. Se acomodou, diminuiu a fala, se organizou melhor (Diário de pesquisa do autor).

Outra estratégia utilizada com frequência era a de combinar com ele quais instrumentos poderíamos usar, pois muitos instrumentos ao mesmo tempo poderiam deixá-lo sobrecarregado, conversávamos com ele sobre isso para que ele conseguisse se conhecer mais emocionalmente, o que futuramente poderia contribuir para seus avanços relacionados a autorregulação, negociação, dentre outros aspectos. Muitos instrumentos dispostos pelo ambiente poderiam se tornar grandes vilões para uma atenção plena, conectada e cheia de vaivéns na comunicação. Vejamos sua evolução:

Gráfico 1 – Evolução radar de Dan

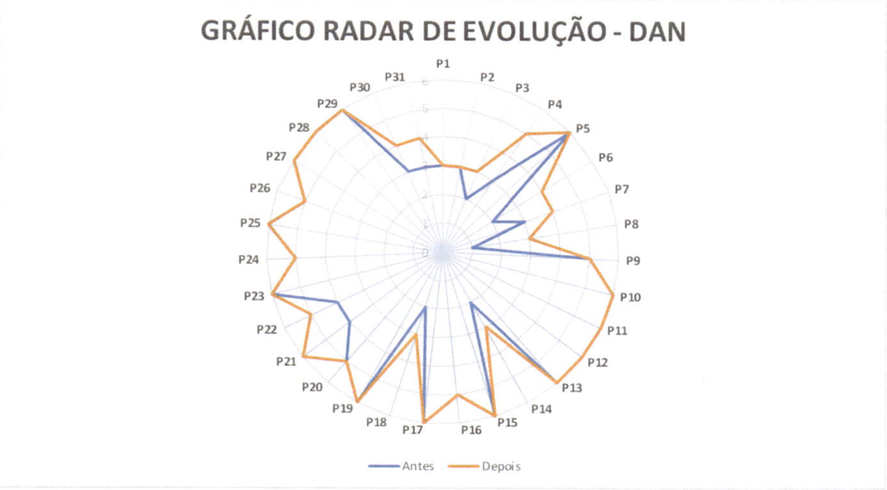

Fonte: elaborado pelo autor (2023)

Ao visualizar o gráfico, nota-se que Dan já apresentava muitas habilidades das capacidades de atenção (P1 a P9), interação (P10 a P18) e comunicação (P19 a P31), portanto as intervenções consistiram em tornar as habilidades mais robustas e partir delas alcançar outras que ainda careciam de desenvolvimento, principalmente as que envolviam aspectos emocionais e trocas afetivas.

É possível observar que a capacidade mais desenvolvida por Dan foi a de atenção (autorregulação emocional e interesse pelo mundo). Como descrevemos supra, o perfil geral reativo de Dan carecia de intervenções mais calmas e que procurassem se estender por mais tempo em uma atividade para que houvesse envolvimento emocional e mais trocas afetivas duradouras.

Então, nas interações com Dan procuramos ajudá-lo a regular suas emoções, adaptar-se às demandas do ambiente, tolerar frustrações, gerenciar o estresse e manter um estado de alerta adequado, no caso dele, mais baixo para que pudesse se envolver com mais qualidade nas interações, evitando sobrecargas.

Nas interações, todas seguindo sua liderança, Dan se sentia mais motivado a interagir e explorar o ambiente, isso incluía estimular sua curiosidade, incentivar a exploração ativa dos objetos e dos instrumentos musicais, e desenvolver a capacidade de compartilhar experiências e conexões sociais significativas. Vejamos alguns relatos:

> [Dan] consegue se concentrar para escutar comandos de determinada brincadeira, consegue focar e terminar uma atividade. Entretanto, ele vinha fazendo outras 3 terapias há algum tempo, acredito que o conjunto de todas elas cooperou muito para sua evolução (Noel, pai de Dan).

> [Dan] se mostra mais centrado no ambiente de sala de aula, participando das atividades sugeridas pela professora de sala, como também se irritando bem menos (antes chorava por tudo) (Tina, professora do AEE).

> O mesmo agora está interagindo mais com seus colegas de classe e socializa os brinquedos, mas não no primeiro momento, ainda apresenta uma resistência. Quando é com o colega que ele gosta? Aí há troca, não apresenta resistência (Gina, professora de Dan, 2023).

Os relatos supra demonstram um significativo desenvolvimento de Dan na primeira capacidade. A partir da intervenção, ele passou a se interessar de forma calma e prazerosa pelas brincadeiras (P3) ainda que necessitasse de algum suporte emocional e sensorial. Também ampliou seu interesse pelos pares (P6), habilidade que, mesmo carecendo de suporte emocional, já contribui para que Dan tenha experiências sociais mais saudáveis. Importante dizer que o interesse por pares, de acordo com a família, já era uma presente característica, porém seu perfil reativo prejudicava suas interações.

É válido sublinhar que durante a investigação o interesse de Dan por pares apresentava-se como raramente presente, especialmente na sala de intervenção, pois se recusava a compartilhar seus momentos com os amigos. Ele dizia "é a minha vez!" quando alguns colegas acessavam a sala na hora da intervenção.

Um aspecto importantíssimo que Dan conseguiu melhorar foi a habilidade de se recuperar da desorganização em 20 minutos sem suporte (P8). Seu baixo limiar emocional e sua necessidade de procura por estímulos o levavam a muitas experiências de frustração, que se estendiam em choros intensos e persistentes, configurando por fim a desregulação emocional. Nesses momentos, Dan recusava a presença de todos e demorava muitos minutos até recuperar-se completamente.

Após o trabalho pautado nas emoções e nas relações afetivas, Dan entrou em contato com outras formas de comunicação emocional, a comunicação respeitosa, que não só o acolhia nos momentos emocionais difíceis, mas também o ajudava a entender a si mesmo, trazendo sensações de calma e alívio. Com isso, observamos que Dan passou a se comunicar e compreender mais quando exposto ao estresse. Vejamos alguns relatos da família e profissionais da escola:

> *[Dan] atualmente dialoga com os colegas (a fala era de difícil compreensão, iniciou o acompanhamento fonoaudiológico também), quando não gosta de algo que o colega faz já não bate nem chora tanto, antes não tinha muita conversa (chorava se jogava no chão, jogava a bolsa, etc. etc.)* (Tina, professora do AEE, 2022).

Gina, a professora de Dan, também afirmou: "*Agora ele ouve e argumenta mais*". O pai ainda reitera: "*Está muito mais fácil negociar com ele e aceitar a frustração de um não*" (Noel, pai de Dan).

Dan era uma criança muito criativa, as brincadeiras propostas por ele extrapolavam o uso comum de instrumentos musicais. O tambor do oceano associado a um tecido de *chiffon*[123] tornava-se o nevoeiro da bruxa,

---
[123] Tecido cujas características principais são transparência, leveza e movimento.

almofadas se tornavam meteoros, os instrumentos todos se tornavam uma grande mansão que desmoronava após um terremoto barulhento.

Certo dia, com os tambores grande, médio e pequeno, e com os ovinhos de percussão, Dan teve a ideia de criar um ninho de passarinho. Para potencializar a brincadeira, improvisamos uma música com esse tema e inventamos uma forma de brincar, o que se transformou na música *Ninho*. Seguindo sua liderança, vivenciamos uma experiência rica em trocas emocionais, círculos de comunicação, e capacidades mais elevadas como resolução de problemas, capacidade de brincar com símbolos e de fazer ponte entre ideias.

Dan expandiu suas novas habilidades de brincar também em casa, como relata o pai: "*[Dan] está brincando bastante de faz de conta e usando seus legos de forma mais criativa, ao invés de montar apenas seguindo o manual*" (Noel, pai de Dan, grifo nosso).

As capacidades de interação e comunicação já eram bem desenvolvidas em Dan, o que as impactava era seu perfil emocional. Ele respondia às iniciativas das pessoas com amplo repertório de sons, gestos e vocalizações (P10). Esse aspecto estava no nível dominado (6). No entanto, a habilidade de demonstrar-se atento (P14) foi avaliada inicialmente em raramente presente (2) e depois evoluiu para emergindo com suporte (3), ou seja, suportes emocionais e sensoriais poderiam melhorar seu engajamento na interação com o outro.

A terceira capacidade do desenvolvimento funcional e emocional (círculos de comunicação intencional e recíproca), a que destinamos o termo-síntese "comunicação", também era bem desenvolvida por Dan, porém algumas habilidades específicas eram comprometidas, e obtiveram avanços após a investigação, é o caso da habilidade de abrir e fechar círculos de comunicação (P22), que se refere a um processo de interação social entre a criança e o parceiro ou seus pares, que envolve iniciar, manter e encerrar um ciclo de troca de informações e significados. Abrir um círculo de comunicação ocorre quando a criança inicia uma interação, seja por meio de um olhar, gesto, vocalização ou qualquer forma de comunicação não verbal, ou verbal. É o primeiro passo para estabelecer uma conexão social e iniciar uma troca de informações (GREENSPAN; WIEDER, 2006a).

Uma informação importantíssima era o fato de que Dan apresentava dificuldade para triangular a atenção, ou seja, dividir sua atenção com mais de uma pessoa ou estímulos simultaneamente. Excepcionalmente nos encontros de Dan, aconteceram algumas situações em que a escola não disponibilizava de alguém para acompanhá-lo nos encontros. Percebíamos que o comportamento agitado, o pensamento acelerado, a euforia de Dan diminuíam substancialmente, resultando em interações mais calmas, longas e conectadas.

Tais evidências nos levaram à hipótese de que Dan achava desafiador dividir sua atenção entre as diferentes vozes e acompanhar o fluxo da conversa, além de apresentar dificuldade em processar e executar instruções que envolvam múltiplas etapas ou que exijam atenção dividida. Participar de jogos ou atividades que exijam interação e coordenação com várias pessoas poderia ser desafiador para Dan. Ele poderia ter dificuldade em acompanhar as regras do jogo, monitorar as ações dos outros participantes e manter-se envolvido ao mesmo tempo.

A triangulação da atenção, por envolver o estabelecimento e a manutenção de contato visual durante interações sociais, era um desafio para Dan, pois apresentava dificuldade em manter contato visual com os outros, o que afetava sua capacidade de se conectar e se engajar em interações sociais de maneira adequada para o seu perfil sensório-afetivo-motor.

Outra habilidade muito importante para o desenvolvimento de Dan foi a de iniciar as interações comunicando ou expressando seu desejo e/ou interesse (P21). Nos primeiros encontros, notava-se que Dan poderia escolher um objeto, mas ter dificuldade para saber o que fazer com ele. Comentamos na parte das diferenças individuais de Dan que essa poderia ser uma dificuldade sua de práxis (ter uma ideia, sequência e executar os passos), na qual um ou mais dos processos seriam desafiadores para se realizar. Mas com diálogo e também organização emocional, Dan conseguiu expressar melhor seus desejos. Alguns relatos evidenciam seu desenvolvimento nessas capacidades:

> [Dan] sempre foi muito sociável e gostava de brincar com crianças, mas tinha dificuldade com jogos e agora está bem melhor. O pedido para jogar algo às vezes parte dele e algumas vezes consegue terminar o jogo, principalmente em jogos mais coloridos, dinâmicos e curtos[...]. [Dan] teve um grande avanço na fala e está conseguindo se expressar muito melhor agora. Saiu de um repertório de uma média de 40 palavras onde poucas pessoas compreendiam para uma criança que consegue manter diálogo com adultos e crianças, de forma que todos compreendam (Noel, pai de Dan, grifo nosso).

> [Dan] passou a falar mais, conversa muito e com os adultos principalmente. Ele sempre foi conversador, porém era difícil compreender o que ele dizia. Traz fatos de sua vida familiar e é bastante atento a tudo que acontece ao seu redor e tem bons argumentos. Traz um enredo com muita coerência e maturidade para sua idade. Outro dia pedi para ele colocar a máscara corretamente que estava no queixo, ele me olha, franze a testa e fala "já tomou vacina". Num outro momento comento que ele está com as unhas grandes e vamos ver com a mamãe para cortar, ele diz "é pra coçar coceira" (Tina, professora do AEE, grifo nosso).

À medida que foi se apropriando de suas emoções e integrando mais seu funcionamento sensorial, as chegadas de Dan às intervenções ainda eram alegres, porém calmas e demonstrando mais intencionalidade. Essa mudança começou aparecer a partir de nosso quinto encontro, vejamos os relatos extraídos de nosso diário de pesquisa em diferentes dias:

> "Chegou empolgado, quis contar estórias [...]"; "Se interessou nos objetos da sacola da calma. [...]"; "Estava mais calmo e mais concentrado"; "Mais atento, não se dispersou muito [...]"; "Estava conectado, engajado e abrindo e fechando círculos de comunicação em fluxo"; "Aceitou melhor as etapas da aula. Tem, inclusive, indicado por qual etapa quer começar"; "Quis brincar de casinha, mas agora expandiu para uma casa onde ele cabia"; "Estava calmo, queria estórias, não queria música"; "[Dan] estava mais atento, negociou bastante"; "Mais calmo e não querendo música" (Diário de pesquisa do autor, 2022).

Percebe-se que Dan, e sua "euforia dos afetos", respondeu de forma satisfatória às estratégias desenvolvidas, tendo avanços significativos na primeira capacidade e avanços específicos nas duas capacidades seguintes, considerando que as habilidades dessas últimas já eram alcançadas ao nível satisfatório por Dan. Vejamos a seguir um parâmetro geral de sua evolução:

Gráfico 2 – Evolução por capacidades (Dan)

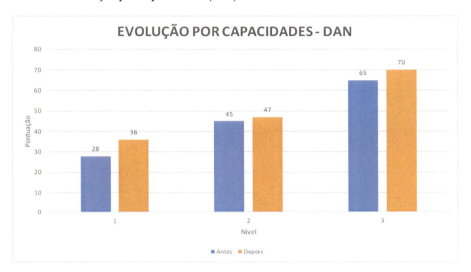

Fonte: elaborado pelo autor (2023)

Podemos observar que Dan demonstrou um desenvolvimento significativo na primeira capacidade, o que resultou em um maior controle de suas emoções e uma melhoria em sua interação com os colegas. Durante essa fase, ele conseguiu desenvolver habilidades importantes de autorregulação e interesse pelo mundo ao seu redor.

Ao longo do processo de intervenção, Dan fez progressos significativos em relação ao seu controle emocional. Ele adquiriu habilidades para identificar e expressar suas emoções de forma mais adequada, aprendendo estratégias para lidar com situações desafiadoras. Isso contribuiu para uma maior estabilidade emocional e uma redução na manifestação de desregulação emocional.

Além disso, o interesse de Dan pelo mundo ao seu redor aumentou consideravelmente. Ele passou a demonstrar uma maior curiosidade e motivação para explorar seu ambiente, interagindo de forma mais ativa e engajada com as pessoas e objetos ao seu redor. Sua capacidade de focar e manter a atenção em atividades específicas também melhorou, permitindo uma participação mais plena em diferentes contextos.

Ele demonstrou uma maior disposição para se conectar com os colegas, compartilhando interesses e experiências comuns. Sua habilidade de engajar-se em brincadeiras colaborativas e cooperativas também se desenvolveu, permitindo interações mais significativas e enriquecedoras com seus pares.

As vivências com ênfase na primeira capacidade ofereceram uma base consistente para a aprendizagem futura, aquisição de habilidades sociais e aprimoramento da comunicação recíproca. Ou seja, ter estabelecido um relacionamento afetivo com Dan a partir de seus interesses, explorar e expandir suas propostas musicais e suas brincadeiras e validar as suas intenções o levaram a desenvolver habilidades de atenção compartilhada mais robusta.

Dos 31 encontros, Dan participou de 25, foi a criança com maior frequência. Essas conquistas são indicativas de um desenvolvimento saudável em termos de autorregulação e interesse pelo mundo, estabelecendo uma base sólida para seu crescimento contínuo.

7.1.2 Intervenção e desenvolvimento de Dora

A partir das diferenças individuais de Dora e das primeiras observações, víamos um perfil de uma criança emocionalmente regulada, mas com um interesse pelo mundo a ser expandido. Embora convivesse bem com os amigos, Dora apresentava poucas trocas emocionais e pouca comunicação oral. Uma criança aparentemente muito tímida, com pouca iniciação, baixo registro com procura sensorial no sistema tátil e interesse em estímulos proprioceptivos. Esse aspecto sensorial de Dora nos levou a inferir que ela sentia um pouco menos o mundo, mas estava cheia de coisa para dar. Com um bom suporte sensorial e afetivo e um modelo de intervenção que validasse suas emoções, Dora acessaria mais de si mesma e daria mais de si ao mundo.

As estratégias pensadas para seus atendimentos consistiram na tríade "observar, esperar e ponderar", estratégia *Floortime* amplamente discutida nas formações no modelo. "Observar, esperar, ponderar" é um princípio fundamental do modelo DIR/*Floortime*, que enfatiza a importância de observar atentamente a criança, esperar por suas iniciativas e ponderar sobre como responder de forma individualizada e adequada à sua capacidade de desenvolvimento.

Dora precisava de bastante *input* no almofadão de *lycra*, por essa razão outra estratégia foi iniciar os atendimentos com atividades lúdicas nesse elemento de acomodação. Muitas brincadeiras e músicas surgiram a partir dessa estratégia. No que diz respeito às estratégias musicais, Dora tinha pouco interesse em tocar músicas, ela gostava mesmo das coisas que podíamos inventar com os instrumentos. Assim sendo, as estratégias musicais que mais surgiram nos atendimentos de Dora foram composição e performance, com destaque para a primeira, principalmente após Dora começar a expandir suas habilidades de comunicação, que foram bem expressivas.

Em suma, os atendimentos foram estruturados considerando o perfil sensorial, emocional e os interesses individuais de Dora. A partir dessa abordagem, foram criadas oportunidades para envolvê-la em atividades que a motivassem e estimulassem seu interesse pelo mundo.

Foram utilizadas estratégias que valorizavam suas preferências e motivações intrínsecas, levando em conta seu perfil sensorial. Isso incluiu a introdução de estímulos sensoriais que ela demonstrava gostar, como brinquedos, livros, sons, movimentos e tato profundo. Ao incorporar esses elementos às estratégias musicais, foi possível engajar com Dora de maneira mais efetiva, despertando sua curiosidade e incentivando sua exploração do ambiente.

Foram utilizadas estratégias para encorajá-la a expressar suas ideias, pensamentos e emoções de forma mais segura e assertiva. Procuramos valorizar e validar suas formas de se comunicar, criando um ambiente seguro e encorajador para que Dora se sentisse motivada a expressar cada vez mais sua criatividade. Sobre isso, registramos:

> Tenho procurado levar [Dora] a me dar mais resposta, se expressar mais verbalmente. Nós lemos a estória dos animais que dormiam. Ela falava o nome de cada animal e também imitava seus sons com suporte afetivo e high affect. Aqui surgiu a música do "Minhoco Fraco" (Diário de pesquisa do autor, 2022).

A estratégia de composição por meio da improvisação de temas, interesses e acontecimentos durante os encontros era uma característica marcante das interações com Dora. De acordo com nossos registros, nós criamos várias brincadeiras e também algumas músicas: *Amassa a massa*, brincadeira musical de apertar Dora no almofadão; *Minhoco fraco*, música improvisada a partir de uma imitação de Dora; músicas *Bocão* e *Caranguejo*, criadas no mesmo encontro; *A dança dos animais*, composição improvisada a partir das propostas corporais de Dora; *Tartaruga*, música que surgiu de uma imitação de Dora; *Siria*, música que faz parte do produto educativo fruto desta pesquisa (ver produto educativo); *Barata Bruxa*, música que surgiu quando brincávamos de fazer "cachorro quente" no almofadão (ver produto educativo); e *Castor*, desenvolvida a partir da leitura de um livro (ver produto educativo)[124].

A partir do momento em que Dora se sentiu mais segura emocionalmente, com os suportes sensoriais adequados para seu perfil, com vínculo afetivo bem estabelecido e participando de uma abordagem que encorajava sua expressividade, ela conseguiu realizar saltos significativos em seu desenvolvimento, podendo explorar o máximo de seu potencial criativo, resultando em avanços significativos, como poderemos visualizar no gráfico a seguir:

Gráfico 3 – Evolução radar de Dora

Fonte: elaborado pelo autor (2023)

Nota-se, com o gráfico supra, que a evolução de Dora foi bastante expressiva, desenhando saltos no desenvolvimento das capacidades analisadas. É notável em sua evolução que muitas habilidades alcançaram

---

[124] O relato do processo de criação das músicas que farão parte do produto educacional poderá ser lido no capítulo destinado para esse fim.

mais de um nível de evolução, saindo, por exemplo, de "raramente presente (2)" para "emergindo (4)", "com constrições (5)" e "dominado (6)". Esse fenômeno ocorre, sobretudo, a partir da segunda e terceira capacidade, interação (P10 a P18) e comunicação (P19 a P31) respectivamente. Como mencionamos, Dora demonstrava ser uma criança atenta e regulada emocionalmente, portanto, as habilidades da primeira capacidade (atenção) a serem trabalhadas seriam mais específicas.

Em relação às habilidades de atenção, nota-se que Dora manteve-se estável no nível "dominado (6)" quanto ao interesse por sensações diferentes, ou seja, ela era uma criança atenta e regulada, mas não demonstrava ser tão interessada pelo mundo e pelas pessoas, no entanto, os maiores impactos estavam relacionados a se envolver mais com as pessoas, principalmente com os pares, avanço que podemos observar na habilidade de compartilhar o olhar e manter a atenção compartilhada na interação, que em Dora migra do nível "emergindo (4)" para "dominado (6)". Isso quer dizer que anteriormente Dora já apresentava a capacidade, mas não com as formas esperadas para o seu perfil único. Quanto ao interesse por crianças ou pares, ela migra do nível "emergindo (4)" para "com constrições (5)", ou seja, seu interesse estava muito vulnerável ao estresse e ao alcance restrito dos afetos, nesse sentido, essa habilidade se tornaria mais robusta ao passo que as habilidades emocionais de Dora também amadurecessem.

Outra habilidade que achamos importante mencionar é que Dora passou a expressar mais interesse por brincadeiras que envolviam movimentos como balançar e principalmente dançar (P9). O nível evolutivo dessa habilidade saiu de "emergindo com suporte (3)" para "dominado (6)", isto é, apropriado para seu perfil único e com uma gama completa de estados de afeto. Esse marco foi memorável, porque a partir dele é que Dora passou a dançar com seus afetos e com sua criatividade.

Os relatos dos familiares e dos profissionais da escola validam sua excelente evolução: "*a mudança é em tudo... ela tem dançado mais à vontade e para as brincadeiras com músicas... as músicas são sempre composições próprias e com muita paródia*" (Linda, mãe de Dora). Sua professora também informou: "*Está conseguindo partilhar mais com o grupo, chegando a liderar algumas brincadeiras*" (Ela, professora de Dora).

> *Ela está mais propositiva nas brincadeiras e com mais novidades, as brincadeiras não são mais tão repetitivas, vem com ideias novas e quando eu proponho novas brincadeiras ela entra na*

> história, dialoga com lógica, compartilha perguntas e interesses que não fazia antes. Ex: esses dias eu disse "[Dora] vamos brincar de números..." e daí eu falei que amava cinquenta e 10 e ela me respondeu... "Mamãe, esse número não existe, o que existe é 60...". Antes certamente ela só repetiria minha última frase, essas repetições estão cada vez mais raras... Hoje [Dora] troca muito mais! (Linda, mãe de Dora).

Não muito diferente, a evolução de Dora sobre as habilidades da segunda capacidade, de interação, também chamou a atenção. A professora Ela já dá uma primeira pista sobre os avanços na interação de Dora quando mencionou que ela estava liderando algumas brincadeiras.

Dora demonstrou evolução significativa sobre as habilidades de responder às iniciativas das pessoas falando, brincando, fazendo sons e gestos (P10), de responder às propostas com curiosidade e interesse (P11), de demonstrar interesse pela pessoa preferida com troca de sinais afetivos (P12) e demonstrar estar atenta (P14). Embora Dora fosse emocionalmente regulada e parecesse não se incomodar com a presença dos amigos e até gostar disso, ela parecia mais autocentrada, com poucas trocas afetivas na interação, pouca iniciação e interesse pelas brincadeiras compartilhadas. Com o passar dos dias, os sinais evolutivos começaram a surgir e Dora passou a vivenciar a interação com seus pares com mais prazer e trocas. Vejamos os relatos:

> "Tem ampliado sua comunicação oral e falado mais sobre seus sentimentos. Parou de bater na cabeça do amigo quando estava chateada com ele"; "Está muito mais musical. Tivemos uma experiência com uma roda musical esta semana, onde [Dora] tocou pandeiro e cantou com muita entonação liderando a roda. Muito lindo!😊" (Ela, professora de Dora, 2022).

> Essa é a mudança mais incrível. Apesar de pra ela ainda ser um desafio se enquadrar na maneira como os colegas brincam, ela já tem chegado muito mais nos amigos com gentileza e diz "você quer brincar comigo?" Sem impor a brincadeira... ou pergunta "posso brincar com você?". Outra coisa incrível foi que ela passou a entender e aceitar as regras de jogo. Antes ela não aceitava as regras e queria só do jeito dela... hoje em dia ela tem interesse em saber a regra pra jogar certo. Apesar de ainda querer sempre ganhar, mas já é outra relação (Linda, mãe de Dora, 2022).

Nota-se, portanto, que Dora demonstrou uma notável melhoria em seu engajamento e interação com os colegas após o período de intervenção.

Ela passou a comunicar de forma mais aberta e expressiva suas emoções, bem como a compartilhar sua forma criativa de brincar.

Essas mudanças positivas no engajamento e na interação de Dora com seus colegas tiveram um impacto significativo em suas relações sociais. Ela se tornou mais participativa e envolvida nas atividades em grupo, demonstrando uma maior disposição para ouvir, compartilhar e colaborar. Sua capacidade de se comunicar de forma mais efetiva e expressar suas emoções ajudou a fortalecer os laços com seus pares, criando conexões mais significativas e enriquecedoras.

Não obstante, as evoluções de Dora na terceira capacidade também foram expressivas, talvez mais que em relação às outras duas. Ela apresentou uma notável melhoria em sua comunicação, conseguindo expressar de forma mais precisa seus desejos, descontentamentos e conflitos. A mãe e a professora relataram episódios em que Dora chegava a bater em alguns amigos por não conseguir comunicar suas emoções.

Antes, Dora tinha dificuldades em comunicar seus desejos e necessidades de maneira efetiva, o que muitas vezes resultava em frustração e conflitos. No entanto, ao longo de seu processo terapêutico, ela desenvolveu a capacidade de expressar-se de forma mais assertiva e articulada. Ela aprendeu a identificar e comunicar seus desejos, permitindo que os outros compreendessem melhor suas intenções e preferências. Os relatos a seguir podem demonstrar esses avanços:

> *Sim! Diminuíram muito. Ela consegue hoje falar sem tanto desespero. E também consegue antes de se descontrolar tanto falar mais o que quer e sente. Exemplo, ela não quer sair da casa do tio e ela diz que não quer, e começa a chorar, eu converso com ela explico que voltamos depois e ela fica perguntando "mas por quê? Mas porque, mamãe?". Mas apesar do "porquê" ela não se desespera* (Linda, mãe de Dora).

> *Esses dias eu disse a ela que ela faz aniversário em 11/03 e ela me olhou e retrucou "é, mamãe, e você faz aniversário quando?" Fiquei tão impressionada... porque ela antes só falaria sim, ou só repetiria minha última informação. Fiquei impressionada também com ela esses dias eu falei que ela podia me ligar e ela me olhou e falou "como vou fazer isso se você não divide o celular comigo?"* (Linda, mãe de Dora).

> *[Dora] passou a verbalizar mais o que ela quer ou não quer. Saber que você está trabalhando isso com ela é maravilhoso, porque*

> *eu tenho percebido essa diferença, tanto fora... por exemplo, ela tinha dificuldade de dizer para minha mãe o que ela queria ou não queria e agora ela diz. Porque ela chorava, entrava em crise com minha mãe e agora ela consegue dizer. E em casa tem sido também mais tranquilo, o não querer e o querer têm sido mais tranquilo de ela expressar* (Linda, mãe de Dora).

À medida que Dora desenvolveu suas habilidades de comunicação, ela passou a conseguir expressar suas emoções de maneira mais assertiva e significativa. Ela aprendeu a identificar e nomear suas emoções, bem como a compartilhá-las com os outros de forma mais compreensível.

Essas conquistas de Dora em sua comunicação expressando suas questões e conflitos representam um processo gradual de evolução para a próxima capacidade do desenvolvimento funcional e emocional: resolução de problemas compartilhados, sobre a qual poderemos nos dedicar futuramente em novas pesquisas.

O desenvolvimento de Dora flerta com a capacidade de resolução de problemas emocionais compartilhados, e com seus avanços nas habilidades de interação e de expressão, Dora também pode compreender melhor o seu contexto e fazer leituras e interpretações dos comportamentos dos outros, e comunicar suas impressões e sensações. Podemos evidenciar essas considerações com mais relatos de sua mãe:

> *[...] ela relata muito pra mim isso "eu não falei", uma vez ela disse a mim: "mamãe, os meus amigos não gostam de brincar comigo", mas por quê? "Não, porque não gostam...". O meu dilema é sempre "ela não está interagindo por que ela não quer ou por que ela não consegue?", esse tá sendo sempre o meu dilema, mas ao mesmo tempo tenho percebido que ela está mais empoderada, mais confiante de dizer, de falar, de buscar ajuda de [Ela] (professora), [Ela] contou dois momentos que ela [Dora] foi buscar ajuda de [Ela] na sala de aula. Isso é muito importante porque ela sofria calada. Às vezes ela faz relatos de coisas que ela não diz à [Ela], e quando eu conto [Ela] fica arrasada... "Como ela não me falou? Por que ela não me disse?". Às vezes, é como se ela processasse depois. Ela me conta dois dias depois o que aconteceu, a reação dela é tardia...* (Linda, mãe de Dora).

Esse relato da mãe demonstra a relevante evolução de Dora, ao passo que também revela a angústia que pessoas autistas podem viver desde cedo no universo das trocas sociais. Quando Dora diz à mãe que seus amigos não querem brincar com ela, está mostrando habilidades de capacidades mais elevadas, como empatia, teoria da mente (compreensão das perspectivas de outras pessoas) e inferência, que historicamente já foram consideradas fora do alcance com TEA (GREENPAN; WIEDER, 2006a).

A família de Dora esteve muito ativa durante processo de intervenção. A educação de casa também era baseada no diálogo respeitoso e os momentos de brincar no chão (*Floortime*) também eram práticas comuns dos pais. Dora vive em um lar acolhedor, respeitoso e humano, em que o afeto é constante e diário. E aprendemos com Greenspan e Wieder (2006a) que o afeto educa, que o afeto leva à cognição e engendra a evolução das capacidades de desenvolvimento funcional e emocional. Vejamos o relato da mãe sobre o interesse de Dora em estar nas intervenções: "*Tu sabia que ela aprendeu os dias da semana pra saber quando vai poder brincar com você? Ela agora sabe que depois do domingo vem a segunda e que é dia de tio Allan e depois a terça também*" (Linda, mãe de Dora).

Poderíamos nos aprofundar no desenvolvimento de Dora, mas consideramos que o relato da família é um dado essencial, porque consideramos que melhoras e avanços de uma criança autista impactam de forma positiva todas as pessoas ao seu redor, principalmente o núcleo familiar, que convive diariamente e é a maior referência educacional, social e afetiva de uma criança:

> *[...] essa experiência trouxe pra minha filha e pra minha família uma paz de saber que ela tem o caminho aberto para o desenvolvimento feliz e leve... sem o peso de atingir metas ou de se enquadrar em caixas que podem nunca caber o quão grande é a história de [Dora]. Ver minha [filha] pular menos no sofá foi uma das conquistas, mas nada tinha o preço de vê-la feliz me contando do dia que passou na escola e das alegrias de estarmos em paz de ser um caminho e do caminho ser só o dela e da nossa família que não precisa ser exato, sem percalços ou idênticos aos demais... mas a paz de vê-la feliz chorando menos, se desesperando menos... isso não tem preço e de ver ela conhecer os dias da semana pra saber qual o dia ia ser o de tio Allan... enfim poderia ficar aqui horas falando do quanto [Dora] mudou... mas tem uma brincadeira que eu preciso contar que ela não conseguia de jeito nenhum que era brincadeira de não piscar, sabe. Aquela quem piscar perde... pois pronto, esses dias ela quis brincar de piscar perde... me olhou muito nos olhos e nas gargalhadas de quando me via piscar me olhou profundamente e me*

disse espontaneamente que me amava muito! Num momento espontâneo leve e sim eu atribuo essa transformação a esse ano que ela viveu (Linda, mãe de Dora).

Dora fez com que as emoções criassem, brincassem e tocassem, tocassem no sentido da performance musical e também no sentido mais genuinamente afetivo da expressão. Não se trata de um desenvolvimento meramente comportamental no qual se almeja desenvolvimento funcional apenas. Trata-se de um desenvolvimento emocional, afetivo, sensível e também comportamental.

Vejamos a seguir o gráfico geral de sua evolução comparando o antes e o depois das três capacidades:

Gráfico 4 – Evolução por capacidades (Dora)

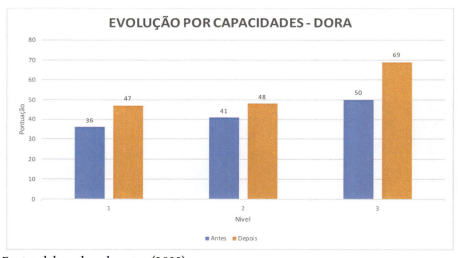

Fonte: elaborado pelo autor (2023)

Observa-se que, considerando que Dora já apresentava muitas habilidades das capacidades de atenção e de interação, sua evolução nesses dois aspectos foi muito menor se comparada à capacidade que ela apresentava mais dificuldade. Importante considerar também que as bases emocionais de Dora e seu interesse pelo mundo já estavam bem estabelecidos, seu maior desafio era se comunicar, se expressar e se afirmar, principalmente no contexto com seus pares, habilidades essas contidas na terceira capacidade, em que Dora apresentou os maiores avanços.

Com o passar do tempo, Dora evoluiu substancialmente. Sua participação nas interações sociais com amigos tornou-se mais ativa e envolvente. Ela começou a se comunicar de maneira mais expressiva, compartilhando suas ideias, opiniões e demonstrando sua criatividade por meio da linguagem verbal, gestos, expressões faciais e brincadeiras simbólicas.

Esses avanços evidenciam o impacto positivo dos atendimentos baseados no perfil sensorial, emocional e nos interesses de Dora. Ao respeitar suas preferências e motivadores intrínsecos, foi possível estimular seu engajamento com o mundo ao seu redor e expandir suas habilidades comunicativas. Esses resultados são indicativos de um desenvolvimento saudável, estabelecendo uma base sólida para a continuidade do seu progresso nas capacidades subsequentes do modelo DIR/*Floortime*.

A partir do momento em que Dora encontrou maior segurança emocional, teve acesso aos suportes sensoriais adequados para seu perfil e passou a participar de uma abordagem terapêutica que encorajava sua expressividade, foi possível observar saltos significativos em seu desenvolvimento.

Com um ambiente emocionalmente seguro e acolhedor, Dora pôde se sentir mais confiante para explorar suas habilidades e se engajar ativamente nas atividades propostas. A adaptação dos suportes sensoriais às suas necessidades individuais permitiu que ela se sentisse mais confortável e estimulada a explorar o mundo ao seu redor.

Além disso, a abordagem terapêutica que incentivava a expressividade de Dora proporcionou a ela um espaço para compartilhar suas emoções, pensamentos e ideias de forma autêntica. Ela foi encorajada a se expressar livremente, sem julgamentos, o que fortaleceu sua autoconfiança e aumentou sua motivação para se comunicar e interagir com os outros.

Esses fatores combinados resultaram em saltos significativos em seu desenvolvimento. Dora conseguiu adquirir novas habilidades comunicativas, expressar suas emoções de forma mais clara e assertiva, e demonstrar um aumento notável em sua criatividade. Sua participação nas interações sociais tornou-se mais engajada, e ela demonstrou uma maior disposição para se envolver em atividades colaborativas e explorar diferentes áreas de interesse.

Esses avanços no desenvolvimento de Dora refletem a importância de fornecer um ambiente seguro, adaptado às suas necessidades sensoriais e estimular sua expressividade. Ao oferecer suporte emocional, sensorial e encorajamento para que ela se manifestasse, Dora conseguiu realizar progressos significativos em seu desenvolvimento global.

Além disso, começou a compartilhar sua forma única e criativa de brincar com os colegas. Sua imaginação e criatividade foram estimuladas, permitindo que ela explorasse diferentes possibilidades durante as atividades compartilhadas. Ela demonstrou habilidades de jogo simbólico avançadas e trouxe uma perspectiva original para as brincadeiras, enriquecendo as interações e promovendo uma maior colaboração entre os colegas.

Dora começou a flertar com as capacidades subsequentes do desenvolvimento no modelo DIR/*Floortime*. Isso significa que ela passou a demonstrar sinais de avanço em áreas mais complexas e sofisticadas, tanto socioemocionais quanto cognitivas.

7.1.3 Intervenção e desenvolvimento de Lia

Lia apresentava uma característica de alto nível de alerta, o que significava que ela estava constantemente atenta ao seu ambiente e sensível a estímulos ao seu redor. Ela precisava de suporte emocional permanente para lidar com as demandas do dia a dia e ajudá-la a regular suas emoções.

Devido à sua sensibilidade sensorial, Lia se beneficiou das adaptações no ambiente para torná-lo mais confortável e adequado às suas necessidades. Isso incluiu ajustes na iluminação, controle de ruídos excessivos e fornecimento de materiais sensoriais que a ajudaram a se acalmar e se concentrar, como a caixa da calma.

Seguir a liderança de Lia também foi uma estratégia eficaz para estimular seu envolvimento e participação. Ao permitir que ela assumisse a liderança nas atividades e interações, respeitamos sua autonomia e incentivamos sua iniciativa, o que aumentou sua motivação e engajamento, promovendo um ambiente mais propício para o desenvolvimento.

"Observar, esperar e ponderar" também foi uma estratégia fundamental para a intervenção com uma criança com nível de alerta tão alto e, ao mesmo tempo, tão interessada em brincar e fazer coisas acontecerem.

Quanto às estratégias musicais, elas iriam surgir naturalmente, afinal, observar, esperar e ponderar envolve dar a Lia o tempo e o espaço necessários para processar as informações, organizar seus pensamentos e planejar suas ações. Isso significa não apressar suas respostas ou fazer interrupções, permitindo que ela tivesse tempo para refletir e se expressar da maneira mais adequada para ela.

Lia demonstrou uma preferência pela experiência musical da performance e da composição. Essa preferência indica que ela se sentia especialmente envolvida e interessada em expressar-se e explorar o mundo por meio da música.

A experiência musical da performance permitia a participação ativa de Lia na execução de músicas e exploração das sonoridades dos instrumentos. Ela apresentou um interesse particular em tocar os instrumentos, acreditamos que além do interesse propriamente dito, essa atividade ofertava para Lia *inputs* sensoriais apropriados para o seu perfil sensório-afetivo-motor. Também demonstrou interesse em cantar, logo, a performance musical fez com que Lia encontrasse uma forma única para se comunicar e se expressar, permitindo-lhe compartilhar suas emoções, criatividade e seu talento com os outros.

Não obstante, a experiência musical da composição também despertou interesse em Lia. Ela logo percebeu que suas iniciações e temas se transformavam em música durante nossa interação criativa e improvisativa. Lia apresentava habilidades rítmicas, podendo acompanhar o andamento contínuo das músicas ao tocar e cantar.

Usando sua imaginação e habilidades musicais, Lia experimentava o universo sonoro e ousava criar músicas que eram expandidas em nossas interações. Criamos a brincadeira musical "Eca" e a música *Bolha ou Balhão*. Fizemos o seguinte registro:

> Bastante musical. Ótima memória. Brincamos com os instrumentos musicais. Se engajou bastante com as músicas improvisadas que surgiram "Eca, parece uma meleca". Também se lembrou da brincadeira do medo com o livro de estória e brincamos juntos. Triangulou a comunicação. Teve dificuldade para finalizar (Diário de pesquisa do autor, 2022).

Agora que conhecemos um pouco mais de criança e que as estratégias foram apresentadas, vejamos o gráfico a seguir para discorrermos sobre a evolução de Lia:

Gráfico 5 – Evolução radar de Lia

Fonte: elaborado pelo autor (2023)

De modo geral, quando observamos o gráfico radar do desenvolvimento funcional e emocional, podemos notar uma evolução mais estável e avanços lineares nas capacidades da Lia.

Essa evolução estável é caracterizada por um crescimento gradual e consistente nas diversas áreas do desenvolvimento analisadas. A evolução mais estável e avanços lineares no gráfico radar sugerem que Lia progrediu de forma consistente e contínua, adquirindo gradualmente as habilidades necessárias para alcançar os marcos do desenvolvimento. Essa evolução é importante, pois demonstra um desenvolvimento saudável e equilibrado nas diversas áreas do funcionamento da criança, considerando o seu perfil único e suas diferenças individuais. Avanços tão expressivos, como observamos em Dora, poderiam não ser robustos ou suportados pelo perfil individual de Lia.

Quando mencionamos "avanços lineares" em relação ao desenvolvimento de uma criança, estamos nos referindo a um progresso contínuo e consistente em suas habilidades ao longo do tempo, seguindo uma trajetória de crescimento gradual e previsível. Esses avanços lineares indicam que Lia adquiriu novas habilidades e competências em uma sequência lógica e progressiva.

É importante ressaltar que a evolução estável não significa ausência de desafios ou retrocessos ocasionais. Cada criança tem seu próprio ritmo e trajetória de desenvolvimento, e é natural que enfrentem obstáculos ao longo do caminho. No entanto, o padrão geral de avanços lineares e uma evolução estável indicam um progresso consistente em direção a metas de desenvolvimento e um potencial positivo para o crescimento contínuo.

Cada criança tem seu próprio ritmo e sequência de desenvolvimento. Enquanto algumas crianças podem apresentar um progresso mais linear e consistente em relação às diversas habilidades e capacidades, outras podem ter um desenvolvimento mais desigual, descontínuo ou apresentar grandes saltos evolutivos, como no caso de Dora. Ela já apresentava habilidades bem desenvolvidas em cada uma das capacidades, diferentemente de Lia, que ainda estava em processo de desenvolvimento dessas capacidades.

Esse perfil evolutivo das capacidades do desenvolvimento funcional e emocional evidenciadas no gráfico radar é um indicador encorajador de um desenvolvimento saudável e equilibrado de Lia, refletindo a eficácia das estratégias e intervenções utilizadas para apoiar seu crescimento.

A partir do exposto, enfatizamos algumas habilidades em que Lia se destacou, como demonstrar interesse por sensações diferentes (P1). Consideramos esse aspecto interessante porque, como abordamos no tópico das diferenças individuais, Lia desafiou o seu perfil vestibular para ter a sensação de estar no alto contando suas estórias, sendo motivada pelo seu próprio desejo, encorajada e acolhida pelas pessoas presentes em suas intervenções. Lia passou a compartilhar mais o olhar e manter a atenção compartilhada, a se interessar de forma calma e prazerosa pelas brincadeiras (P3) e a se interessar mais pelas pessoas e não apenas pelos objetos (P7). Em todos esses aspectos Lia avançou do nível "emergindo com suporte (3)" para "emergindo (4)", isto é, realizava essas habilidades de forma cada vez mais autônoma. Vejamos os relatos: *"Ela está se concentrando mais nas atividades de interesse dela"* (Line, mãe de Lia).

Em relação à capacidade de interação, Lia também se desenvolveu de maneira gradual e satisfatória para seu perfil sensório-afetivo-motor, respondendo mais às iniciativas das pessoas falando, brincando, fazendo sons e gestos (P10) e demonstrando-se mais atenta nas interações (P14). Nessas habilidades, Lia também migrou de "emergindo com suporte (3)" para "emergindo (4)", mostrando mais autonomia em sua interação.

Um componente importante dessa capacidade é a habilidade para se recuperar da desorganização emocional em até 15 minutos com a ajuda de alguém (P18), Lia saiu de "raramente presente (2)" para "emergindo com suporte (3)", o que significa que ela passou a aceitar melhor as intervenções de outras pessoas e conseguindo evoluir em relação à sua autorregulação emocional, de maneira que não fique tão vulnerável ao estresse e às sobrecargas do ambiente ao seu redor.

Essa melhora em suas habilidades de interação reflete um aumento em sua capacidade de se engajar socialmente e responder aos estímulos sociais ao seu redor. Lia demonstrou uma maior sensibilidade às pistas sociais, estando mais disposta a se envolver ativamente nas interações com os outros.

Ao responder às iniciativas das pessoas, seja por meio da linguagem verbal, do jogo simbólico, de expressões sonoras ou de gestos, Lia demonstrou uma maior compreensão e habilidade de se comunicar e se conectar com as pessoas. Nota-se que ela começou a buscar uma participação mais ativa nas interações sociais, expressando suas ideias, emoções e intenções de forma mais assertiva. A professora de Lia relatou: "*[...] melhorou muito sua oralidade, e sua participação nas brincadeiras aumentaram ainda mais, principalmente em contação de histórias, ela ama*" (Ani, professora de Lia). A mãe e a mediadora de Lia também afirmaram:

> "*[Lia] apresentou uma evolução na comunicação e no relacionamento com os pais e coleguinhas e um desprendimento maior para se relacionar com outras pessoas*". "*[...] notamos uma criatividade maior e um repertório mais variado tanto nos gestos como nas brincadeiras*" (Line, mãe de Lia).
>
> *[...] hoje percebo que ela sempre procura os colegas ou adulto para brincar com ela, busca atenção através do contato visual e é muito gratificante, porque ela sempre brincava sozinha, escolhia os brinquedos e ficava no cantinho, hoje ela é bastante ativa, diria que uma protagonista que observa os pares e sempre se comunica, faz troca, entra em acordos é muito lindo de ver* (Enna, mediadora de Lia, 2022).

Essa evolução não apenas pode fortalecer suas conexões sociais, mas também contribuir para o desenvolvimento de sua autoconfiança e autoestima. Ao se envolver mais ativamente nas interações com seus colegas, Lia passou a experimentar um senso de pertencimento e interdependência, o que é essencial para o seu bem-estar emocional e social.

É importante reconhecer e valorizar os avanços de Lia em suas habilidades de interação, pois isso indica um progresso significativo em seu desenvolvimento socioemocional. Com o suporte contínuo e a oportunidade de participar de experiências de interação positivas, Lia terá a chance de continuar aprimorando suas habilidades de comunicação, interação social e conexão emocional com os outros.

Em relação à terceira capacidade, comunicação, percebemos uma evolução consistentemente linear, em que Lia avançou de "emergindo com suporte (3)" para "emergindo (4)" nas habilidades de iniciação de ações intencionais (P19), resposta aos outros com gestos intencionais demonstrando compreensão (P20), iniciação interações comunicando ou expressando seu desejo e/ou interesse (P21), abertura e fechamento de círculos de comunicação (P22) e de uso de linguagem corporal, gestual ou verbal demonstrando um amplo repertório de sinalizações emocionais (P23). Vejamos o relato da mãe a respeito desses avanços: "*Melhorou muito a comunicação em relação ao que era, embora o diálogo continue difícil. Mas ela responde melhor aos questionamentos e por vezes tem a iniciativa da comunicação*" (Line, mãe de Lia). Não obstante, Enna, mediadora de Lia, também compartilhou:

> *[...] ela consegue se observar e se regular, muitas vezes reproduz o que escuta e tenta se acalmar e falar sobre os sentimentos, quando está triste ela verbaliza o porquê de estar triste, um dia desses ela falou: "Eu estou frustrada, tia [Enna]", uma graça, e aí conversamos e tentamos entrar em acordos como o tio Allan nos ensinou [...].*
>
> *Hoje entramos em acordos / combinados para tudo, porque percebi a importância desse momento de diálogo para que ela entenda que estou entendendo o que ela está sentindo e querendo e que juntas vamos encontrar soluções para todos os problemas* (Enna, mediadora de Lia).

É possível perceber um progresso notável na capacidade de comunicação. Durante esse período, Lia desenvolveu várias habilidades que demonstram sua crescente capacidade de se envolver em interações comunicativas mais complexas e significativas, comunicando, sobretudo, as suas sensações internas e suas emoções. O suporte emocional e o diálogo respeitoso foram essenciais para que Lia pudesse aprender mais sobre si mesma e compreender que teria sempre o apoio das pessoas que a amam. A segurança emocional foi fundamental para que Lia se sentisse amparada e encorajada a experimentar e expressar suas emoções.

O laço afetivo movia Lia para experimentar seus afetos, inclinações e desejos sem medo. Ela tinha a certeza de que estava sendo apoiada em suas decisões mais desafiadoras, como subir os degraus da prateleira, e ficar 50 centímetros mais alta para poder enxergar o mundo sobre o qual ela tinha cada vez mais interesse.

O relato de Enna é bastante afetivo e traduz a experiência do afeto em sua vida e na vida de Lia durante as intervenções:

> [Lia] é uma artista e depois do contato com o tio Allan isso ficou mais aguçado diria, tudo é arte, e ela muitas vezes fala isso: "Eu sou uma artista". E realmente é o que acontece todos os dias no acompanhamento escolar, ela é muito protagonista, envolve todas as crianças nas brincadeiras nos diálogos, antes ela se jogava muito no chão, hoje ela fala que não está legal, que ficou triste, tenta solucionar seus problemas sozinha dialogando com seus pares, quando não consegue, procura o adulto e fala toda situação.
>
> O nome dela é [Lia] e o sobrenome criativa, ela envolve a todos com os jogos simbólico e sua criatividade, o tio Allan ajudou muito nesse aspecto, as sessões eram cheias de criatividade e muita imaginação, as crianças se sentiam seguras pra ser o que elas queriam ser ao lado dele, ele sempre passou confiança e através disso ele conseguia fazer outras coisas como propor algo diferente nas brincadeiras e elas aceitarem a mudança porque tinha esse laço de confiança entre eles (Enna, mediadora de Lia).

Enna ainda compartilha a sua experiência pessoal ao participar dos encontros como mediadora:

> Vocês não sabem o quanto, não sei quem foi mais feliz nas sessões, a [Lia] ou Eu, me emocionei várias vezes de chorar mesmo, porque não conhecia o DIR/Floortime e quando conheci foi através do Allan, o respeito que se tem com o ser criança é indescritível, respeitar as limitações de cada pequeno e ao mesmo tempo potencializar o que eles têm de melhor é muito lindo de se vê na prática, relembrar de cada sessão que estive presente vivenciando esse momento de troca me faz querer ser um ser humano melhor, uma profissional melhor que possa compreender o outro por inteiro com suas particularidades e limitações e acreditar que eu também posso contribuir na vida de outras pessoas, é muito lindo de imaginar e é real, e na vida da [Lia] então ela se sentiu acolhida, protegida e o melhor, feliz nas sessões do tio Allan (Enna, mediadora de Lia).

Aprendemos com Greenspan e Wieder (2006a) que o afeto move todas as coisas. Uma abordagem afetiva baseada no relacionamento emocional significativo afeta a todos os envolvidos e o resultado desse afetar é desenvolvimento, como podemos visualizar nas análises. Por fim, apresentamos a seguir o quadro geral da evolução de Lia:

Gráfico 6 – Evolução por capacidade (Lia)

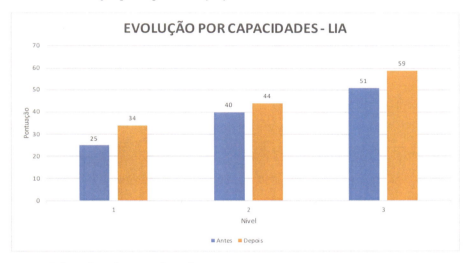

Fonte: elaborado pelo autor (2023)

Ao observarmos o antes e o depois do desenvolvimento de Lia, podemos perceber que houve uma proximidade significativa entre os resultados alcançados. O processo de desenvolvimento de Lia se mostrou linear e equilibrado, com avanços consistentes e harmoniosos em diferentes áreas de sua vida.

A linearidade no desenvolvimento de Lia indica que suas habilidades e capacidades progrediram de maneira gradual e contínua ao longo do tempo, sem grandes variações ou retrocessos significativos. Isso sugere que ela foi capaz de se engajar consistentemente nas intervenções e atividades propostas, assimilando novas aprendizagens de maneira estável.

Além disso, o equilíbrio no desenvolvimento de Lia indica que houve um crescimento harmonioso em diferentes aspectos de sua vida, abrangendo áreas como comunicação, interação social, habilidades emocionais, criatividade e autodesenvolvimento. Isso significa que as intervenções e estratégias utilizadas foram abrangentes e abordaram diversas dimensões do seu desenvolvimento, proporcionando um progresso global e integrado.

Uma das conquistas de Lia foi a habilidade de iniciar ações intencionais, ou seja, ela passou a iniciar atividades, jogos ou conversas com um propósito específico em mente. Isso indica um nível mais elevado de intencionalidade em suas interações, em que ela demonstra compreensão de seus próprios desejos e interesses, e é capaz de expressá-los por meio de gestos intencionais.

Além disso, Lia também aprimorou sua capacidade de responder aos outros com gestos intencionais, demonstrando uma maior compreensão das intenções e dos sinais comunicativos dos outros. Essa habilidade mostra que ela está mais sintonizada com as pistas sociais e conseguindo ajustar seu comportamento em resposta às interações que ocorrem ao seu redor.

Outro aspecto do progresso de Lia é sua capacidade de iniciar interações comunicativas, seja por meio da linguagem verbal ou não verbal. Ela demonstra uma maior disposição em se comunicar e expressar seus desejos, necessidades e interesses, buscando ativamente o envolvimento com os outros.

Lia também demonstra habilidades de abertura e fechamento de círculos de comunicação, o que significa que ela é capaz de iniciar, manter e encerrar interações comunicativas de forma adequada. Essa habilidade é fundamental para estabelecer uma comunicação eficaz e para o desenvolvimento de relacionamentos sociais saudáveis.

Além disso, Lia expandiu seu repertório de sinalizações emocionais, utilizando uma variedade de expressões faciais, posturas corporais e gestos que refletem suas emoções e sentimentos. Isso permite uma comunicação mais rica e precisa de suas experiências emocionais, contribuindo para uma compreensão mais profunda de suas necessidades e estados internos.

O desenvolvimento dessas habilidades representa um avanço significativo em sua capacidade de comunicação bidirecional, abrindo novas possibilidades para interações mais significativas, conexões sociais mais profundas e um melhor entendimento de suas próprias experiências e emoções.

Não obstante, a experiência com Lia foi marcada por arte e sensibilidade, permitindo que ela explorasse suas habilidades musicais, bem como suas habilidades de contar estórias. O DIR/*Floortime* articulado à música proporcionou para Lia um espaço criativo para expressar-se de maneiras diversas e significativas.

No âmbito musical, Lia teve a oportunidade de experimentar e desenvolver suas habilidades musicais, seja cantando, tocando instrumentos ou compondo suas próprias melodias. A música ofereceu a ela uma forma única de se expressar, explorar diferentes ritmos, sons e emoções, e criar conexões emocionais com os outros.

Contar estórias envolve narrar e compartilhar experiências por meio de palavras, gestos, expressões faciais e entonação vocal. Isso não apenas permite que Lia exercite sua criatividade e imaginação, mas também fortalece suas habilidades de comunicação e expressão verbal, contribuindo para que ela compartilhe suas ideias, emoções e perspectivas de forma envolvente e cativante.

Essas atividades artísticas e sensíveis desempenharam um papel fundamental no desenvolvimento de Lia, oferecendo-lhe um meio de expressão autêntica e proporcionando-lhe um espaço seguro para explorar suas habilidades e interesses. Além disso, essas experiências promoveram a confiança em si mesma, a autoexpressão e a conexão com os outros, contribuindo para o seu crescimento emocional, social e cognitivo.

7.1.4 Intervenção e desenvolvimento de Nico

As diferenças individuais de Nico demonstraram um perfil desafiador principalmente no que tange às questões de interesse pelo mundo e pelas pessoas, impactando habilidades de interação e comunicação recíproca.

Como de costume, os primeiros encontros foram marcados pela observação dos comportamentos de Nico, seus interesses, sua forma de se comunicar e se relacionar. Não obtivemos muito sucesso nas primeiras tentativas de aproximação. Nico preferia permanecer em seu autocentramento, mostrando um envolvimento intenso em suas próprias atividades internas e pensamentos. Habilidades da segunda capacidade, interação, também acabavam sendo comprometidas, pois Nico parecia estar distante ou desconectado do ambiente externo e das pessoas.

Ele manifestava interesses restritivos e específicos, dedicando grande parte de seu tempo e energia no brincar solitário com livros e letras no decorrer da pesquisa. Não compartilhava seus interesses e também raramente demonstrava interesse por outras atividades ou temas que envolvessem a troca com seus pares. Suas atividades solitárias eram intensas e dispensavam a necessidade de interação social. Nico demonstrava um baixo nível de curiosidade em relação ao mundo ao seu redor, parecendo menos interessado em explorar e descobrir novas experiências.

O desafio para as intervenções de Nico foi conseguir conquistar sua atenção e realizar vivências em que pudéssemos compartilhar juntos as experiências. Para isso algumas estratégias *Floortime* foram essenciais: explorar o *high affect*, investigar que tipo de prazer suas atividades restritivas lhe proporcionavam para que pudéssemos participar juntos dessas sensações e seguir a sua liderança respeitando seu perfil sensório-afetivo-motor. No primeiro encontro com Nico fizemos o seguinte registro:

> Nico apresentou bastante interesse pelos instrumentos e sons. Possui excelente discriminação sonora. Apresenta mais interesse nos objetos que nas pessoas, mas responde ao high affect. Gosta de criar com os instrumentos. Possui ecolalia, vez ou outra comunica seus interesses verbalmente de maneira intencional (Diário de pesquisa do autor, 2022).

Após esse dia compreendemos que o caminho a se trilhar com Nico envolvia o universo sonoro associado com a intensidade do *high affect* para que pudéssemos conquistar sua atenção e assim começar a amadurecer nosso vínculo afetivo, por meio do qual Nico poderia estabelecer uma relação de confiança para então compartilhar o seu mundo tão autoestimulante.

Outra estratégia *Floortime* utilizada foi a obstrução lúdica. Essa estratégia envolve a introdução de obstáculos ou dificuldades durante as atividades de brincadeira, visando encorajar a criança a buscar soluções criativas e desenvolver habilidades específicas.

Durante uma sessão envolvendo a obstrução lúdica, por exemplo, um dos obstáculos foi "roubar" o livro de Nico e esconder pela sala, dessa forma, criávamos situações que exigiam resolução de problemas, planejamento, comunicação e flexibilidade. A obstrução lúdica pode auxiliar a criança a expandir os interesses e a melhorar a habilidade de flexibilidade, encorajando-a a explorar novas possibilidades e a experimentar diferentes formas de brincar.

A ideia dessa estratégia, como explicam Greenspan e Wieder (2006a), é nos tornar um objeto de jogo no mundo da criança, até mesmo nosso corpo pode servir de obstáculo, mas os autores asseveram ser preciso ficar atento para não sobrecarregar a criança.

As estratégias musicais mais presentes nas interações com Nico foram composição e performance. Por meio desse caminho estratégico, as demais intervenções foram ocorrendo e Nico foi desenvolvendo um maior vínculo afetivo e interesse em estar nos encontros. Ainda assim, sua dificuldade em compartilhar o mundo demandava da utilização de bastante *high affect*. Vejamos a seguir sua evolução:

Gráfico 7 – Evolução radar de Nico

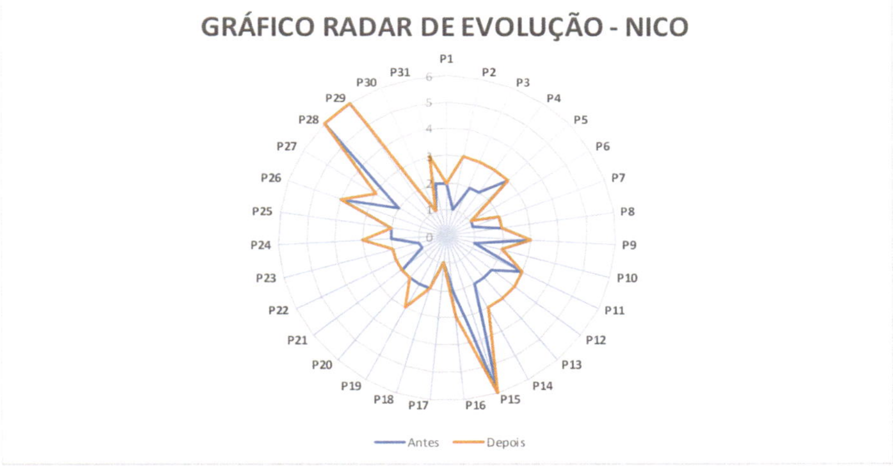

Fonte: elaborado pelo autor (2023)

A análise do gráfico radar referente à evolução de Nico revela uma progressão razoável e estável de um ponto a outro em relação às habilidades avaliadas. O gráfico radar, que representa várias dimensões de desenvolvimento, demonstrou que Nico apresentou um avanço constante e equilibrado ao longo do período da intervenção. Essa evolução mais estável indica que ele conseguiu desenvolver e aprimorar suas habilidades de maneira consistente, alcançando um nível satisfatório em relação aos objetivos estabelecidos.

Em relação à primeira capacidade, atenção (P1 a P9), destacamos o avanço significativo no compartilhamento do olhar e na sustentação da atenção compartilhada na interação (P2). Ainda que para isso acontecer tivesse sido necessário um alto nível de *high affect*, o caminho para acessar Nico foi esse e quanto mais ele se envolvia em interações com alto nível de afeto, mais ele demonstrava se interessar pela troca afetiva. Sobre isso sua mãe relatou: "*Atualmente [Nico] foca um pouco mais nas brincadeiras. Passou a demonstrar mais interesse nas brincadeiras*" (Laura, mãe de Nico). A professora também confirmou: "*[...] está mais calmo e conseguindo participar de atividades com mais barulhos no ambiente*" (Ela, professora de Nico).

Em contrapartida, se analisarmos o seu interesse por pares ou crianças (P6) não vemos nenhum avanço notável. Podemos atribuir isso a diversos fatores, um deles é que as crianças nem sempre são interessantes para Nico no sentido de dar o *input* afetivo, sensorial e intencional de que precisa para se conectar a elas.

No entanto, apensar de demonstrar nenhum desenvolvimento no interesse com pares, Nico avançou em relação ao interesse pelas pessoas. Notava-se que outras pessoas brincavam com Nico de "Meteoro", logo, essas pessoas ofereciam para ele sensações de prazer emocional e sensorial, o que fazia com que ele as buscasse. "Meteoro" foi uma brincadeira musical criada em um de seus encontros, que promovia diversos tipos de *inputs* necessários à conexão de Nico com o mundo. A professora relatou que Nico "*Tem sorrido mais na sala. Buscado brincadeiras novas com METEORO, onde envolve a turma neste contexto brincante*" (Ela, professora de Nico).

Ao analisar habilidades da segunda capacidade, interação (P10 a P16), percebemos uma evolução tímida, mas considerando o perfil geral de Nico, podemos considerar como avanços significativos, principalmente quando se trata de responder às propostas com curiosidade e interesse (P11), pois demonstram que Nico começou a se interessar mais pelas propostas que vêm dos outros. Sobre isso, relatamos:

> Chegou já me solicitando, com olhar atento e feliz, pedindo a brincadeira do meteoro. Considero que ontem conseguimos fortalecer o vínculo e hoje conseguimos amadurecer. Conectado, abrindo círculos de comunicação, mais tempo de envolvimento e concentração em uma brincadeira, justamente porque estava engajado em uma ação de seu interesse. Após alguns minutos de interação, abrindo e fechando círculos de comunicação, procurou o objeto de seu interesse: livros com abecedário. Começou pelo dicionário. Seguimos sua liderança, validei sua busca... ele focou na letra Z e na imagem da dentadura, criei duas músicas a partir desses interesses, o que o deixou ainda mais conectado e abrindo mais círculos... ele gosta de ver suas intenções, expressões e

interesses se transformando em músicas de maneira brincante. Se conecta, engaja, repete a música, interage, se comunica... [...] (Diário de pesquisa do autor, 2022).

O registro supra também oferece evidência acerca da evolução de Nico na capacidade 3, comunicação, respondendo às propostas com curiosidade de interesse (P11), passou a demonstrar mais proximidade à pessoa preferida (P13), ou seja, a pessoa capaz de brincar com ele, de acessar sua maneira única de ser e brincar por meio de estratégias específicas, além de demonstrar-se mais atento (P14).

A habilidade de interesse nas pessoas preferidas não foi generalizada para o interesse social por pessoas. Sua professora mesmo relatou que não percebeu evoluções quanto ao interesse nas pessoas, mas afirmou:

Nas pessoas não percebi, mas em outras atividades que não aceitava fazer, como jogo de encaixe, circuito. Ele gostava das atividades mais focadas com escrita e números. [...] Era muito frequente a desregulação de Nico. E quando acontece, conseguimos com tranquilidade buscar uma organização. [...] Mudança de ambiente tem conseguido com muita tranquilidade. Quando deseja um objeto ainda não aceita com tranquilidade as negociações. [...] Está rabiscando mais. Antes era só letras (Ela, professora de Nico).

É importante salientar que os avanços de Nico estiveram entre os níveis "não presente (1)", "raramente presente (2)" e "emergindo com suporte (3)", isso quer dizer que, embora tivesse apresentado evoluções significativas para o seu perfil, Nico ainda carecia de algum grau de suporte para desenvolver suas habilidades.

É necessário considerar uma variedade de fatores, como as circunstâncias pessoais, ambientais e as características próprias de Nico, para obter uma compreensão abrangente e precisa de seu desenvolvimento.

Nas tentativas de conectá-lo, o processo criativo de músicas a partir das temáticas de seus interesses, inclusive em línguas estrangeiras (inglês e espanhol), era frequente e também demonstrou ser o caminho mais eficaz para conquistar a atenção de Nico. Um outro caminho afetivo que despertou em Nico o desejo na troca social comigo foi a brincadeira com línguas estrangeiras. Ele se encantava quando eu o recebia na sala falando espanhol ou inglês. E não, eu não sei muito bem essas línguas! O pouco que eu sabia era o suficiente para gerar em Nico o brilho nos olhos. Criamos músicas, estórias e tivemos uma troca significativa a partir desse seu interesse. Relatamos em nosso diário de pesquisa:

> Selecionou dois livros: relógio e chapéu. Ficou no almofadão. Mais interesse nos livros. Se engajou com *high affect* e com a música improvisada. Abriu círculos de comunicação, demonstrou sua intencionalidade quando levou minha mão ao tambor. Propôs "temas" para improvisar. Gostou de ver suas propostas serem expandidas com as composições (Diário de pesquisa do autor, 2022).

Em nosso último encontro fizemos o seguinte registro:

> Se engajou com a música do meteoro. Ainda não sustenta a atenção. Tivemos um momento de encontro, depois chamei ele para tirarmos uma foto, quando de repente, ele faz em mim a brincadeira do Meteoro... Isso foi muito importante porque faz parte da habilidade de imitação. Ele não estava em um contexto de brincadeira, estava apenas tirando fotos, para ele ter feito essa brincadeira comigo, ele precisou lembrar do que fizemos no primeiro momento do encontro, estruturar uma estratégia, organizar o corpo, para planejar ações, e assim executar o seu desejo. O mais importante é que a atitude de fazer um meteoro em mim significa que a motivação primordial foi emocional (Diário de pesquisa do autor, 2022).

Nico experimentou mudanças significativas ao longo de seu processo terapêutico. Inicialmente, Nico apresentava dificuldades em responder às propostas e aos estímulos externos. Ele tendia a se isolar, demonstrando pouco interesse pelo ambiente e pelas interações sociais. No entanto, ao longo do tempo, com o suporte adequado e intervenções terapêuticas adaptadas ao seu perfil, Nico começou a mostrar pequenos sinais evolutivos. A seguir, poderemos analisar o gráfico de evolução das três capacidades, antes e depois da intervenção:

Gráfico 8 – Evolução por capacidade (Nico)

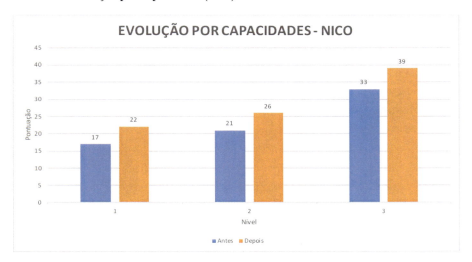

Fonte: elaborado pelo autor (2023)

Uma das mudanças notáveis esteve em torno das respostas às propostas com curiosidade e interesse (relativa à capacidade de atenção). Anteriormente, Nico demonstrava pouca motivação para explorar novas atividades ou experiências, mas depois de algum período ele começou a demonstrar curiosidade e engajamento em relação a algumas propostas oferecidas. Embora tenha mostrado interesse em experimentar novas brincadeiras em sala para além dos números e letras, como relatado pela professora Ela, o desafio continuou em torno do compartilhamento com os pares.

Ainda assim, Nico passou a demonstrar uma maior proximidade com suas pessoas preferidas, estabelecendo uma conexão emocional mais forte com elas, buscando sua companhia e buscando apoio e segurança em sua presença (capacidade de interação). Essa proximidade emocional ajudou a fortalecer os vínculos afetivos e proporcionou a Nico uma base sólida para continuar a desenvolver sua confiança e explorar o mundo ao seu redor.

Outro aspecto importante foi a melhoria na capacidade de atenção. Nico começou a mostrar mais concentração e foco em atividades compartilhadas durante as intervenções. Ele conseguia se envolver em tarefas por períodos mais longos e prestava mais atenção a estímulos sensoriais, instruções verbais e pistas sociais. Essa maior atenção permitiu que ele se engajasse de forma mais significativa em atividades terapêuticas e interações sociais, facilitando seu progresso global.

Atribuímos essas mudanças observadas em Nico como um reflexo do impacto positivo da intervenção terapêutica baseada no modelo DIR/*Floortime* em diálogo com estratégias musicais. O trabalho individualizado e adaptado às necessidades de Nico ajudou a estimular suas habilidades sociais, emocionais e cognitivas, permitindo que ele se desenvolvesse e se engajasse mais com o mundo ao seu redor, ainda que com suporte.

É importante ressaltar que o progresso de Nico é único para ele, e que cada criança autista pode responder de maneira diferente às intervenções terapêuticas. O apoio contínuo, o envolvimento familiar e a colaboração entre a equipe terapêutica são essenciais para promover o desenvolvimento e o bem-estar de crianças autistas, como no caso de Nico.

7.1.5 Intervenção e desenvolvimento de Vitor

Pudemos perceber que em toda teoria do DIR/*Floortime* uma das características principais do modelo é partir dos interesses da criança para a interação, o que é chamado de "seguir a liderança". O primeiro passo para os encontros com Vitor foi deixá-lo à vontade no espaço da interação, demonstrando disponibilidade e *affect* para que ele se sentisse acolhido e compreendesse que aquele era um ambiente seguro e com pessoas confiáveis.

O interesse imediato de Vitor foi o violão. Ele se dirigia prontamente para o instrumento, o pegava e mesmo com suas limitações sensório-afetivo-motoras conseguia entregar e demonstrar seu interesse em ouvir música. Essa cena já evidenciou aspectos importantes sobre o curso que poderíamos seguir em nossos encontros, mas, mais que isso, mostrou o que se pode fazer quando há afeto. Afeto, para Greenspan e Wieder (2006a), é compreendido também como intencionalidade, desejo e emoção.

Considerando os desafios biológicos de Vitor relacionados em suas diferenças individuais, um dos comprometimentos mais expressivos era a primeira capacidade: autorregulação e interesse pelo mundo, a que destinamos o termo-síntese "atenção". Tal comprometimento também interferia em suas habilidades de interação (segunda capacidade) e de comunicação (terceira capacidade). Após observá-lo nas primeiras intervenções, registramos que Vitor

> Precisa de atividades que o ativem motoramente e o fortaleçam corporalmente, acredito que isto poderá contribuir até mesmo para sua comunicação oral, no movimento das mandíbulas e todos os músculos inerentes à fala, trazendo mais consciência corporal... (Diário de pesquisa do autor, 2022).

Partindo desse pressuposto e do seu evidente interesse em escutar música e tocar alguns instrumentos, as estratégias musicais mais exploradas em nossos encontros foram a apreciação e a performance, com destaque para a primeira.

Durante os encontros, o maior interesse de Vitor era de escutar músicas tocadas no violão. Ele atravessava os obstáculos presentes na sala, organizados propositalmente, para poder realizar o seu desejo de escutar o vilão. O processo de ir de um ponto a outro envolvia planejamento motor, mas sobretudo habilidades de práxis, ou seja, ter uma ideação (pegar o violão), sequenciar os passos para se alcançar o objetivo (atravessar o almofadão, pegar o violão e entregá-lo ao pesquisador) e executar o planejado.

Como descrito nas diferenças individuais, Vitor apresentava dificuldades para desempenhar a práxis, mas o desejo e o vínculo afetivo o levavam a persistir na ação, habilidade que ele também apresentava dificuldades no cotidiano.

Seu desejo em escutar música confirmava o que Swanwick pregava sobre a experiência musical da apreciação, de que não se limita apenas a ouvir música passivamente, mas envolve uma participação ativa e consciente por parte do ouvinte. Ela considera a apreciação musical como uma experiência pessoal e subjetiva, na qual os ouvintes interpretam e atribuem significado às obras musicais com base em suas próprias experiências, emoções e bagagem cultural (SWANWICK, 2003).

Swanwick (2014) informa que as crianças em início da idade escolar são, na maioria das vezes, altamente sensíveis em seus estilos individuais para gestos expressivos na música, ainda acrescenta que muitas delas se direcionam para a apreciação, em que podem experimentar suas especulações, possibilidades e percepções possibilitadas pelo acúmulo de expectativas musicais.

Era evidente o interesse de Vitor em explorar o seu repertório musical do dia a dia escolar. Ele gostava de tocar juntamente ao violão. Em alguns momentos parávamos de tocar o violão para visualizar a reação de Vitor, nesses momentos ele sinalizava para que continuássemos a tocar e cantar. Relatamos o seguinte em nosso diário de pesquisa:

> [Vitor] chega já pegando o violão para eu tocar. Se mostrou muito atento no início. O violão o deixa bastante conectado. Adora apreciar o instrumento. Também quis explorar mais. Tentei expandir: permiti que ele conduzisse a minha mão para tocar. Eu cantava no andamento que ele conseguia propor. Ele conseguiu fazer isso sem se desconectar. Achou interessante. A música era "A Dona Aranha" no andamento que eu havia tocado no atendimento anterior, mais lento... Usei do affect nas expressões e na minha execução para que [Vitor] se conectasse comigo também pelo olhar. Expressou sorrisos, realizou planejamento motor e imprimiu força (ele apresenta hipotonia marcante) para que eu tocasse para ele (Diário de pesquisa do autor, 2022).

Ele gostava bastante de músicas como *A dona aranha* e *Sopa* (Palavra Cantada). Utilizamos outras músicas para as vivências de apreciação, a brincadeira musical "Pica-pau" (Thiago Di Luca) e "Meteoro" (autoral), esta última composta durante os atendimentos de Nico. Vitor se conectava bastante com as brincadeiras musicais. Elas envolviam gestos, cócegas e *high affect*, ou seja, estímulos visuais, sonoros e táteis associados ao *affect* em uma relação de vínculo emocional.

Para o desenvolvimento da análise de dados de Vitor, iremos expor o gráfico radar de sua evolução. Embora o gráfico demostre o cenário de todas as habilidades das três capacidades investigadas, pretendemos discorrer sobre alguns aspectos específicos que consideramos de maior destaque partindo das diferenças individuais de Vitor. Vejamos:

Gráfico 9 – Evolução radar de Vitor

Fonte: elaborado pelo autor (2023)

Em uma primeira visão geral, o gráfico radar revela uma evidente progressão de Vitor em relação a quase todas as 31 habilidades das três capacidades do desenvolvimento funcionais e emocionais. Percebe-se que em grande parte das habilidades, Vitor se desloca de "raramente presente" (indicado pelo número 2) para "emergindo com suporte" (indicado pelo número 3), isso significa que a criança passou a mostrar mais respostas nas interações devido aos suportes sensório-afetivo-motores, ou seja, Vitor carece de alguma estrutura ou suporte para que pudesse manifestar suas capacidades do desenvolvimento.

Os efeitos da utilização desses suportes foram registrados em nosso diário de pesquisa:

> [...] ofereci acomodação postural com almofadão de *lycra* a fim de trazer mais consciência corporal e ativá-lo mais. [...] Vitor adora música e se conectou, com a ajuda das acomodações, com a música de seu interesse *Sopa* [Palavra Cantada] e com o auxílio do *high affect*. Observei que após apertá-lo no almofadão, Vitor se levantava e fazia mais movimentos com o corpo, levando a entender que o *input* de tato profundo trazia mais registro sensorial e consciência corporal, o ativava motoramente levando-o a utilizar mais seu corpo (Diário de pesquisa do autor, 2022).

O suporte sensorial ou postural, como o almofadão de *lycra*, seus respectivos *inputs*, associados ao seu interesse em escutar e tocar instrumentos, estimulavam Vitor a produzir, inclusive, respostas verbais por meio de sons que externavam seu prazer pela experiência musical. Registramos em nosso diário:

> [...] Importante dizer que Vitor é uma criança não verbal. Com as acomodações adequadas ao seu perfil em diálogo com a música que ele tanto gosta, emitiu sons... Consideramos que a emissão de sons deva-se a uma conexão emocional significativa amparada pelas acomodações sensoriais, o que promovia maior engajamento e conexões de mais redes neuronais facilitando, assim, sua expressão, linguagem expressiva e/ou expressividade [...] (Diário de pesquisa do autor, 2022).

Em relação à primeira capacidade do desenvolvimento funcional e emocional — atenção —, tomemos como base no gráfico radar as habilidades P1, P2 e P4, elas correspondem à demonstração de interesse por sensações diferentes, o compartilhamento do olhar e atenção compartilhada durante a interação e, por fim, permanecer calmo e conectado por mais de cinco minutos na mesma brincadeira, respectivamente.

Nessas habilidades, Vitor migrou do "raramente presente (2)" para "emergindo com suporte (3)", ou seja, seu interesse pelo mundo e pelas pessoas estava se ampliando, além de se mostrar mais interessado, poderia compartilhar mais o olhar e mostrar mais sinais emocionais na troca com pares, e também se manter por mais tempo nas interações.

Tais evoluções também foram relatadas na entrevista estruturada pelos pais e profissionais da escola: "*Tanto em casa com a família como na escola ele procura mais os amigos para brincar junto, situação que não tinha há algum tempo atrás [...] Fixa mais tempo na brincadeira*" (Ana e Fael, pais de Vitor); "*[...] mais presente na brincadeira, e principalmente mais concentrado na hora de desenhar no papel [...] mais interesse na relação com as pessoas*" (Andrey, mediador de Vitor). A professora também confirmou que "*[Vitor] tem buscado os amigos pelo braço e gira-o numa grande brincadeira. [...] Tem permanecido mais tempo em atividades com papel, explorando mais os recursos*" (Ela, professora de Vitor).

Os relatos supra ilustram que Vitor começou a exibir um maior interesse pelo mundo e pelas pessoas ao seu redor. Ele passou a buscar mais a companhia dos amigos e a se envolver mais nas brincadeiras. Demonstrou melhorias em suas habilidades de interação social, mostrando um maior interesse e engajamento com os outros. Ele começou a estabelecer conexões significativas e a buscar interações sociais de forma mais consistente.

Essa capacidade também faz referência à capacidade de a criança se autorregular emocionalmente frente a situações emocionais difíceis de serem administradas. No caso de Vitor, os episódios de desregulação aconteciam, geralmente, durante transições da rotina, encerramento de atividades interessantes e quando ele não podia fazer o que gostaria em algumas situações. Considerando que a abordagem *Floortime* é pautada em relações emocionalmente significativas, e isso inclui uma comunicação respeitosa e acolhimento afetivo, percebeu-se que Vitor também avançou nos aspectos emocionais. Os relatos trazem algumas evidências: "*Trocas e mudanças são mais flexíveis*" (Ana e Fael, pais de Vitor); "*Consegue melhor aceitação quando chega o momento de encerrar uma brincadeira*" (Andrey, mediador de Vitor). "*No caso de [Vitor], as birras estão mais direcionadas, com razões bem explícitas. Gosto muito de ver isso. Antes aceitava tudo com muita facilidade*" (Ela, professora de Vitor).

Vitor mostrou um bom progresso em relação à autorregulação emocional, especialmente quando confrontado com situações estressoras, como no caso de frustrações e transições. Ele desenvolveu habilidades para administrar suas emoções de forma mais eficaz, demonstrando uma maior capacidade de lidar com desafios e contratempos sem se sentir sobrecarregado. Vitor começou a aprender a controlar suas reações emocionais, encontrar estratégias de enfrentamento adequadas e buscar apoio quando necessário. Sua evolução nesse aspecto demonstra uma crescente maturidade emocional.

Sobre a segunda capacidade, a que destinamos o termo-síntese "interação", também demonstrou evoluções interessantes. Tomamos como referência para a análise dessa capacidade os componentes "responder às propostas com curiosidade e interesse (P11)", "demonstrar-se estar atendo (P14)" e "Engaja/comunica em espaços amplos (P16)", tal como na primeira capacidade, Vitor avançou de "raramente presente (2)" para "emergindo com suporte (3)", o que evidencia que ele demonstrou um aumento no engajamento compartilhado, ou seja, a capacidade de focar sua atenção nos interesses e atividades compartilhados com os outros e também de responder às propostas, abrindo e fechando círculos de comunicação. A professora relatou que Vitor "*Passou mais a olhar em nossos olhos e a direcionar o olhar quando estamos falando algo do seu interesse com muita frequência. [...] Tem sentado nas rodas em algumas situações*" (Ela, professora de Vitor, 2022).

Sua capacidade de se conectar com os outros e se envolver de maneira significativa em interações sociais se aprimorou. Vitor melhorou sua habilidade de fazer contato visual com os outros durante as interações. Ele conseguiu manter o olhar por mais tempo com seus pares mais próximos, demonstrando uma maior disposição para participar ativamente da interação visual. Além disso, Vitor desenvolveu algumas habilidades de resposta emocional, dessa forma, ele demonstrou uma maior sensibilidade às suas próprias emoções, podendo comunicá-las quando julgava necessário. Sua evolução nessa capacidade do desenvolvimento pode ser decorrente de sua crescente habilidade de se conectar com os outros, compartilhar experiências e estabelecer relações significativas.

A terceira capacidade, a que destinamos o termo-síntese "comunicação", diz respeito à comunicação bidirecional e recíproca. Notamos avanços empolgantes de Vitor. Como estava cada vez mais próximo de suas emoções, se conectando mais e sendo estimulado de sorte a avançar em seu desenvolvimento funcional e emocional, Vitor se sentia cada vez mais seguro para comunicar seus interesses e também suas frustrações. Os relatos apontam maior resposta e comunicação em situações cotidianas: "*Apesar de não ser verbal ele demonstra mais suas vontades e interesses. O pedir brinquedo específico, solicitar alimentos específicos e etc.*" (Ana e Fael, pais de Vitor). A professora compartilhou:

> *Teve um episódio nesta semana que ele foi atrás do amigo que atrapalhou a brincadeira dele, pegou-o pela camisa e fez reclamação com barulho. Cena não vista anteriormente. Ele iria atrás do amigo se fosse para tomar um brinquedo que deseja* (Ela, professora de Vitor, 2022).

Durante as intervenções, Vitor também se mostrava cada mais expressivo, inclusive explorando mais sonoridades oralmente, demonstrando cada vez mais suas intenções. Em nosso diário de pesquisa registramos:

> [...] considerei importantíssima sua expressão vocal de hoje. Estava interessado, solicitando mais a música, explorou os instrumentos e suas sonoridades... tem se mostrado regulado e ainda tem expandido seu interesse pelo mundo... (Diário de pesquisa do autor, 2022).

Nos últimos atendimentos da intervenção, Vitor já conseguia dar outra qualidade de resposta. Estendia mais o tempo das interações com trocas afetivas, vaivéns na comunicação, e expressando mais seu prazer e satisfação. No penúltimo atendimento relatamos em nosso diário:

> Ativado com variação de velocidade. Eu fazia mais rápido, ele pedia mais lento. Muito importante ele ter demonstrado essa preferência... Ficou mais atento ao *high affect*. Isso quer dizer que ele precisa de muito *input* para ativar seu sistema sensorial... Vários olhares com mais tempo de duração. Bem participativo. Cantamos as músicas do bom dia, da fazendinha, do pica-pau e do meteoro (Diário de pesquisa do autor, 2022).

Percebe-se, por fim, que os suportes sensoriais, posturais e emocionais (*high affect*), os *inputs* e seguir a liderança ainda eram muito necessários para que Vitor continuasse a se envolver. Não que em algum momento se deixe de seguir a liderança, mas a tendência é que cada vez mais os interesses e ideias sejam compartilhados para que a vivência seja interessante para todos os envolvidos na interação.

A seguir visualizaremos um segundo gráfico da evolução de Vitor evidenciando sua evolução em relação às três capacidades investigadas, atenção, interação e comunicação, respectivamente:

Gráfico 10 – Evolução por capacidade (Vitor)

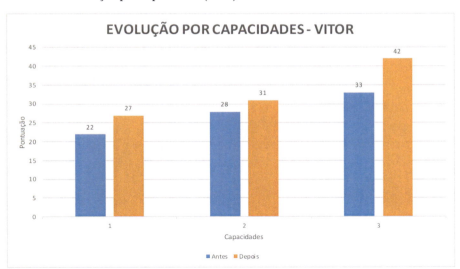

Fonte: elaborado pelo autor (2023)

Analisando os gráficos podemos observar que a evolução mais expressiva de Vitor esteve relacionada à capacidade 3, comunicação. Apresentou uma evolução razoável quanto à capacidade 1, atenção, e o componente que menos se observou evolução foi a capacidade 2, interação.

É preciso considerar que as diferenças individuais de Vitor configuram grande impacto para as suas habilidades sociais. Com o desenvolvimento da capacidade 1, Vitor poderia estar mais atento e regulado emocionalmente, podendo usufruir de maneira cada mais presente das interações, entrando em contato com suas emoções e com trocas afetivas durante as vivências de performance e apreciação.

Ele podia se expressar livremente e ver que seus interesses poderiam se transformar em sons, em gestos e em trocas afetivas, despertando cada vez mais seu interesse em compartilhar com os outros. Seu perfil sensório--afetivo-motor faz com que Vitor dependa de suportes para poder produzir mais respostas e trocas intencionais, essas características impactavam a forma com que ele poderia interagir no ambiente.

Embora sua interação com os pares fosse menor, o seu contato com suas próprias emoções estava mais robusto, além disso, seguir sua liderança o levava a compreender que ele podia fazer escolhas e também podia se expressar e brincar com segurança, nesse sentido, sua comunicação se expandiu muito mais, porque Vitor podia comunicar seus desafetos, se defender e algumas vezes participar ativamente das rodas na sala de aula.

Foram realizados aproximadamente 31 encontros com cada criança, Vitor conseguiu participar apenas de 17 devido a questões de saúde. Durante o processo, Vitor apresentou gripes e alergias. Em um de seus atendimentos foi composta a música *Eu e você*, que teve como objetivo acalmá-lo em um momento de sobrecarga sensorial e emocional. Os detalhes foram registrados no capítulo referente ao produto educativo. No mais, tendo em vista sua participação impactada pelas questões de saúde, consideramos que sua evolução foi significativa, refletindo em melhoras na escola e em casa.

7.2 "METEORO": UM ÁLBUM DE BALABALUA

Algumas estratégias musicais possuem um caráter criativo e improvisativo da experiência no aqui e agora. Musicaliza-se o contexto da criança, as palavras, vocalizações e até mesmo gestos e brincadeiras que surgem durante a interação, criando assim brincadeiras, músicas e canções a fim de favorecer a interação emocional, a linguagem e outras necessidades.

Brito (2003) nos ensina que a partir das interações as crianças desenvolvem um repertório que lhes permite comunicar-se por meio da música e dos sons. Mais que comunicar, a criança expressa sua individualidade por meio da brincadeira musical, vivenciando corporal e afetivamente o momento lúdico e prazeroso que um ambiente musical proporciona.

Nas interações musicais e espontâneas surgem muitos temas, conteúdos e materiais com potencial brincante que podem favorecer o desenvolvimento das próprias crianças. Mas uma grande questão é que muitas vezes esses elementos acabam se perdendo, por não serem registrados, gravados ou filmados.

Materiais ricos em linguagem, em temáticas pedagógicas e em propriedades terapêuticas que surgem na interação com a criança são conteúdos brutos que podem ser lapidados e transformados em potentes ferramentas para intervenções lúdicas em contextos musicais, educacionais e terapêuticos.

Foi a partir dessa ideia que surgiu o álbum *Meteoro* como um dos produtos[125] desta pesquisa, cuja proposta consistiu em "congelar" e aperfeiçoar experiências musicais criativas únicas e inéditas que surgissem durante as intervenções.

As músicas escolhidas para a produção foram selecionadas considerando os seguintes critérios: (a) o material sonoro contribui para a expressividade?; (b) facilita vivências em grupo?; (c) abrange as Diferenças Individuais?; (d) é inclusivo?; e (e) contribui para o trabalho destinado às Capacidades de Desenvolvimento Funcional e Emocional?

Foram produzidas oito músicas inéditas a partir de conteúdos, elementos e acontecimentos que surgiram durante os encontros da pesquisa, revelando-se um trabalho afetivo e interativo em que as crianças autistas participantes não foram apenas expectadoras, mas coautoras.

Muitas outras músicas foram criadas durante os encontros. Elas surgiam a partir de diversas motivações, como a grande sobrecarga sensorial de uma criança, para chamar a calma e a regulação, para abordar sentimentos de frustração e também de felicidade, para ampliar os meios de brincar, para expandir a qualidade de atenção, interação e comunicação,

---

[125] Também se gerou como produto educativo o *Balabamúsica*, um material sonoro e brincante, em formato de cartões contendo QR Codes, que direcionam as pessoas para um ambiente virtual em que é possível acessar as músicas e respectivas propostas pedagógicas e terapêuticas baseadas no modelo DIR/*Floortime*. Cada cartão contém uma música e um ambiente virtual exclusivo em que é possível visualizar sugestões metodológicas para o uso das músicas nos mais variados contextos e grupos de crianças.

para promover o engajamento; surgia por meio dos livros ou personagens favoritos das crianças, de um olhar mais atento, de um desejo difícil de alcançar, de desafios sensório-afetivo-motores, dentre outros.

Em tudo havia música, como se estivéssemos operando uma linguagem universal que transcendia as barreiras da comunicação convencional. A música emergia organicamente, a partir de uma variedade de motivações tão únicas quanto o perfil de cada criança participante.

Os arranjos foram pensados a partir de ideias inspiradas em aspectos sensório-afetivo-motores, como quando o arranjo tem muito *input* auditivo, em seguida ele terá um interlúdio maior para trazer a calma, explorar o *affect*, se envolver em uma troca interativa a partir do conteúdo da música, dentre outros aspectos. Detalhes como esse refletem a compreensão das necessidades e sensibilidades do público em questão, trazendo uma abordagem cuidadosa para o processo de escuta e brincadeiras com a música.

Dessa maneira, respeitamos o perfil único de cada criança autista, temos a possibilidade de ajustar nosso *affect*, a oportunidade de ampliar nossas relações e explorar conteúdos e/ou outras possibilidades suscitados pelas músicas. Pensar os arranjos a partir de uma lógica do DIR/*Floortime* não apenas reflete na dimensão técnica da música, mas também revela uma sensibilidade para criar vivências sonoras que se alinham às experiências individuais de cada criança.

Decidi creditar o álbum *Meteoro* ao Balabalua (@bala.balua) por várias razões significativas. Em primeiro lugar, a escolha desse nome reflete a essência de um trabalho que, embora terapêutico, mantém seu caráter artístico e expressivo. Balabalua é mais do que apenas um nome; é um jogo de palavras que ecoa em uma sonoridade envolvente e revela várias facetas de quem eu sou. "Bala" remete à minha infância, marcada por memórias de estar rodeado de balas e doces no bar do meu avô, além de evocar a ideia de "balão" de ar quente, um símbolo pessoal que representa meus voos e aventuras na vida. "Lua" é uma referência central ao trabalho, simbolizando o palco onde pessoas autistas têm a oportunidade de se expressar e serem vistas pelo mundo.

A partir de agora, compartilharei um pouco do processo criativo por trás das músicas desenvolvidas durante nossos encontros. Para uma imersão mais enriquecedora nas obras, te convido a acessar o álbum por meio do QR Code a seguir e apreciar cada faixa enquanto acompanha a leitura.

Para acessar um QR Code:

1. Certifique-se de ter um dispositivo com câmera funcional.

2. Aponte a câmera para o código e espere alguma sinalização.

3. Caso nada aconteça, baixe um aplicativo de leitura de QR Code, se não tiver.

3. Abra o aplicativo e aponte a câmera para o QR Code.

4. Aguarde a leitura, indicada por um sinal sonoro.

5. Siga o link ou as instruções para acessar o conteúdo on-line.

7.2.1 Bolha ou balão

Lia nutria uma paixão pelas bolhas de sabão, contudo enfrentava desafios consideráveis ao tentar coordenar seus movimentos para soprar e cria-las. Com o intuito de incentivá-la, compus uma música que explorava seu interesse, motivando-a a persistir até alcançar sucesso na produção das bolhas.

A música improvisada ajudou Lia a lidar com a frustração de maneira mais suave, permitindo que se divertisse durante o processo de tentativa e erro, enquanto refinava suas habilidades orofaciais para criar as tão desejadas bolhas de sabão. Um momento particularmente especial para Lia era quando as bolhas desciam e estouravam no chão, enchendo-a de alegria diante da magia de balões coloridos flutuando no ar.

BOLHA OU BALÃO

É hora de soprar
E uma bolha fazer
Sopra, sopra, sopra
Pra bolha aparecer...
Sopra, sopra, sopra
Pra bolha aparecer...

Refrão
Bolha ou balão
Bolha de sabão
Sabão bom bolha de sabão
Molha a bolha no chão

Sabão, bão, bão, bão
Sabão, bão, bão, bão
Sabão bom bolha de sabão
Molha a bolha no chão

Molha a bolha no chão

7.2.2 A barata bruxa

A coisa que Dora mais gostava durante as sessões era de interações no almofadão. Deveras! Afinal, para seu perfil sensorial, o almofadão de *lycra* era um verdadeiro coquetel de nutrientes sensoriais para seu perfil. Considerando esse seu interesse e também necessidade, praticamente todas as brincadeiras sugiram a partir dessa acomodação sensorial.

A barata bruxa é uma verdadeira salada de ideias mirabolantes que se encontram e criam o cenário musical mais genuíno do que podemos chamar de fantasia de criança. Criamos uma brincadeira chamada de "cachorro quente", cujo almofadão era o pão de *hot dog*, os instrumentos musicais e elementos simbólicos eram os temperos e Dora era a salsicha, que ficava muito bem acomodada sensorialmente enquanto brincava e se desenvolvia.

Em quase todos os encontros a estratégia de composição se fazia presente por meio da criação de músicas improvisadas a partir das propostas e temas das crianças e dos acontecimentos que surgiam nos encontros. Dora, que adorava brincar com novas ideias e fantasias, foi completando a música que havia surgido. Ela acrescentava coisas como "bruxa", "barata", "sereia", "baleia", dentre outras, e o trabalho improvisativo era organizar todos esses elementos.

A tarefa de organizar essas ideias em uma composição era tão desafiadora que chegava a ser engraçada. Dora percebia que todos nós estávamos em um problema genuíno de criança, o que a fazia se conectar ainda mais e sentir prazer em estar em experiências em que pudesse vivenciar a riqueza de um mundo compartilhado.

A BARATA BRUXA

Eu estava preparando um cachorro quente
De repente apareceu
Uma barata voadora
Em cima de uma vassoura
Parecia uma bruxa
Atrás de uma salsicha

A barata saiu voando
Levando todos os temperos
Ai, ai, que confusão
Agitava o caldeirão
E fica ainda pior
Tinha uma asa só

A barata parecia atrapalhada
Ela voava com a perna cruzada
Na verdade por inveja da baleia
A barata resolveu virar sereia

7.2.3 Siria

Certo dia Dora chegou bem agitada na biblioteca, mas não era uma agitação causada por desregulação ou sobrecarga, era algo diferente. Nesse momento a técnica "observe, espere e pondere" seria a maneira mais apropriada para compreender a movimentação de Dora. A verdade é que ela havia ido para o encontro já com algumas ideias. Inclusive, ainda nos primeiros minutos, Dora começou a imitar um bicho estranho e ágil, que se movia de um lado a outro, com as mãozinhas em formato de "s" e uma articulação bilabial como um "p", eram muitos detalhes! Ela havia proposto um problema: criar uma música a partir de sua imitação, mas o que ela estava imitando?

Foram algumas tentativas infelizes como "rato", "serpente", "pavão", "caranguejo". Caranguejo foi quase, ela até sinalizou, até que chegamos ao parente do caranguejo: o siri. A música então começou se desenrolar em torno do siri, mas Dora parecia ainda não estar satisfeita, até que interrompeu a brincadeira e disse: "É uma *'siria', tio Allan!*". Mas é claro! Era uma "siria", uma menina, por que seria diferente já que Dora estava entendendo mais sobre sua identidade?

Satisfeita, Dora podia fazer tudo que uma "siria" fazia, como correr na areia, e ir muito além, como dançar balé. E assim, surgiu *Siria*:

SIRIA

Uma siria corria na areia
Uma siria corria na areia
Ela é tão rápida, tão rápida
A siria corria na areia

Uma siria que rodopia
Uma siria que rodopia
Ela roda, roda, roda
Ela roda, roda, roda
A siria rodopia

A siria é bailarina
A siria é bailarina
Ela faz *plié, plié, plié*
No balancê, no balancê
A siria é bailarina

A siria anda de ré,
A siria anda de lado
Anda de lado e de ré
Anda de lado e de ré
E anda na ponta do pé

A siria já vai dormir
Ela estica sua puã
Ela anda bem devagarzinho
Vai cavucar um buraquinho
Volta a dançar só amanhã...

Ela anda bem devagarzinho
Vai cavucar um buraquinho
Volta a dançar só amanhã...

7.2.4 O castor

Essa música tem um processo criativo cheio de ponte entre ideias, círculos de comunicação, engajamento, resolução de problemas e recursos. Dora frequentemente escolhia algum livro de estória para a interação, seja ela com estratégias musicais, contação estórias ou encenações. Cada vez mais expressiva, comunicativa e criativa, Dora amava uma obra genial de autoria de Michael Hall, intitulada *Meu coração é um zoológico*. O livro apresentava diversos animais criados com a forma de coração, o que despertava a curiosidade e o encantamento de Dora.

Em uma das leituras, Dora abriu o livro, viu qual era o animal e juntos cantávamos músicas já conhecidas, porém surgiu um problema, ao chegar na página do castor, percebemos que nós nunca havíamos escutado nenhuma música sobre ele. "E agora?", surgia a questão. Ela prontamente propôs: *"Vamos inventar, uai!"*. De maneira a expandir a interação e alcançar níveis mais complexos de pensamento, procurávamos inserir etapas e desafios como "mas o que você sabe sobre o castor?", "como vamos descobrir novas coisas sobre ele?", "o que vamos pesquisar primeiro?", "vamos ver uma foto do castor na floresta?", "Que curioso! O castor mora no rio!". Pesquisamos fotos e vídeos e selecionamos juntos algumas palavras-chave: roedor, construção, galhos, casa no rio, família e inverno. Pronto, hora de improvisar uma canção, que ficou assim:

O CASTOR

O castor é um construtor
Que faz casa dentro do rio
Parece até uma cabana
De gravetos e muita lama

O castor é um roedor
Que se esconde quando faz frio
No inverno guarda lanche na cabana
Que é de gravetos e muita lama

Refrão
O castor tem uma família roedora
Que gosta muito de tomar banho de rio
E no inverno se esconde na cabana
Que é de gravetos pra se proteger do frio

7.2.5 Eca

Essa música também foi criada durante as intervenções com Lia, uma criança expressiva, curiosa e exploradora. Seu interesse inicial foi despertado pelo "chocalho charjcha", um instrumento musical de tradição ancestral feito com unhas de lhama. Ao deparar-se com aquele instrumento tão diferente do que estava acostumada a ver, Lia expressou um sincero *"eca!"* com uma intensidade emocional que chamou minha atenção. Decidi explorar essa palavra-chave, conectando-a a diversas formas de expressar musicalmente o *"eca!"*.

Lia se envolveu de maneira bastante entusiasmada na exploração das expressões e sonoridades, adicionando novas onomatopeias como "vish!" e "uau!". Essa brincadeira com ritmo, rimas e diversão resultou na criação de *Eca*, uma música que se tornou parte integrante de muitos dos nossos encontros.

ECA

Eca! Eca! Eca! Parece uma meleca
Eca! Eca! Eca! Parece uma meleca

Vish! Vish! Vish! Parece tão triste
Vish! Vish! Vish! Parece tão triste

Uau! Uau! Uau! Parece genial
Uau! Uau! Uau! Parece genial

7.2.6 Ninho

Ninho foi criada durante uma intervenção com Dan. Após alguns encontros cheios de energia, muita música, movimento, criação de estórias geralmente dramáticas e barulhentas, Dan resolveu explorar os instrumentos musicais de maneira diferente. Agora com as habilidades de práxis mais desenvolvida, Dan conseguia ter uma ideia, pensar em suas etapas e executá-las.

Como adorava construir e encaixar coisas, e com a genialidade em ser curioso e também criativo, Dan pegou três tambores que tinham a forma geométrica de um hexágono, nos tamanhos P, M e G, empilhou um dentro do outro e começou a colocar coisas dentro, como se fosse uma casinha. Seguindo seu interesse, procurando expandir os círculos de comunicação a níveis mais complexos, então, propomos um tema musical improvisado no violão: ninho. Dan já sabia que na sacola de instrumentos tinham ovinhos percussivos, mas se os entregássemos, teríamos perdido uma excelente oportunidade de Dan fazer uma ponte entre ideias (Capacidade 6 do desenvolvimento funcional e emocional).

Pois bem, Dan fez a ponte, procurou pelos ovinhos e finalmente a ideia musical pôde ser expandida. Ele propunha gestos e movimentos intencionalmente porque sabia que suas propostas estariam se tornando música de maneira improvisativa e sintonizada emocionalmente. Cantávamos "Lá tem um ninho", Dan referenciava os tambores; "Ninho de passarinho", Dan começava a colocar os ovinhos nos tambores, "Ninho de passarinho com três ovinhos que ele botou", todos os ovinhos estavam juntinhos no tambor; "É só esperar", fazíamos o som do relógio "tic-tac"; "o ovo rachar", fazíamos o som da casca rachando "crac"; "pro pássaro pular fora do ovo. E com seu biquinho, pequeninho, ser alimentado e ficar grande, bater asas e voar, e começar tudo de novo...", nessa última estrofe os gestos eram espontâneos.

NINHO

Lá tem um ninho
Ninho de passarinho
Ninho de passarinho
Com três ovinhos que ele botou

Refrão
É só esperar
O ovo rachar
Pro pássaro pular
Fora do ovo

E com seu biquinho,
pequeninho,
ser alimentado
e ficar grande,
bater asas e voar,
e começar tudo de novo...

Dan se sentiu muito satisfeito e cada vez mais conectado e desejante por mais momentos interativos, assim, um dos objetivos *Floortime* estava sendo alcançado: trazer Dan de forma prazerosa para uma experiência de mundo compartilhado e a partir disso expandir as capacidades do desenvolvimento.

7.2.7 Meteoro

Meteoro tem uma bonita história de conquista e envolvimento. Nico era uma criança que tinha o grande desafio de interagir ou mesmo realizar pequenas trocas interativas com as pessoas. No processo de descobrir o que é que poderia trazer Nico para uma relação envolvente durante os nossos encontros, analisando seu perfil único (descrito anteriormente) e considerando suas capacidades do desenvolvimento, experimentei uma brincadeira que demandasse de *high affect* para que chamasse sua atenção.

Assim surgiu "Meteoro", brincadeira musical na qual minha mão fechada vem caindo lá do alto e explode em cócegas, despertando sorrisos e estimulando Nico a querer se envolver mais em uma troca afetiva. Por meio de "Meteoro", Nico começou a procurar pelas pessoas e pedia para que brincassem com ele de "Meteoro", assim, ele passou a ter um maior interesse no mundo e nas pessoas.

METEORO

Lá no alto do céu
Uma coisa aconteceu
Vai cair algo brilhante, quente e rasante...

Refrão
Eu adoro Uuh!
Quando cai o meteoro...
Uhhh!

Ele explode,
Ele é rasante
Ele é quente
Ele é brilhante

7.2.7 Eu e você

Essa música surgiu em um momento em que Vitor parecia estar sobrecarregado sensorialmente. Ele, uma criança não verbal, com baixo tônus muscular e baixo registro sensorial em muitos sistemas, já havia demonstrado um interesse especial pelo violão. Como descrito no relato de nossos encontros, Vitor amava tanto o violão que desafiava suas dificuldades de equilíbrio, postura, tônus e organização visuoespacial para alcançar o violão, instrumento maior que ele mesmo. Atravessar todos os obstáculos da sala para poder entregá-lo a quem sabia tocar para que ele pudesse apenas escutar trazia para Vitor um brilho nos olhos.

Em um momento emocional diferente e de sobrecarga, Vitor parecia se recusar das diretividades, das atividades, dos deslocamentos, das dificuldades de interação. Ele parecia apenas querer ficar no almofadão de *lycra* escutando seu som preferido, como quem se deitava para olhar o céu e se desconectava do tempo. Nesse momento, como nunca, éramos só nós dois, Vitor havia mesmo conseguido o seu momento prazeroso de autorregulação.

Sua intencionalidade e seu movimento foram apenas destinados a pegar o violão. Estava entendido: Vitor queria escutar os dedilhados. Nada mais seria preciso ali. Mesmo com sua sobrecarga, ele conseguiu executar uma ideia, sequenciar e executar os passos. Daí surgiu a música *Eu e você*, a última canção do álbum, ela, que é uma canção pensada para o relaxamento, para a reflexão, e a calma, pensada para diminuir o nível de alerta, promover autorregulação e se conectar com emoções prazerosas. *Eu e você* nasceu de uma troca de olhar conectado, de emoções sintonizadas e de uma relação de respeito e afeto.

EU E VOCÊ

Vai ser eu e você
Só eu e você mais uma vez
Só eu e você
Só eu e você uma vez mais

Eu sei que você sabe
Eu sei que você quer que eu toque mais
E se você soubesse
Eu nunca pararia de tocar

Refrão
Eu sinto que o violão toca o teu coração
E é tão bonito entender...
Que pra você uma canção
É bem melhor no violão
Por isso é que eu toco pra você...

7.2.8 Considerações sobre o produto educativo *Balabamúsica*

Meteoro foi o álbum musical que surgiu desta pesquisa, mas essas músicas também fazem parte de um produto educativo denominado "Balabamúsica", que consiste em cartões musicais interativos que, através de um QR Code levam as pessoas para um ambiente virtual onde poderão acessar sugestões metodológicas para utilizar cada música tanto no contexto terapêutico quanto no contexto pedagógico.

Toda a produção musical do *Balabamúsica* foi desenvolvida de forma profissional[126] e com recursos próprios. A produção se deu em processo colaborativo, envolvendo pesquisa, trocas, diálogos sensíveis, contextualizações, ou seja, também em um relacionamento afetivo. Todos os arranjos, harmonias e demais elementos de cada música foram desenvolvidos tomando como base princípios do modelo DIR/*Floortime*, como questões sensoriais, estratégias *Floortime*, tempo de espera, *affect*, *high affect*, "observar, esperar e ponderar" e aspectos das capacidades do desenvolvimento funcional e emocional.

Este produto educativo teve como uma das principais inspirações obras "Trangalhadanças" e "Musicards", de Thiago Di Luca[127], compositor, educador musical e músico brincante. Os trabalhos de Thiago representam uma forma criativa de se fazer música por meio da brincadeira, dos acontecimentos, do ato de viver. Além disso, o autor conseguiu articular

---

[126] Produtor musical: Vinicius de Farias (@viumvinicius), pelo Altear Estúdio (@estudioaltear), na Várzea, cidade do Recife (PE).
[127] Ver mais em: https://www.thiagodiluca.com/. Acesso em: 1 jun. 2023.

o trabalho musical a livros e jogos de maneira criativa, tornando a experiência musical interativa, ativa e motivadora, estimulando o interesse e ampliando o olhar acerca do fazer musical.

A proposta da produção foi explorar diversos gêneros, estilos e ritmos, portanto, o *Balabamúsica* procurou acolher a diversidade cultural do contexto em que ele foi produzido: Recife e o Nordeste. As sugestões metodológicas de ordem pedagógica e terapêutica também estão vinculadas aos alicerces do DIR/*Floortime* supracitados. O *Balabamúsica* se constituiu como uma ferramenta *Floortime* para o trabalho envolvendo o público infantil neurodiverso, mas também acolhe a todas as crianças, independentemente de sua comunidade ou grupo social.

Esse material poderá ser utilizado por educadores, cuidadores, terapeutas, pesquisadores, músicos, musicoterapeutas, pais, familiares, amigos, e toda a comunidade acadêmica e neurodivergente, instaurando-se como um instrumento pedagógico, terapêutico e musical pensado para o autismo, mas que está a serviço da vida, potencializando habilidades com afeto e arte.

7.3 REFLEXÕES E DISCUSSÃO: DESENVOLVER PARA O SER MAIS

> [...] a afetividade não me assusta [...]
> (FREIRE, 1996)

As crianças autistas participantes da pesquisa compõem uma extensa diversidade de características, variando desde expressões mais leves do espectro às com maior grau de comprometimento. Por essa razão o autismo é compreendido como um espectro, pois não se trata de uma condição de tudo ou nada, pelo contrário, abrange uma ampla gama de características, habilidades e desafios que podem variar significativamente de uma pessoa para outra. O espectro autista é uma maneira de reconhecer e representar essa diversidade. Greenspan e Wieder (2006a) mencionam com recorrência expressões que reconhecem o perfil irrepetível dos sujeitos autistas, como "perfil único", "desafios únicos", "perfil biológico único", "perfil único de processamento sensorial e motor", "estilo único de ouvir, ver, tocar, cheirar e se movimentar", dentre outras. Assim, podemos compreender que o espectro abrange uma ampla gama de experiências e manifestações individuais.

Cada pessoa no espectro possui suas próprias necessidades, pontos fortes e desafios específicos. Essas características podem envolver diferenças na comunicação, interação social, interesses e padrões de comportamento.

Além disso, o grau de severidade dessas características também pode variar, desde formas mais leves até formas mais graves, que também não são permanentes, pois podem mudar conforme o desenvolvimento de cada um.

Apreender o autismo como um espectro é importante porque promove a aceitação da diversidade e reconhece que cada indivíduo é único. A partir dessa contextualização, desejamos fazer entender o direcionamento de nosso discurso, buscando valorizar o perfil individual único de cada criança, de maneira humana, transdisciplinar e principalmente afetiva.

O modelo DIR/*Floortime* reconhece a importância de um desenvolvimento integral e equilibrado, considerando que todas as áreas estão interligadas e influenciam-se mutuamente. Ele valoriza o desenvolvimento emocional, a capacidade de se relacionar afetivamente, as habilidades de comunicação, o pensamento complexo, as habilidades motoras e sensoriais, entre outros aspectos (GREENSPAN; WIEDER, 2006a).

O processo de humanização de Paulo Freire defende um caminho de desenvolvimento pleno do ser humano, que envolve sua capacidade de conscientização, reflexão crítica e transformação pessoal e social. É um processo pelo qual os indivíduos se tornam cada vez mais conscientes de si mesmos, de sua posição no mundo e de suas relações com os outros, buscando superar a opressão e alcançar a liberdade (FREIRE, 2013).

Se analisarmos as nove capacidades do desenvolvimento funcional e emocional desenvolvidos por Greenspan e Wieder (2006), compreendemos que o modelo visa formar cidadãos autônomos, emocionalmente regulados, capazes de estabelecer relacionamentos saudáveis e significativos, e com habilidades de comunicação e pensamento complexo bem desenvolvidas. Por meio de um processo contínuo de desenvolvimento e crescimento, o que se apreende do modelo é uma preocupação de que as crianças se tornem sujeitos integrados, conscientes de si mesmos e de seu entorno, e capazes de participar ativamente na sociedade.

A perspectiva de "participar ativamente na sociedade", como parte reflexiva desta pesquisa, se conflui à proposta de humanização defendida por Freire, cuja realização se dá por meio da vocação ontológica do homem para o "ser mais", este que, para Freire (1996), é um direito inscrito na natureza dos seres humanos, é uma expressão da natureza humana no processo de estar sendo.

> É preciso, porém, que tenhamos na resistência que nos preserva vivos, na compreensão do futuro como problema e na vocação para o ser mais como expressão da natureza

> humana em processo de estar sendo, fundamentos para a nossa rebeldia e não para a nossa resignação em face das ofensas que nos destroem o ser (FREIRE, 1996, s/p).

Levantamos a questão: qual seria a rebeldia de uma criança autista em processo de alfabetização cujo perfil sensório-afetivo-motor e de linguagem impacta a sua expressividade e cuja estrutura social geralmente oprime sua forma de ser quando nega a inclusão? Para Linda, mãe de Dora, a rebeldia que ela gostaria de presenciar era que sua filha deixasse de sempre aceitar os comandos e que conseguisse falar o que estava sentindo.

Vimos que Dora iniciou as intervenções demonstrando-se mais autocentrada, sem falar quase palavra alguma, seu corpo queria apenas se alimentar da boa sensação que o almofadão de *lycra* poderia lhe dar. Vimos também que Dora se interessava pelos amigos, mas se expressava e se comunicava pouco com eles. Além disso, quando algum colega atrapalhava sua brincadeira, Dora, às vezes, recorria à agressão, porque não conseguia lidar com suas emoções, mesmo apresentando habilidades verbais e repertório para isso.

A rebeldia de Dora que queríamos ver não era bater nos colegas, mas sim a partir do conhecimento da natureza de suas emoções, que ela conseguisse comunicar suas frustrações, desejos e discordâncias. Se olharmos com profundidade sobre isso, poderemos notar que a intencionalidade não só comunica um desejo, mas comunica a natureza humana do sujeito que o levou a tomar aquela decisão.

Ao tomar decisões, fazer escolhas e se comunicar verbal ou não verbalmente, as crianças autistas expressam sua natureza humana, exercendo, portanto, parte de sua vocação natural para o ser mais, porque a cada troca com o outro estão exercitando o movimento de vir a ser, estão produzindo reverberações, fazendo ponte entre ideias e com o outro e no outro estão alcançando sua humanidade, esta que "se reconhece no outro [...]" (TROMBETTA, 2010, s/p).

> É por estarmos sendo este ser em permanente procura, curioso, "tomando distância" de si mesmo e da vida que porta; é por estarmos sendo este ser dado à aventura e à "paixão de conhecer", para o que se faz indispensável a liberdade que, constituindo-se na luta por ela, só é possível porque, "programados", não somos, porém, determinados; é por estarmos sendo assim que vimos nos vocacionando para a humanização e que temos, na desumanização, fato concreto na história, a distorção da vocação (FREIRE, 2013, p. 202-203).

Segundo Hanh (2021, p. 45), a ontologia do homem não deve ser concebida como algo estático, pronto e estruturado, mas sim como possibilidade e devir. O autor defende que "o gênero humano é presença e, ser presença só é possível enquanto há consciência, existência. Estar presente, seja qual for o lugar, implica em saber que se é algo, que se está em algum lugar e que se existe".

Se pensarmos que no cerne do processo de humanização há a vocação ontológica para o ser mais, e que ser mais não é algo estático para ser simplesmente aceito, mas é algo dinâmico para ser construído, podemos compreender que o ser mais se manifesta como a possibilidade do devir, o devir é sempre movimento, uma vez que o ser é e também não é. O processo de desenvolvimento humano está relacionado ao vir a ser, já que quando se desenvolve, no sentido de alcançar capacidades crescentes do desenvolvimento funcional e emocional, o sujeito autista, por exemplo, chega mais próximo de quem se é e também de quem deixa de ser.

A possibilidade do devir manifesta-se quando Dan deseja fazer outras coisas com os instrumentos musicais que não apenas tocá-los. Ele deseja transformar aquelas formas geométricas prontas cheias de possibilidades em outras coisas, essas que possam levá-lo a extrapolar não só o objetivo destinado àqueles objetos, mas que possam também ser o meio pelo qual ele possa deturpar tais objetivos, não só ampliando as formas, mas também deformando e transformando. Quando Dan transforma um dado objeto como instrumentos musicais, ele também expressa as possibilidades infinitas das ideias que ele pode ter para si mesmo e para o mundo.

Enquanto Dan ainda não alcança as capacidades superiores do desenvolvimento funcional e emocional, por meio do qual se adquire uma ampla consciência do *self* e deste em relação ao mundo e seus emaranhados, a forma de ser presença para Dan pode estar vinculada ao processo de ver suas ideias se transformarem no aqui-agora, pode ser conhecendo suas emoções e se entendendo como um sujeito que pode fazer coisas acontecerem e que as coisas também podem provocar outras coisas nele.

> [...] mais do que um ser no mundo, o ser humano se tornou uma Presença no mundo, com o mundo e com os outros. Presença que, reconhecendo a outra presença como um "não-eu" se reconhece como "si própria". Presença que se pensa a si mesma, que se sabe presença, que intervém, que transforma, que fala do que faz mas também do que sonha, que constata, compara, avalia, valora, que decide, que rompe (FREIRE, 2009a, p. 9 *apud* HAHN, 2021, p. 46).

Quando Lia diz "Eu sou uma artista", exerce sua presença no mundo em uma perspectiva que conseguiu adquirir de "si própria" quando entrou em contato com elementos que a aproximaram de sua vocação para o ser mais. A experiência prazerosa de Lia não se deu apenas pelas estratégias musicais, mas passou pelo que Carpente (2022) chamou de "estética do relacionamento". Para ele, o trabalho musical baseado no DIR/*Floortime* não se trata da beleza da música, mas é sobre a beleza do encontro.

Lia, uma menina que iniciou o processo de intervenção com um perfil de alto nível de alerta, baixo limitar para frustração, dificuldade para transições, negociações e até mesmo para lidar com seu próprio perfil sensorial, expressa o desejo de subir alguns degraus que a deixavam a aproximadamente 50 centímetros do chão, e daquela altura, que para nós, neurotípicos, poderia ser uma experiência simples, para ela foi a possibilidade de olhar o mundo a partir de um ângulo em que ela nunca esteve.

Talvez ela estivesse em alturas mais altas, como quando esteve no colo de alguém, mas a sua intencionalidade tornou aquela experiência mais presente, mais consciente e mais incomum, afinal, dessa vez ela não foi pega no colo e nem pediu "colinho" como de costume, ela escolheu escalar sozinha uma altura desafiadora para seu perfil, porque queria contar estórias, mais que isso, ela queria ter a sensação de subir no primeiro palco da sua possível vida de artista que ela mesma afirma que é.

Quando Lia diz "Eu estou frustrada, tia [Enna]", ela está experimentando as sensações internas que antes ela não sabia identificar e externava comportamentos de rigidez e desregulação. O caminho das emoções proposto pelo modelo DIR/*Floortime* almeja que o sujeito neurodivergente reconheça seu funcionamento e suas potencialidades e a partir disso consiga encontrar seu modo de viver único e autônomo. O modelo propõe um caminho para que o sujeito saiba cada vez mais sobre si mesmo, e saber mais de si é romper com a estrutura opressiva que deseja que não saibamos de nós, que não reconheçamos nossa identidade, consciência e real vocação ontológica.

> Mais uma vez os homens, desafiados pela dramaticidade da hora atual, se propõem a si mesmos como problema. Descobrem que pouco sabem de si, de seu "posto no cosmos", e se inquietam por saber mais. Estará, aliás, no reconhecimento do seu pouco saber de si uma das razões desta procura. Ao se instalarem na quase, senão trágica descoberta do seu pouco saber de si, se fazem problema a eles mesmos.

> Indagam. Respondem, e suas respostas os levam a novas perguntas (FREIRE, 1987, p. 29).

Os seres humanos, diante dos desafios e das crises do mundo contemporâneo, são levados a se questionar sobre si mesmos. Freire argumenta que, nesse momento de reflexão, os indivíduos percebem que têm um conhecimento limitado sobre si, sobre seu papel no mundo e sobre sua relação com o universo. Essa consciência de sua própria ignorância desperta neles um desejo de aprender mais, de buscar respostas e de fazer novas perguntas.

Freire (2013) sugere que, ao confrontar-se com o reconhecimento de seu pouco saber de si, as pessoas se tornam um problema para si mesmas, ou seja, enfrentam um desafio interno de autoconhecimento e de compreensão de sua própria existência. Nesse processo, elas buscam indagar-se, encontrar respostas e, a partir dessas respostas, surgem novas perguntas e questões para explorar.

Essa busca constante por conhecimento de si mesmo é vista por Freire como uma forma de emancipação e libertação, uma vez que ao compreender melhor quem são e qual é o seu lugar no mundo, os indivíduos se tornam mais conscientes de suas possibilidades e potencialidades.

Se considerarmos os casos de Vitor e Nico, crianças cujo perfil sensório-afetivo-motor impactava suas formas de comunicação e interação, que apresentavam poucos indícios de intencionalidade, o primeiro com baixo tônus muscular, não verbal, pouca reatividade aos estímulos, o segundo com amplo repertório verbal e gestual para sua interação com o mundo, independentemente do perfil de cada um, o impacto na capacidade de atenção refletia em pouco interesse pelo mundo e pelas pessoas, consequentemente, em poucas habilidades de interação e comunicação recíproca.

Qual seria o lugar de cada um no mundo considerando seus perfis? E se não tivessem passado pela experiência de uma abordagem que se interessou pelos seus modos únicos de ser, quais as possibilidades que essas crianças poderiam ter vivenciado de trocas sociais? Quais vocações elas poderiam ter mostrado ou até mesmo descoberto fora de um contexto afetivo e artístico que as olha como seres únicos e pensa em intervenções sob medida para suas diferenças individuais?

O que presenciamos como resultados nesses casos, sobretudo, foi a manifestação da intencionalidade. Sem intencionalidade não há comunicação "[...] porque comunicação de baseia na intencionalidade"

(GREENSPAN; WIEDER, 2006a, p. 83)[128]. O objetivo é auxiliar a criança a iniciar, tomar iniciativa. "Ter um propósito é o primeiro passo para uma comunicação significativa" (GREENSPAN; WIEDER, 2006a, p. 83)[129].

No contexto do desenvolvimento de crianças autistas, a intencionalidade pode ser entendida como um passo importante para que elas desenvolvam uma consciência de si mesmas e de suas capacidades, permitindo-lhes buscar seu ser mais. À medida que as crianças autistas desenvolvem a capacidade de direcionar sua atenção, demonstrar intencionalidade em suas ações e interações, elas podem se tornar mais conscientes de suas próprias habilidades, interesses e desejos. Isso pode impulsionar seu desenvolvimento emocional, social e cognitivo, permitindo-lhes se engajar mais plenamente com o mundo e buscar sua realização pessoal.

A relação entre o desenvolvimento humano de crianças autistas e a busca pelo "ser mais" em Paulo Freire pode ser compreendida a partir de uma perspectiva de inclusão, valorização das potencialidades individuais e transformação social. Paulo Freire defendia a ideia de que a educação deve ser libertadora e voltada para a formação de sujeitos críticos e autônomos. Isso significa que, para ele, todas as pessoas têm o direito de se desenvolver plenamente, independentemente de suas características ou diferenças individuais.

No contexto das crianças autistas, o processo de busca pelo "ser mais" implica reconhecer e valorizar suas potencialidades, promovendo uma educação inclusiva que respeite suas necessidades e estimule seu desenvolvimento integral. Isso significa proporcionar um ambiente de aprendizado que respeite suas formas de comunicação, suas preferências sensoriais e suas maneiras particulares de perceber o mundo.

Ao adotar uma abordagem baseada no respeito, na escuta atenta e na valorização das habilidades individuais das crianças autistas, torna-se mais viável criar condições para que elas se tornem sujeitos ativos na construção de seu próprio conhecimento. Dessa forma, elas podem desenvolver suas habilidades cognitivas, emocionais e sociais, explorando suas potencialidades e superando obstáculos.

É importante refletir que uma das manifestações da estrutura de opressão se dá por meio de barreiras de diferentes naturezas, que podem atrofiar o potencial dos sujeitos para exercerem a sua busca pelo ser mais. Barreiras podem ser entendidas como

---

[128] "[...] *because communication builds on intentionality* [...]" (GREENSPAN; WIEDER, 2006, p. 83, tradução nossa).

[129] "*Having a purpose is the first step in meaningful communication*" (GREENSPAN; WIEDER, 2006a, p. 83, tradução nossa).

> [...] entraves, obstáculos, atitudes ou comportamentos que limitem ou impeçam a participação social da pessoa, bem como o gozo, a fruição e o exercício de seus direitos à acessibilidade, à liberdade de movimento e de expressão, à comunicação, ao acesso à informação, à compreensão, à circulação com segurança (BRASIL, 2015, s/p.).

Nesse sentido, o exercício do ser mais no processo de humanização se dá na superação de todas as barreiras e na garantia dos direitos não só legais, mas o próprio direito pelo ser mais, usurpado pelos opressores a fim de sustentar seu projeto de domínio e alienação. Paulo Freire nos presenteia com suas palavras de esperança quando diz:

> Gosto de ser gente porque, mesmo sabendo que as condições materiais, econômicas, sociais e políticas, culturais e ideológicas em que nos achamos geram quase sempre barreiras de difícil superação para o cumprimento de nossa tarefa histórica de mudar o mundo, sei também que os obstáculos não se eternizam (FREIRE, 1996, p. 28).

A busca pelo "ser mais" para crianças autistas envolve oferecer oportunidades para que elas desenvolvam todo o seu potencial, expandindo suas habilidades e alcançando um maior nível de realização pessoal. Isso significa criar um ambiente inclusivo e acessível, em que as crianças autistas possam se sentir valorizadas, respeitadas e apoiadas em sua jornada de desenvolvimento.

A acessibilidade desempenha um papel fundamental nesse processo. Por meio de adaptações e estratégias que promovam a acessibilidade, é possível diminuir barreiras que limitam a participação ativa das crianças autistas em diversos contextos, como educação, lazer, socialização e expressão criativa.

> O sonho pela humanização, cuja concretização é sempre processo, e sempre devir, passa pela ruptura das amarras reais, concretas, de ordem econômica, política, social, ideológica, etc., que nos estão condenando à desumanização (FREIRE, 2013, p. 204).

Pudemos perceber neste trabalho que as acomodações sensoriais como o almofadão de *lycra*, a *lycra* suspensa, a caixa da calma, a adaptação do ambiente, as estratégias *Floortime*, o relacionamento emocional respeitoso, a validação dos interesses de cada um, dentre outros fatores, foram essenciais para que cada criança pudesse se desenvolver conforme seu próprio ritmo e de acordo com suas diferenças individuais.

Até aqui analisamos o desenvolvimento das crianças de maneira individual e pudemos observar diversos resultados positivos de suas evoluções. Mas, ao analisar de maneira panorâmica os resultados, identificamos um fenômeno que nos provoca a refletir sobre algumas temáticas sociais. Vejamos:

Gráfico 11 – Perspectiva geral dos resultados

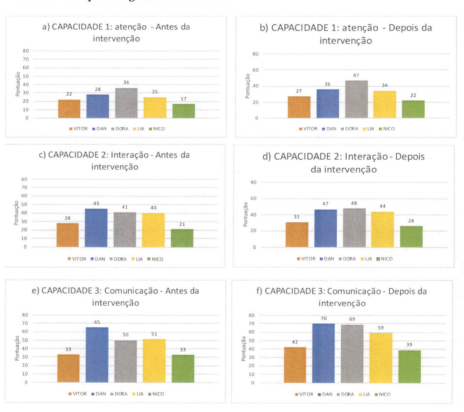

Fonte: elaborado pelo autor (2023)

A partir da análise dos resultados e também do gráfico supra, constatamos que todas as crianças conseguiram melhorar habilidades que já tinham e conquistaram outras que ainda não haviam desenvolvido. No entanto, queremos chamar atenção a um fenômeno comum presente nelas todas: as capacidades de interação (gráficos "c" e "d") e comunicação (gráficos "e" e "f") apresentaram-se estar mais desenvolvidas que a primeira capacidade, atenção (gráficos "a" e "b").

Esse fenômeno é digno de ser destacado, porque a atenção corresponde à capacidade de autorregulação e interesse pelo mundo, postulada por Greenspan e Wieder como basilar para se chegar às demais capacidades de maneira madura e robusta. Assim, mesmo as crianças demonstrando mais habilidade de interação e comunicação, essas eram impactadas pelo pouco interesse pelo mundo e pelas pessoas, e principalmente pelas questões sensoriais e emocionais.

Tal fenômeno nos convoca a refletir sobre qual educação tem chegado ao acesso das crianças e quais as reais preocupações e interesses são direcionados a elas desde pequenas. Tal fenômeno nos leva a refletir sobre um sistema de educação vigente que atropela e negligencia as emoções das crianças e valoriza uma busca descoordenada para o que é amplamente chamado de autonomia. Perguntamos: sobre qual autonomia temos nos debruçado? A de fazer coisas ou a autonomia do "que fazer" de Paulo Freire, que vislumbra a ação necessária para se chegar a um mundo mais humanizado?

Qual autonomia se é possível alcançar se as bases emocionais não sustentam as situações estressoras do cotidiano, se as bases emocionais não dão conta das imprevisibilidades da vida, das frustrações, se as bases emocionais não sustentam um olhar? É preciso questionar o que se sabe por autonomia. Qual autonomia? A que corresponda à lógica hegemônica, opressora, capitalista e produtivista? A mesma que lá na frente diz à pessoa autista que ela não é capaz, que ela não produz?

Qual resultado se espera de crianças interagindo uns com os outros e se comunicando, se as bases emocionais frágeis podem registrar essas experiências emocionais com afeto negativo, dada a sua intensidade e a dificuldade de integração sensório-afetivo-motora que impacta a percepção do todo? E como se chegar ao "ser mais" se as bases emocionais frágeis não derem conta de quem essas crianças são hoje?

Tal fenômeno também nos provoca a pensar o quanto evoluímos em relação aos paradigmas da infância de ser criança. Sobre elas ainda recai a ideia de que não têm escolhas, interesses, desejos e perspectivas? Que suas emoções não são tão importantes quanto as dos adultos? Recai sobre elas uma educação adultocêntrica da qual "fui criado assim e estou ótimo?".

Tal fenômeno circunscreve a necessidade de uma cultura mais humana, respeitosa, inclusiva e afetiva em todas as instituições sociais, na escola, na família, na saúde, no governo, na economia, na mídia, na justiça, porque esse fenômeno que se apresenta não só desenha possibilidades para revisão da práxis (no sentido freireano), como também denuncia a visão de sujeito que o sistema tem forjado para a sociedade.

Por que as crianças se desenvolvem menos em relação às suas emoções, mas são mais capazes de interagir e se comunicar? Porque emoções levam o sujeito a se conhecer, e se conhecer é perguntar, se perguntar é se libertar e "Nenhuma 'ordem' opressora suportaria que os oprimidos todos passassem a dizer: por quê?" (FREIRE, 2013, p. 180).

A perspectiva freiriana nos lembra de que todas as crianças, incluindo aquelas no espectro autista, têm o direito de se desenvolver plenamente e contribuir para a sociedade de maneira significativa. Ao reconhecer e valorizar suas potencialidades, promovemos uma educação inclusiva que busca não apenas a igualdade de oportunidades, mas também a transformação social, permitindo que todas as pessoas sejam reconhecidas e respeitadas em sua singularidade.

Queremos que o "ser mais" dessas crianças se manifeste na sua própria natureza infantil, na sua intencionalidade, no desejo de Vitor em nunca deixar que o violão pare de tocar, no desejo de Nico de que sempre haja um meteoro para fazê-lo sorrir, na alegria de Dan em ver suas ideias se transformarem em coisas, no espetáculo de Lia ao contar suas estórias de um palco todinho seu, e na fantasia de Dora, por meio da qual ela pode sentir todo o universo de afetos que o mundo tem para dar.

8
CONSIDERAÇÕES FINAIS

Foram realizados ao todo 103 encontros divididos para as cinco crianças, estudantes da educação infantil, diagnosticadas com TEA, sem experiência anterior com o modelo DIR/*Floortime*.

Ao articular estratégias musicais ao modelo DIR/*Floortime* no trabalho com crianças autistas da educação infantil, foi possível observar que essa junção contribuiu para o seu desenvolvimento, contemplando suas capacidades do desenvolvimento funcional e emocional específicas, articulando seu perfil único de processar as informações do ambiente ao relacionamento emocionalmente significativo.

Constatou-se que as experiências musicais de composição, performance e apreciação contemplaram diferentes interesses das crianças, oportunizando, democratizando e incluindo cada uma delas em seu próprio processo de experimentação e expressão. Dessa forma, cada uma delas pôde vivenciar uma experiência particular com a música de maneira espontânea, afetiva e sem obstáculos de qualquer natureza.

Considerando que o modelo DIR/*Floortime* tem como objetivo principal criar uma base sólida para o desenvolvimento, enfocando, principalmente, as áreas de regulação emocional, a capacidade de se envolver em relacionamentos afetivos e a aquisição de habilidades de comunicação e pensamento complexo, constatamos que as estratégias musicais se entrelaçaram ao trabalho de maneira fluida de sorte a potencializar o vínculo afetivo, as experiências sensoriais prazerosas, o engajamento emocional e os processos criativos, contemplando os objetivos do modelo. A estratégia de seguir a liderança da criança e de "observar, esperar e ponderar" foi elemento fundamental para que as estratégias musicais surgissem de forma espontânea nos encontros, conforme a experiência de cada criança.

Ademais, as estratégias musicais articuladas ao modelo ampliaram as possibilidades de desenvolvimento das crianças, uma vez que ofereceram a elas outras maneiras para se expressarem e para explorarem seus interesses.

Esse trabalho de articulação entre música e desenvolvimento ofereceu possibilidades de as crianças explorarem suas intencionalidades e serem validadas como sujeitos capazes de criar e, por meio de suas criações, melhorar sua autoestima e vislumbrar outras perspectivas para si mesmas, baseadas em seus novos interesses.

Por meio desse trabalho articulamos a base terapêutica do modelo e a ação criativa da música para que crianças autistas desenvolvessem as capacidades de atenção, interação e comunicação. As estratégias musicais representaram uma janela de entrada para o mundo desses sujeitos, o que foi favorecido pelo seu interesse peculiar com a música.

Percebemos que a articulação entre as estratégias musicais e o modelo contribuiu para as crianças evoluírem a partir das capacidades do desenvolvimento que já alcançavam, e também ajudando a desenvolver habilidades que tornaram seu desenvolvimento mais robusto.

Nesse sentido, Dora, que já tinha predisposições e habilidades imitativas e comunicacionais, expandiu suas experiências musicais, principalmente no que diz respeito à estratégia de composição. Dan, que já tinha muitas habilidades da capacidade de comunicação e interação, melhorou habilidades da primeira capacidade (atenção) que impactava as demais. Ele expandiu do interesse intenso por estímulos, por meio do qual a estratégia da performance se manifestava muito mais, para o interesse em criar (composição), de forma calma e prazerosa.

Não obstante, Lia, que também procurava por estímulos como Dan, pôde, de igual maneira, conhecer mais suas emoções (capacidade 1) de sorte a identificá-las e aprender a lidar com elas a partir das várias experiências de diálogos que tivemos, e assim se sentiu mais segura para se desafiar a, por exemplo, fazer escaladas e experimentar novas formas de se expressar, afirmando assertivamente "Eu sou uma artista!". Nico, a criança com maior impacto e dificuldade para vivenciar experiências do mundo compartilhado, respondeu imediatamente ao som do violão e a partir de seus interesses com o instrumento, letras, números e línguas estrangeiras, conseguimos fazer progressos importantes para o seu perfil. Vitor, e seu perfil geral de baixo registro e quadro de hipotonia, que impactavam substancialmente sua atenção e seu interesse pelo mundo, se desenvolveu principalmente por meio da estratégia musical de apreciação, meio pelo qual criamos vínculo afetivo e pelo qual ele desafiou seu perfil sensório-afetivo-motor para realizar o seu desejo: o de escutar violão.

A partir da análise de dados, a pesquisa não só celebra os evidentes benefícios para a população participante, como também tece provocações quanto a uma estrutura educacional que supervaloriza a interação e comunicação como meios essenciais para se alcançar uma "autonomia", mas deixa a desejar quanto ao desenvolvimento da base emocional e do interesse pelo mundo, que dão sustentação às demais capacidades.

A partir da articulação entre o modelo DIR/*Floortime* e as estratégias musicais supracitadas, foi possível desenvolver o álbum *Meteoro* (disponível nas plataformas digitais) e o produto educativo *Balabamúsica*: cartões musicais *Floortime*, contendo produções inéditas de músicas que surgiram durante os encontros.

O modelo DIR/*Floortime* associado às estratégias musicais desenhou uma estética do relacionamento que ressoa na capacidade de levar os sujeitos a se conectarem com a vida do sentimento.

REFERÊNCIAS

ALMEIDA, M. S. R. Diagnóstico do autismo no CID 11, CID10 e DSM-V. **Instituto Inclusão Brasil**, São Paulo, 2019. Disponível em: https://institutoinclusaobrasil.com.br/diagnostico-do-autismo-no-cid-11-cid-10-e-dsm-v/. Acesso em: 12 jul. 2021.

AMERICAN PSYCHIATRIC ASSOCIATION (APA). **Diagnostic and statistical manual of mental disorders (DSM-5)**. Arlington: American Psychiatric Publishing, 2014.

AMERICAN PSYCHIATRIC ASSOCIATION (APA). **Diagnostic and Statistical manual of mental disorder**. 5. ed. Arlington: American Psychiatric Publishing, 2022.

AZEVEDO, S. M. de. **O papel do corpo do ator**. São Paulo: Ed. perspectiva, 2002.

ARAUJO, A. M. L. de. Corpo inexato. **Intrateatro,** 18 jun. 2017. Disponível em: https://intrateatro.blogspot.com/search?q=corpo+dispon%C3%ADvel. Acesso em: 1 nov. 2023.

BAUER, M. W.; GASKELL, G. (ed.). **Pesquisa qualitativa com texto, imagem e som**: um manual prático. Tradução de Pedrinho A. Guareschi. 2. ed. Petrópolis: Vozes, 2002.

BLUMER, C. **A educação musical aliada à clínica psicomotora e as construções simbólicas no trabalho com pessoas com transtorno do espectro autista (TEA)**. 2018. 81 f. Dissertação (Mestrado em Artes) – Universidade Estadual de Campinas, Instituto de Artes, Campinas, 2018.

BORGES, F. A. e S.; SILVA, A. R. N. da. O diário de pesquisa como instrumento de acompanhamento da aprendizagem e de análise de implicação do estudante/pesquisador. **Interface** – Comunicação, Saúde, Educação, 2020, v. 24, e190869. Disponível em: https://doi.org/10.1590/Interface.190869. Acesso em: 7 maio 2023.

BRASIL. **Lei nº 9.394**. Lei de Diretrizes e Bases da Educação Nacional. Brasília, DF: MEC, 1996.

BRASIL. **Referencial curricular nacional para a educação infantil**. Ministério da Educação e do Desporto, Secretaria de Educação Fundamental. Brasília: MEC/SEF, 1998.

BRASIL. Conselho Nacional de Educação. **Resolução n. 2, de 11 de setembro de 2001**. Institui as Diretrizes Nacionais para a Educação Especial na Educação Básica. Brasília: CNE/CEB, 2001.

BRASIL. Conselho Nacional de Saúde. 2 de abril: Dia Mundial de Conscientização do Autismo. 1 de abr. de 2011. Disponível em: http://conselho.saude.gov.br/ultimas_noticias 2011/01_abr_autismo.html#:~:text=Estima%2Dse%20que%20esse%20n%C3%BAmero,milh%C3%B5es%20de%20autistas%20no%20pa%-C3%ADs. Acesso em: 1 jun. 2023.

BRASIL. **Política Nacional de Educação Especial**. Brasília: MEC/Seesp, 2008.

BRASIL. Ministério da Educação. Secretaria de Educação Básica. **Diretrizes curriculares nacionais para a educação infantil**. Secretaria de Educação Básica. Brasília, DF: MEC, SEB, 2010.

BRASIL. **Lei nº 12.764, de 27 de dezembro de 2012**. Institui a Política Nacional de Proteção dos Direitos da Pessoa com Transtorno do Espectro Autista; e altera o § 3º do art. 98 da Lei nº 8.112, de 11 de dezembro de 1990. Brasília, DF: Presidência da República, 2012. Disponível em: http://www.planalto.gov.br/ccivil_03/_ato2011-2014/2012/lei/l12764.htm. Acesso em: 29 nov. 2021.

BRASIL. **Lei nº 13.146, de 6 de julho de 2015**. Institui a Lei Brasileira de Inclusão da Pessoa com Deficiência (Estatuto da Pessoa com Deficiência). Brasília, DF: Presidência da República, 2015. Disponível em: http://www.planalto.gov.br/ccivil_03/_Ato2015-2018/2015/Lei/L13146.htm. Acesso em: 8 dez. 2021.

BRASIL. [Constituição (1988)]. **Constituição da República Federativa do Brasil**. Brasília, DF: Presidência da República, 2016. Disponível em: http://www.planalto.gov.br/ccivil_03/Constituicao/ Constituiçao.htm. Acesso em: 13 dez. 2021.

BRASIL. Ministério da Educação. **Base Nacional Comum Curricular**. Brasília, 2018.

BRASIL. Ministério da Educação. Secretaria de Modalidades Especializadas de Educação. **PNEE**: Política Nacional de Educação Especial: Equitativa, Inclusiva e com Aprendizado ao Longo da Vida. Secretaria de Modalidades Especializadas de Educação. Brasília: MEC, Semesp, 2020. 124 p.

BRAZELTON, T. B.; GREENSPAN, S. I. **The irreducible needs of children**: What every child must have to grow, learn, and flourish. Boulder, CO: Perseus Publishing, 2000.

BRITO, T. A. de. **Música na educação infantil**: propostas para a formação integral da criança. São Paulo: Peirópolis, 2003.

BRITO, T. A. **Um jogo chamado música**: escuta, experiência, criação, educação. São Paulo: Editora Peirópolis, 2019.

BRUSCIA, K. E. **Definindo musicoterapia**. Tradução de Marcus Leopoldino. 3. ed. Barcelona: Barcelona Publishers, 2016.

BUBER, M. **Yo y tú**. Barcelona: Herder Editorial, 2017.

CAMINHA, R. C. **Autismo**: um transtorno de natureza sensorial? 2008. Dissertação (Mestrado em Psicologia) – Departamento de Psicologia, Pontifícia Universidade Católica do Rio de Janeiro, Rio de Janeiro, 2008.

CAMINHA, R. C.; LAMPREIA, C. **Investigação de problemas sensoriais em crianças autistas**: relações com o grau de severidade do transtorno. 2013. 120 p. Tese (Doutorado em Psicologia) – Departamento de Psicologia, Pontifícia Universidade Católica do Rio de Janeiro, Rio de Janeiro, 2013.

CAMPELO, R. Educação Musical e Musicalização: dualidade nos tempos atuais. **Interlúdio** – Revista do Departamento de Educação Musical do Colégio Pedro II, v. 2, n. 2, p. 46-62, 2011.

CARPENTE, J. **Parents can Connect with their Children Through Musical Interactions**. D. Brown Ed., 18 jun. 2022. Disponível em: https://affectautism.com/2022/06/18/musical/. Acesso em: 23 jun. 2023.

CENTER FOR DISEASE CONTROL AND PREVENTION (CDC). Prevalence and Characteristics of Autism Spectrum Disorder Among Children Aged 8 Years — Autism and Developmental Disabilities Monitoring Network, 11 Sites, United States, 2020. **Surveillance Summaries**, v. 72, n. SS-2, p. 1-14, 2023. Disponível em: http://dx.doi.org/10.15585/mmwr.ss7202a1. Acesso em: 29 nov. 2021.

COHEN, N. J.; LOJKASEK, M.; MUIR, E. Watch, wait, and wonder: An infant-led approach to infant-parent psychotherapy. **The Signal**: Newsletter of the World Association for Infant Mental Health, v. 14, n. 2, p. 1-4, 2006.

CÔRTES, M. do S. M.; ALBUQUERQUE, A. R. de. Contribuições para o diagnóstico do Transtorno do Espectro Autista: de Kanner ao DSM-V. **Revista JRG de Estudos Acadêmicos**, [S. l.], v. 3, n. 7, p. 864-880, 2020. Disponível em: https://revistajrg.com/index.php/jrg/article/view/248. Acesso em: 29 nov. 2021.

DALLABONA, S. R.; MENDES, S. M. O lúdico na educação infantil: jogar, brincar, uma forma de educar. **Revista de divulgação técnico-científica do ICPG**, v. 1, n. 4, p. 107-112, 2004.

DAVIS, A.; ISAACSON, L.; HARWELL, M. **Floortime Strategies to Promote Development in Children and Teens**: A User's Guide to the DIR® Model. Baltimore, MD: Brookes Publishing, 2014.

DECLARAÇÃO DE SALAMANCA: Sobre Princípios, Políticas e Práticas na Área das Necessidades Educativas Especiais. Salamanca-Espanha, 1994.

DECLARAÇÃO MUNDIAL SOBRE EDUCAÇÃO PARA PLANO DE AÇÃO PARA SATISFAZER AS NECESSIDADES BÁSICAS DE TODOS/AS. **Declaração mundial sobre educação para todos.** Jontiem: Unicef, 1990.

DI LUCA, T. **Musicards**. Porto Alegre: [s. n.], 2020.

DI LUCA, T. **Trangalhadanças**: Músicas e Brincadeiras para Crianças. Porto Alegre: [s. n.], 2018.

FACHIN, O. **Fundamentos de Metodologia**. 5. ed. São Paulo: Saraiva, 2006.

FIGUEIREDO, C. F. **A aprendizagem musical de estudantes com autismo por meio da improvisação**. 2016. 136 f. Dissertação (Mestrado em Música) – Setor de Artes, Comunicação e Design da Universidade Federal do Paraná, Universidade Federal do Paraná, Curitiba, 2016.

FONTANA, R.; CRUZ, N. **Psicologia e Trabalho Pedagógico**. São Paulo: Atual, 1997.

FRANÇA, C. C.; SWANWICK, K. Composição, apreciação e performance na educação musical: teoria, pesquisa e prática. **Em Pauta**, v. 13, n. 21, p. 5-41, 2002. Disponível em: https://seer.ufrgs.br/EmPauta/article/view/8526. Acesso em: 20 fev. 2022.

FREIRE, M. H. **Estudos de musicoterapia improvisacional musicocentrada e desenvolvimento musical de crianças com autismo**. Tese (Doutorado em Música) – Escola de Música, Universidade Federal de Minas Gerais, Belo Horizonte, 2019.

FREIRE, P. **Pedagogia da autonomia**: saberes necessários à prática educativa. 25. ed. São Paulo: Paz e Terra, 1996.

FREIRE, P. **Pedagogia da esperança**: um reencontro com a pedagogia do oprimido. Rio de Janeiro: Paz e Terra, 2013.

FREIRE, P. **Pedagogia do oprimido**. 17. ed. Rio de Janeiro: Paz e Terra, 1987.

FUNDAÇÃO JOSÉ LUIZ EGYDIO SETÚBAL. **Autismo e realidade**. O que é o autismo? Marcos históricos, 2019. Disponível em: https://autismoerealidade.org.br/o-que-e-o-autismo/marcos-historicos/. Acesso em: 28 nov. 2021.

GAINZA, V. H. de. **Estudos de Psicopedagogia Musical**. 3. ed. São Paulo: Summus, 1988.

GANDINI, L. *et al.* **O papel do ateliê na educação infantil**: a inspiração de Reggio Emilia. Porto Alegre: Penso Editora, 2019.

GREENSPAN, S. I. **Filhos emocionalmente saudáveis, íntegros, felizes e inteligentes**. Bethesda: Campus, 2000.

GREENSPAN, S. I. The affect diathesis hypothesis: The role of emotions in the core deficit in autism and in the development of intelligence and social skills. **Journal of Developmental and Learning Disorders**, v. 5, n. 1, p. 1-45, 2001.

GREENSPAN, S. I. **Great kids**: Helping your baby and child develop the ten essential qualities for a healthy, happy life. Philadelphia, PA: Perseus Publishing, 2007.

GREENSPAN, S. I.; WIEDER, S. **Engaging Autism**: Using the Floortime Approach to Help Children Relate, Communicate and Think. Philadelphia, PA: Perseus Publishing, 2006a.

GREENSPAN, S. I.; WIEDER, S. **Infant and early childhood mental health**: A comprehensive development approach to assessment and intervention. Washington, DC: American Psychiatric Publishing, 2006b.

GREENSPAN, S. I.; LEWIS, N. B. **Building Healthy Minds**: The Six Experiences That Create Intelligence and Emotional Growth in Babies and Young Children. Cambridge, MA: Perseus Publishing, 2009.

GUIOT, G.; MEINI, C.; SINDELAR, M. T. Autismo e musica: il modello Floortime nei disturbi della comunicazione e della relazione. **Erickson**, v. 17, n. 3, fev. 2012.

HAHN, A. L. **Como o "ser mais", em Paulo Freire, humaniza o indivíduo?** São Leopoldo: Casa Leiria, 2021.

HERDY, A. M.; CARMO, C. F. Os efeitos da musicoterapia em pacientes portadores do transtorno do espectro autista. **Revista Interdisciplinar Pensamento Científico**, v. 2, n. 2, 20 dez. 2016.

HOBSON, R. P. The emotional origins of social understanding. **Philosophical psychology,** v. 6, n. 3, p. 227-249, 1993.

LAMPREIA, C. A perspectiva desenvolvimentista para a intervenção precoce no autismo. **Estudos de Psicologia,** Campinas, v. 24, n. 1, p. 105-114, jan. 2007.

LEAL, A. R. G. **Modelo DIR/*Floortime*:** bases teóricas para a inclusão de crianças com autismo na educação infantil. 2018. 198 f. Dissertação (Mestrado em Educação) – Universidade Federal do Piauí, Teresina, 2018.

LOIZOS, P. Vídeo, filme e fotografias como documentos de pesquisa. *In*: BAUER, M. W.; GASKELL, G. (org.). **Pesquisa qualitativa com texto, imagem e som.** 2. ed. Petrópolis: Vozes, 2008. p. 137-155.

LOURO, V. D. S. **Educação musical, autismo e neurociências.** Curitiba: Appris, 2021.

LOURO, V. S. **As adaptações a favor da inclusão do portador de deficiência física na educação musical:** um estudo de caso. 2003. 208 p. Dissertação (Mestrado em Música) – Instituto de Artes, Universidade Estadual Paulista "Júlio de Mesquita Filho", São Paulo, 2003.

LOURO, V. S. **A Educação musical unida à psicomotricidade como ferramenta para o neurodesenvolvimento de pessoas com Transtorno do Espectro Autista.** Tese (Doutorado em Ciências) – Escola Paulista de Medicina, Universidade Federal de São Paulo, São Paulo, 2017.

MADUREIRA, J. R. Rítmica Dalcroze e a formação de crianças musicistas: uma experiência no Conservatório Lobo de Mesquita. **Brasil Revista Vozes dos Vales,** UFVJM, Minas Gerais, p. 2238-6424, 2012.

MANUAL DIAGNÓSTICO E ESTATÍSTICO DE TRANSTORNOS MENTAIS. **DSM-5.** American Psychiatric Association. Tradução de Maria Inês Corrêa Nascimento. 5. ed. Porto Alegre: Artmed, 2014.

MARX, K. **Manuscritos econômico-filosóficos.** Tradução de Jesus Ranieiri. São Paulo: Boitempo, 2004.

MATTOS, E. A. **Deficiente mental:** integração/inclusão/exclusão. VIDETUR-13. São Paulo: Salamanca, 2002. p. 13-20. Disponível em: http://www.hottopos.com/. Acesso em: 16 ago. 2022.

MERGL, M.; AZONI, C. A. S. Tipo de ecolalia em crianças com Transtorno do Espectro Autista. **Revista Cefac**, v. 17, p. 2072-2080, 2015.

MINAYO, M. C. S. (org.). **Pesquisa Social**: teoria, método e criatividade. 21. ed. Petrópolis: Vozes, 1994.

MOTA, C. **Autismo na educação infantil**: um olhar para interação social e inclusão escolar. Curitiba: Appris, 2020.

OLIVEIRA, G. C. **Desenvolvimento musical de crianças autistas em diferentes contextos de aprendizagem**: um estudo exploratório. 2015. Dissertação (Mestrado em Música) – Escola de Música, Universidade Federal de Minas Gerais, Belo Horizonte, 2015.

OLIVEIRA, G. C. **Relações entre a educação musical especial e o desenvolvimento da comunicação social em crianças autistas**. Tese (Doutorado em Música) – Escola de Música, Universidade Federal de Minas Gerais, Belo Horizonte, 2020.

OLIVEIRA, S. M.; LAMPREIA, C. Intervenção no Autismo baseada na Musicoterapia de Improvisação e no Modelo DIR-Floortime. **Revista InCantare**, v. 8, n. 1, jan. 2017.

OLIVEIRA, Z. de M. R. de. **Educação infantil**: fundamentos e métodos. São Paulo: Cortez, 2013.

ORTEGA, F. Deficiência, autismo e neurodiversidade. **Ciência & Saúde Coletiva**, v. 14, n. 1, p. 67-77, 2009. Disponível em: https://doi.org/10.1590/S1413-81232009000100012. Acesso em: 26 nov. 2021.

PAIVA JUNIOR, F. Quantos autistas há no Brasil? **Canal Autismo,** São Paulo, 1 de mar. De 2019. Disponível em: https://www.canalautismo.com.br/noticia/quantos-autistas-ha-no-brasil/. Acesso em: 1 jun. 2023.

PENNA, M. **Música(s) e seu ensino**. São Paulo: Edições Loyola, 2008.

PENNA, M. **Música(s) e seu ensino**. 2. ed. Porto Alegre: Sulina, 2018.

PEREIRA, G. T. M. **Inclusão escolar e formação integral da pessoa com o transtorno do espectro autista**: caminhos possíveis. Dissertação (Mestrado em Educação Profissional e Tecnológica) – Instituto Federal de Educação, Ciência e Tecnologia de Goiás, Anápolis, 2019.

PIACENTINI, P. **Estudo de Casos**: Relatos de Avaliações. Curitiba: Appris, 2022.

REDIN, E.; STRECK, D. R.; ZITKOSKI, J. J. (org.). **Dicionário Paulo Freire**. 2. ed. Belo Horizonte: Autêntica Editora, 2010.

ROCHA, M. L. da; AGUIAR, K. F. de. Pesquisa-intervenção e a produção de novas análises. **Psicologia**: Ciência e Profissão, v. 23, n. 4, p. 64-73, dez. 2003.

ROSSI, L. P. *et al*. Caminhos Virtuais e Autismo: acesso aos serviços de saúde na perspectiva da Análise de Redes Sociais. **Ciência & Saúde Coletiva**, v. 23, n. 10, p. 3319-3326, 2018. Disponível em: https://doi.org/10.1590/1413-812320182310.13982018. Acesso em: 20 ago. 2021.

SCHNEIDER, S.; SCHIMITT, C. J. O uso do método comparativo nas Ciências Sociais. **Cadernos de Sociologia**, Porto Alegre, v. 9, p. 49-87, 1998.

SERRANO, P. *et al*. **A integração sensorial no desenvolvimento e aprendizagem da criança**. Lisboa: Papa-Letras, 2016.

SILVEIRA, L.; CUNHA, A. **O jogo e a infância**: entre o mundo pensado e o mundo vivido. Santo Tirso, Portugal: De facto Editores, 2014.

SIQUARA, Z. O. **Estética Mariana e formação humana**: inspirações para a educação física escolar e inclusão. 2015. 102 f. Dissertação (Mestrado em Educação Física) – Universidade Federal do Espírito Santo, Vitória, 2015.

STERN, D. N. **The first relationship**. Cambridge, MA: Harvard University Press, 2009.

SWANWICK, K. **Ensinando música musicalmente**. Tradução de Alda Oliveira e Cristina Tourinho. São Paulo: Moderna, 2003.

SWANWICK, K. **Música, mente e educação**. Tradução de Marcell Silva Steuernagel. Belo Horizonte: Autêntica, 2014.

SZYMANSKI, H.; CURY, V. E. A pesquisa intervenção em psicologia da educação e clínica: pesquisa e prática psicológica. **Estudos de Psicologia**, Natal, v. 9, n. 2, p. 355-364, maio 2004.

TRIVIÑOS, A. N. S. **Introdução à pesquisa em ciências sociais**: a pesquisa qualitativa em educação. São Paulo: Atlas, 1987.

TROMBETTA, S. Alteridade. *In*: REDIN, E.; STRECK, D. R.; ZITKOSKI, J. J. (org.). **Dicionário Paulo Freire**. 2. ed. Belo Horizonte: Autêntica, 2010.

WADSWORTH, B. J. **Inteligência e afetividade da criança na teoria de Piaget**. Tradução de Esmeria Rovai. São Paulo: Pioneira, 1992.

WIEDER, S.; WACHS, H. **Visual/Spatial portals to thinking, feeling and movement**: Advancing competencies and emotional development in children with learning and autism spectrum disorders. Mendham, NJ: Profectum Foundation, 2012.

XAVIER, E.; CASSIMIRO, N.; GIRÃO, F. *et al*. Retratando o CMEI Professor Paulo rosas. **Blog Paulo Rosas**. Recife, 28 nov. de 2011. Disponível em: http://cmeiprofessorpaulorosas.blogspot.com/2011/11/retratando-o-cmei-professor-paulo-rosas.html?view=sidebar. Acesso em: 17 maio 2022.